Herbert Goebes

Vorbereitung auf die Abschlussprüfung
Industriekaufmann
Industriekauffrau

506 Übungsaufgaben
126 Aufgaben im Prüfungsübungssatz

19. Auflage

Bestellnummer 86700

www.bildungsverlag1.de

Unter dem Dach des Bildungsverlages EINS sind die Verlage Gehlen, Kieser, Stam, Dähmlow, Dümmler, Wolf, Dürr + Kessler, Konkordia und Fortis zusammengeführt.

Bildungsverlag EINS
Sieglarer Straße 2, 53842 Troisdorf

ISBN 978-3-441-**86700**-5

© Copyright 2006: Bildungsverlag EINS GmbH, Troisdorf
Das Werk und seine Teile sind urheberrechtlich geschützt. Jede Nutzung in anderen als den gesetzlich zugelassenen Fällen bedarf der vorherigen schriftlichen Einwilligung des Verlages.
Hinweis zu § 52a UrhG: Weder das Werk noch seine Teile dürfen ohne eine solche Einwilligung eingescannt und in ein Netzwerk eingestellt werden. Dies gilt auch für Intranets von Schulen und sonstigen Bildungseinrichtungen.

Vorwort

Mit dieser Broschüre können Sie sich anhand einer Aufgabenauswahl von 506 Übungsaufgaben und drei zusätzlichen Prüfungsübungssätzen mit insgesamt 126 Aufgaben auf die Abschlussprüfung gründlich vorbereiten.

▶ In der Broschüre sind Aufgaben für die Prüfungsbereiche **Geschäftsprozesse** sowie **Kaufmännische Steuerung und Kontrolle** enthalten. Das Prüfungsfach **Wirtschafts- und Sozialkunde** wird mit dem Prüfungsübungssatz mit 36 Aufgaben abgedeckt. Noch gezielter und umfassender können Sie sich auf dieses Fach mit der gesonderten Normtest-Broschüre 80003 „Wirtschafts- und Sozialkunde" für kaufmännische und kaufmännisch-verwandte Berufe mit 376 Übungsaufgaben vorbereiten.

▶ Der Band berücksichtigt das Prüfungssystem der Industrie- und Handelskammern nach dem neuesten Stand mit **allen vorkommenden Aufgabentypen**:
Gebundene Aufgaben: Mehrfachwahlaufgaben, Mehrfachantwortaufgaben, Zuordnungsaufgaben, Reihenfolgeaufgaben, Buchführungsaufgaben (z.B. Kontierungsaufgaben), Offen-Antwortaufgaben (z.B. Rechenaufgaben)
Ungebundene Aufgaben: Situationsaufgaben, die Lösungen mit eigenen Worten verlangen. Die Aufgaben beziehen sich auf Geschäftsprozesse aus einem Unternehmen und sind z.T. mit Unterlagen aus der Praxis versehen.

▶ Die **Lösungstechnik** der verschiedenen Aufgabentypen wird anhand der **Musteraufgaben** erläutert.

▶ Neben den **Lösungen** zu allen Aufgaben sind für die **Rechenaufgaben** zusätzliche **Lösungshilfen** mit dem Rechenweg angegeben.

▶ Wichtige Hinweise zur Prüfung informieren Sie über alle wesentlichen **Prüfungsbestimmungen**.

▶ Das **Stichwortverzeichnis** am Ende der Broschüre ermöglicht ein schnelleres Auffinden der Aufgaben zu einzelnen Themen. Die Broschüre ist dadurch bei der Prüfungsvorbereitung auch als Nachschlagewerk verwendbar.

▶ Die beiliegenden **Prüfungsübungssätze** für die schriftlichen Prüfungsfächer
  • **Geschäftsprozesse** (ungebundene Aufgaben)
  • **Kaufmännische Steuerung und Kontrolle** (gebundene/programmierte und ungebundene Aufgaben)
  • **Wirtschafts- und Sozialkunde** (gebundene/programmierte und ungebundene Aufgaben)
entsprechen in der Aufgabenstellung, im Umfang und im Schwierigkeitsgrad den Abschlussprüfungen der Industrie- und Handelskammern. Die Lösungen und Lösungshinweise für diese Prüfungsaufgaben finden Sie ebenfalls am Schluss der Broschüre. Sie sollten die Prüfungssätze aber zunächst komplett in der vorgegebenen Zeit bearbeiten und erst danach die Richtigkeit der Lösungen überprüfen!

> **Die gebundenen/programmierten Aufgaben bei den Prüfungsbereichen zu den Geschäftsprozessen sind zur Festigung und Wiederholung des Prüfungsstoffes gedacht.**

Die Angaben zu den Lösungen der ungebundenen Aufgaben sind nur **beispielhaft**. Auch andere richtige Lösungen sind möglich.

Die Erhöhung der Mehrwertsteuer (Umsatzsteuer) zum 1. Januar 2007 wurde im vorliegenden Werk bereits durchgehend eingearbeitet.

Wir wünschen Ihnen viel Erfolg bei Ihrer Arbeit!

Inhaltsverzeichnis

	Aufgaben	Seite
Vorwort		3
Wichtige Hinweise zur Prüfung		7
Wichtige Tipps zur Prüfungsvorbereitung		9
Musteraufgaben und Bearbeitungshinweise		11
Ein Modellunternehmen stellt sich vor		16

Geschäftsprozesse ... 17

1 Marketing und Absatz ... 1–36 ... 17
(78 Aufgaben mit Teilaufgaben)
– Auftragsanbahnung und -vorbereitung
– Auftragsbearbeitung
– Auftragsnachbearbeitung und Service

2 Beschaffung und Bevorratung ... 37–82 ... 32
(80 Aufgaben mit Teilaufgaben)
– Bedarfsermittlung und Disposition
– Bestelldurchführung
– Vorratshaltung und Beständeverwaltung

3 Personal ... 83–143 ... 48
(103 Aufgaben mit Teilaufgaben)
– Rahmenbedingungen, Personalplanung
– Personaldienstleistungen
– Personalentwicklung

4 Leistungserstellung ... 144–186 ... 70
(95 Aufgaben mit Teilaufgaben)
– Produkte und Dienstleistungen
– Prozessunterstützung

Kaufmännische Steuerung und Kontrolle ... 89

5 Leistungsabrechnung unter Berücksichtigung des Controllings ... 187–307 ... 89
(150 Aufgaben mit Teilaufgaben)
– Buchhaltungsvorgänge
– Kosten- und Leistungsrechnung
– Erfolgsrechnung und Abschluss

Lösungen zu den Aufgaben 1–307 ... 133
Lösungshinweise zu den ungebundenen Aufgaben ... 135
Lösungshilfen zu den Rechenaufgaben ... 154

Industriekontenrahmen (IKR) ... 160

Prüfungsübungssätze zur Abschlussprüfung

▶ Geschäftsprozesse (Marketing und Absatz, Beschaffung und Bevorratung, Personal, Leistungserstellung) ... 162
▶ Kaufmännische Steuerung und Kontrolle (Leistungsabrechnung unter Berücksichtigung des Controllings mit Anlagen) ... 183
▶ Wirtschafts- und Sozialkunde ... 200

Lösungen zu den Prüfungsübungssätzen

- Lösungshinweise zu den Geschäftsprozessen ... 214
- Lösungshinweise zur Kaufmännischen Steuerung und Kontrolle einschließlich Lösungshilfen zu den Rechenaufgaben ... 220
- Lösungen zur Wirtschafts- und Sozialkunde ... 222

Stichwortverzeichnis ... 223

Wichtige Hinweise zur Prüfung

1. **Wie oft im Jahr finden Abschlussprüfungen statt?**

   In der Regel gibt es zwei Prüfungstermine. Die Abschlussprüfung wird in Annäherung an die Struktur der Ausbildung zeitlich versetzt durchgeführt. Durch die „gedehnte Abschlussprüfung" erhalten die Prüflinge einen längeren Zeitraum, um sich auf die mündliche Prüfung im Einsatzgebiet vorzubereiten. Der schriftliche Prüfungsteil erfolgt zu Beginn des letzten Ausbildungshalbjahres. Die mündliche Prüfung im Bereich „Einsatzgebiet" wird am Ende der Ausbildung durchgeführt.

2. **Wann wird man zur Abschlussprüfung zugelassen?**

   2.1 Wenn die Ausbildungszeit zurückgelegt ist bzw. nicht später als zwei Monate nach dem von der Kammer festgelegten Prüfungstermin endet.
   2.2 Wenn die Teilnahme an der Zwischenprüfung nachgewiesen wird.
   2.3 Wenn die vorgeschriebenen Berichtshefte (Ausbildungsnachweise) geführt wurden.
   2.4 Wenn das Berufsausbildungsverhältnis in das Verzeichnis der zuständigen IHK eingetragen ist.

3. **Wer wird vorzeitig zugelassen?**

   Eine vorzeitige Zulassung ist nach Anhörung des Ausbildenden und der Berufsschule möglich, wenn die Leistungen des Azubi dies rechtfertigen. (In der Regel gute Leistungen in Betrieb und Schule).

4. **Kann man auch ohne Berufsausbildungsvertrag zur Prüfung zugelassen werden?**

   Wer nachweist, dass er mindestens das Zweifache der Zeit, die als Ausbildungszeit vorgeschrieben ist, in dem Beruf tätig war, in dem er die Prüfung ablegen will, oder glaubhaft macht, dass er Kenntnisse und Fertigkeiten erworben hat, die die Zulassung zur Prüfung rechtfertigen (z. B. Teilnahme an Lehrgängen), kann zugelassen werden. Zur Abschlussprüfung ist ferner zugelassen, wer in einer berufsbildenden Schule oder in einer sonstigen Einrichtung ausgebildet worden ist, wenn diese Ausbildung der Berufsausbildung in einem anerkannten Ausbildungsberuf entspricht.

5. **Wie erfolgt die Anmeldung?**

   Die Anmeldung erfolgt schriftlich durch den Ausbildenden mit Zustimmung des Azubi. Bei Wiederholungsprüfungen meldet sich der Bewerber selbst an, falls kein Ausbildungsverhältnis mehr besteht. Dies gilt auch für Bewerber, die keinen Ausbildungsvertrag hatten und die Zulassung beantragen.

6. **Welche Unterlagen sind bei der Anmeldung einzureichen?**

   6.1 Azubis haben der Anmeldung beizufügen:
   – Bescheinigung über die Teilnahme an der Zwischenprüfung
   – Berichtsheft (Ausbildungsnachweise)
   – Letztes Zeugnis der zuletzt besuchten Schule
     (evtl. weitere Ausbildungs- und Tätigkeitsnachweise)
   – Tabellarischen Lebenslauf
   6.2 Andere Bewerber:
   – Tätigkeitsnachweise oder glaubhafte Darlegung über den Erwerb von Kenntnissen und Fertigkeiten, die die Zulassung rechtfertigen
   – Bei vollschulischer Ausbildung letztes Zeugnis der zuletzt besuchten Schule
   – Tabellarischen Lebenslauf

7. **Wer entscheidet über die Zulassung?**

   Über die Zulassung entscheidet die Kammer („zuständige Stelle"). Hält sie die Zulassungsvoraussetzungen nicht für gegeben, so entscheidet der Prüfungsausschuss.

8. **Wie ist die Prüfung gegliedert?**

   Die Prüfung besteht aus einem schriftlichen und einem mündlichen Teil.
   Prüfungsfächer der **schriftlichen Abschlussprüfung** sind:
   Geschäftsprozesse
   Kaufmännische Steuerung und Kontrolle
   Wirtschafts- und Sozialkunde

   In der **mündlichen Prüfung** soll im Prüfungsbereich „Einsatzgebiet" der Prüfling zeigen, dass er komplexe Fachaufgaben und ganzheitliche Geschäftsprozesse beherrschen und Problemlösungen in der Praxis bearbeiten kann.

9. Wie werden die Prüfungsleistungen bewertet?

Bei der Ermittlung des Gesamtergebnisses haben die Prüfungsbereiche folgende Gewichtung:

Geschäftsprozesse	40 Prozent
Kaufmännische Steuerung und Kontrolle	20 Prozent
Wirtschafts- und Sozialkunde	10 Prozent
Einsatzgebiet (mündliche Prüfung)	30 Prozent

In allen Prüfungsbereichen können maximal 100 Punkte erreicht werden.
Sind in der schriftlichen Prüfung die Leistungen in einem Prüfungsbereich mit mindestens „ausreichend" und in den beiden anderen mit „mangelhaft" bewertet worden, kann in einem der mit mangelhaft bewerteten Bereiche eine mündliche Ergänzungsprüfung stattfinden, wenn dies für das Bestehen der Prüfung den Ausschlag geben kann. Der Prüfungsbereich wird vom Prüfling bestimmt.
Nach § 10 Abs. 3 der Verordnung über die Berufsausbildung vom 23. Juli 2002 ist die Prüfung bestanden, wenn im Gesamtergebnis, im Prüfungsbereich Geschäftsprozesse, im Prüfungsbereich Einsatzgebiet sowie in mindestens einem der beiden Prüfungsbereiche Kaufmännische Steuerung und Kontrolle oder Wirtschafts- und Sozialkunde mindestens ausreichende Leistungen erbracht wurden. Werden die Prüfungsleistungen in einem Prüfungsbereich mit „ungenügend" bewertet, ist die Prüfung nicht bestanden.

Die Höchstpunktzahl in den einzelnen Prüfungsbereichen beträgt jeweils 100 Punkte.

          100–92 Punkte: Note 1 (sehr gut)
  unter   92–81 Punkte: Note 2 (gut)
  unter   81–67 Punkte: Note 3 (befriedigend)
  unter   67–50 Punkte: Note 4 (ausreichend)
  unter   50–30 Punkte: Note 5 (mangelhaft)
  unter   30– 0 Punkte: Note 6 (ungenügend)

10. Kann die Prüfung wiederholt werden?

Die Abschlussprüfung kann zweimal – frühestens nach sechs Monaten – wiederholt werden, d. h., der Prüfling kann sich insgesamt dreimal zur Prüfung stellen. Der Prüfling kann verlangen, dass sein Ausbildungsverhältnis bis zur nächstmöglichen Wiederholungsprüfung verlängert wird, jedoch höchstens um ein Jahr.

11. Welche Folgen haben Rücktritt und Nichtteilnahme?

Der Rücktritt ist durch eine schriftliche Erklärung möglich.
Erfolgt der Rücktritt während der Prüfung, so können bereits erbrachte Leistungen nur anerkannt werden, wenn ein wichtiger Grund (z. B. Erkrankung) vorliegt. Über das Vorliegen eines wichtigen Grundes entscheidet der Prüfungsausschuss. Verneint der Prüfungsausschuss das Vorliegen eines wichtigen Grundes, so gilt die Prüfung als nicht bestanden und kann noch zweimal wiederholt werden. Dies gilt auch, wenn der Prüfling ohne wichtigen Grund der Prüfung ganz ferngeblieben ist.

12. Ist ein Ausschluss von der Prüfung möglich?

Bei Täuschungshandlungen ist ein Ausschluss möglich. Die Prüfung gilt dann als nicht bestanden. Dies gilt auch, wenn die Täuschung später (spätestens innerhalb eines Jahres) festgestellt wird.

13. Kann der Prüfling Einsicht in die Prüfungsunterlagen nehmen?

Auf Antrag kann bei der Industrie- und Handelskammer Einsicht in die Prüfungsunterlagen genommen werden.

14. Kann der Prüfling das Ergebnis der Prüfung anfechten?

Dem Prüfling steht gegen die Entscheidung des Prüfungsausschusses die Möglichkeit des Widerspruchs offen. Wird sein Widerspruch abgelehnt, besteht die Möglichkeit der Klage vor dem Verwaltungsgericht.

Weitergehende Einzelheiten sind dem Berufsbildungsgesetz, der Prüfungsordnung und der Ausbildungsordnung zu entnehmen.

Wichtige Tipps zur Prüfungsvorbereitung

Unsere Hinweise sollen Ihnen helfen, die Vorbereitung auf die Abschlussprüfung möglichst effektiv und erfolgreich zu bewältigen.

1. Schriftliche Prüfung:

Selbstbewusst werden: Wenn Sie sicher in die Prüfung gehen wollen, ist das Wichtigste, dass Sie Ihr Selbstbewusstsein stärken. Das können Sie nur schaffen, indem Sie positiv denken, durch jeden Lernfortschritt sich selbst motivieren und insbesondere fest daran glauben, dass Sie die Prüfung erfolgreich bestehen werden.

Durchdacht planen: Zur gezielten Arbeit gehört eine überlegte Planung. Planen Sie zunächst einmal das Schaffen von räumlichen, zeitlichen und körperlich-seelischen Voraussetzungen.

Lernbedingungen optimieren: Sie erreichen wenig, wenn die Rahmenbedingungen nicht stimmen. Deshalb brauchen Sie einen eigenen und soweit wie möglich störungsfreien Arbeitsplatz – im Betrieb wie auch zu Hause – mit richtigem Lichteinfall und stimmiger Raumtemperatur. Halten Sie Ordnung in Ihrer Lernumgebung.

Biorhythmus beachten: Achten Sie auf Ihren Biorhythmus, sorgen Sie für ausreichend Schlaf und eine feste Tageseinteilung. Gemessen am durchschnittlichen Leistungsvermögen bringt die Lernzeit zwischen 07:00 und 11:00 Uhr bis zu 50 % erhöhte Leistungsfähigkeit, zwischen 17:00 und 21:00 Uhr bis zu 25 %. Kurze Pausen von etwa fünf bis zehn Minuten – möglichst an frischer Luft – haben den besten Erholungswert. Sie sollten spätestens nach 30 bis 40 Minuten eingelegt werden, weil dann die Konzentrationsfähigkeit nachlässt.

Ziele festlegen, Lernplan erstellen: Für die Vorbereitung sollten Sie feste Lernzeiten innerhalb der Wochen bis zur Prüfung reservieren. Das wirkt gegen zu viel Ablenkung und erleichtert Ihnen die Einstellung zum Lernen. Erstellen Sie den Lernplan als Tages-, Wochen- und Monatsplan. Für die Zielbestimmung orientieren Sie sich besser nicht an Lernzeiten, sondern vielmehr an Lerninhalten; denn wer sich an der Zeit misst, schaut öfter auf die Uhr, wer hingegen ein inhaltliches Ziel verfolgt, arbeitet in aller Regel mit größerer Konzentration.

Stärken und Schwächen feststellen: Stellen Sie am Beginn der Prüfungsvorbereitung fest, was Sie schon ganz gut können und wo Ihre persönlichen Schwachpunkte liegen. Überprüfen Sie Ihren Leistungsstand anhand Ihrer schulischen Leistungen oder durch eine entsprechende Einschätzung in einem Gespräch mit ihrem Ausbilder. Die Prüfungsanforderungen kennen Ihre Lehrer genauso wie Ihre Ausbilder.

Lernstoff aufbereiten: Eine der wichtigsten Voraussetzungen des Lernerfolgs ist neben dem konsequenten und disziplinierten Arbeiten entsprechend dem Lernplan das Zerlegen des Lernstoffes (strukturieren) in gehirngerechte Einheiten. Gliedern Sie dazu die einzelnen Sachthemen, die Sie erarbeiten wollen, also Ihre Lernziele, in möglichst kleine, überprüfbare Häppchen (Unterziele) und setzen Sie unter Aktivierung aller Sinne Lernhilfen ein, z. B. indem Sie Begriffe aus einem Text herausschreiben und diese durch ein Strichdiagramm miteinander vernetzen. Wenn Sie „nach Buch" lernen, unterstreichen Sie das Wichtigste. Markieren Sie so wenig wie möglich, denn bei zu vielen Unterstreichungen wird der Text wieder unübersichtlich. Richtschnur: Nur die Begriffe markieren, die für einen Spickzettel wichtig wären. Anhand der unterstrichenen Begriffe sollten Sie die Zusammenhänge mit eigenen Worten erklären können. Am besten sich laut vorsprechen! Das knüpft ein gedankliches Netz, das Überblick und Sicherheit zugleich gibt.

Regelmäßig wiederholen: Den so erarbeiteten Lernstoff sollten Sie nach etwa einer Woche zum ersten Mal wiederholen. Dauerhaftes Speichern ist nur durch Wiederholung zu sichern. Stellen Sie deshalb auch Fragen an Ihre Lehrer und Ausbilder, die im Zusammenhang mit den

	Teilabschnitten stehen, die Sie gerade wiederholen. In Ihren Lehrplan sollten Sie von vorneherein die Wiederholungsphasen einplanen und diese auch konsequent einhalten. Keine Taktik des Verschiebens einreißen lassen!
Lernerfolg kontrollieren:	Was von dem Gelernten hängen geblieben ist, sollten Sie kontrollieren. Dazu eignen sich besonders gut die Übungsaufgaben dieser Normtest-Broschüre, die Sie durcharbeiten sollten.

2. Mündliche Prüfung: Prüfungsbereich Einsatzgebiet (Report – Präsentation – Fachgespräch)

Um auch im zweiten Teil der Prüfung zu einem guten Erfolg zu kommen und Stress soweit wie möglich zu vermeiden, sollten Sie sich auf diesen ebenfalls gezielt vorbereiten:

Sicherheit gewinnen:	Die mündliche Prüfung verlangt von Ihnen, sich selbstbewusst darstellen zu können. Damit dies gelingt, müssen Sie nicht nur fachlich fit sein, sondern auch „sich im Griff haben". Bewertet wird nämlich nicht nur das Was (die fachlichen Inhalte), sondern auch das Wie (die Präsentation dieser Inhalte).
Selbstdarstellung lernen:	Durch Üben im Rollenspiel mit Lernpartnern gewinnen Sie fachliche Sicherheit und die für den Prüfungsablauf erforderliche Geschicklichkeit in der Präsentation, sodass Sie das Was und das Wie erfolgreich verbinden können.
Gelassenheit aneignen:	Viele empfinden die mündliche Prüfung unangenehmer als die vorangegangene schriftliche. Was können Sie tun, um diesem Gefühl entgegenzuwirken? Bleiben Sie gelassen. Es wird nichts so heiß gegessen, wie es gekocht wird!
Prüfungsausschuss als Partner betrachten:	Haben Sie einerseits Achtung vor dem Prüfungsausschuss, betrachten Sie ihn aber zugleich als Partner zum Erfolg und geben Sie ihm Gelegenheit Ihre Leistungsfähigkeit richtig einzuschätzen.
Lampenfieber akzeptieren:	Nehmen Sie hin, dass Sie in einer solchen außergewöhnlichen Situation unter „Anspannung" stehen. Dies ist völlig normal.
Praxisbeispiele heranziehen:	Untermauern Sie Ihre Aussagen im Prüfungsgespräch mit anschaulichen Beispielen. Das baut Unsicherheiten ab und hilft Ihnen wirkungsvoller zu argumentieren.
Rückfragen:	Fragen Sie höflich zurück, wenn Sie etwas nicht verstanden haben. Sie gewinnen dadurch nicht nur Zeit zum Überlegen, sondern oftmals versucht der Prüfer daraufhin verständlicher zu formulieren.
Fest an den Prüfungserfolg glauben:	Wenn Sie diese Tipps berücksichtigen, haben Sie alle Grundlagen gelegt, die Abschlussprüfung erfolgreich zu bestehen. Wir wünschen Ihnen dazu viel Erfolg sowie das Quäntchen Glück, damit alles bestens verläuft.
Vorbereitung:	Für die Vorbereitung der mündlichen Prüfung eignet sich besonders die Broschüre „Vorbereitung auf die mündliche Prüfung – Industriekaufmann/Industriekauffrau – Prüfungsbereich Einsatzgebiet, Report – Präsentation – Fachgespräch", Bildungsverlag EINS – Gehlen, Best. Nr. 80 670.

Musteraufgaben und Bearbeitungshinweise

Bei den Aufgaben in der Abschlussprüfung kommen verschiedene **Aufgabentypen** vor:

ungebundene (nicht programmierte) Aufgaben

gebundene (programmierte) Aufgaben

- **Mehrfachwahlaufgaben**
- **Mehrfachantwortaufgaben**
- **Zuordnungsaufgaben**
- **Reihenfolgeaufgaben**
- **Buchführungsaufgaben (z. B. Kontierungsaufgaben)**
- **Offen-Antwort-Aufgaben (z. B. Rechenaufgaben).**

Bei der Bearbeitung der Aufgaben sollten Sie unbedingt den **Aufgabentext** (Sachverhalt, Fall, Frage) **genau** und **vollständig lesen**; denn manchmal hängt das Erkennen der richtigen Lösung von einem Wort ab!

Für die Lösung einiger Aufgaben ist die Einbeziehung der abgebildeten **Belege** und **Grafiken** notwendig. Teilweise werden den Aufgaben **aufgabenübergreifende Situationen** vorangestellt. Die Aufgaben beziehen sich auf eine Musterunternehmung.

Entsprechende Beispiele finden Sie bei den folgenden Musteraufgaben und in den Prüfungsübungssätzen.

Ausnahmsweise können auch **Negativfragen** gestellt werden. Sie sind durch **Unterstreichung** kenntlich gemacht.

Mehrfachwahlaufgaben

Dieser Aufgabentyp ist dadurch gekennzeichnet, dass in der Regel fünf Antwortalternativen vorgegeben sind, von denen eine die richtige Lösung ist. Die Kennziffer dieser Antwort wird in das Lösungskästchen am rechten Rand eingetragen.

Situation zur 1. und 2. Aufgabe

Sie sind Mitarbeiter/in in der Einkaufsabteilung der Metallwerke Meier & Co. KG. Für den EDV-Bereich sollen besonders rückenschonende Bürodrehstühle beschafft werden. Sie richten eine entsprechende schriftliche und detaillierte Anfrage an die Büromöbel Schmitt GmbH. Nach einer Woche erhalten Sie ein ausführliches verbindliches Angebot. Am nächsten Tag bestellen Sie zunächst nur einen Drehstuhl, um ihn auf seine Tauglichkeit zu prüfen. Sie weisen schriftlich darauf hin, dass Sie den Drehstuhl innerhalb zehn Tagen zurückgeben, wenn er den Erwartungen nicht entspricht.

1. Aufgabe

Um welche Art des Kaufvertrages handelt es sich?

1. Stückkauf
2. Kauf auf Probe
3. Bestimmungskauf
4. Kommissionskauf
5. Kauf auf Abruf

2. Aufgabe

Prüfen Sie, wann ein rechtsgültiger Kaufvertrag zustande gekommen ist.

1. Nach Prüfung des Bürodrehstuhls und Feststellung seiner Tauglichkeit innerhalb der vereinbarten Frist (aufschiebende Bedingung) behält die Meier & Co. KG den Stuhl.
2. Bei Lieferung des Bürodrehstuhls wird die Rechnung ausgehändigt.
3. Nach Eingang des verbindlichen Angebotes aufgrund der schriftlichen Anfrage der Metallwerke Meier & Co. KG wird der Bürostuhl bestellt.
4. Nach Eingang der Bestellung bei der Büromöbel Schmitt GmbH wird der Bürodrehstuhl geliefert.
5. Der Kaufvertrag ist zustande gekommen, wenn der Bürostuhl nach 8 Tagen nicht zurückgegeben ist.

Mehrfachantwortaufgaben

Hier ist mehr als nur eine der vorgegebenen Antworten richtig. Darauf wird in der Aufgabenstellung hingewiesen.

3. Aufgabe

Welche zwei Beispiele fallen unter den betrieblich bedingten Wertezuwachs (= Leistungen) während einer Abrechnungsperiode?

1. Abschreibungen auf Sachanlagen
2. Selbst erstellte Anlagen (aktivierte Eigenleistungen)
3. Abschreibungen auf Finanzanlagen
4. Kalkulatorischer Unternehmerlohn
5. Lagerleistungen (Mehrbestände)
6. Zinserträge

▶ 2
▶ 5

Zuordnungsaufgaben

Die in zwei Reihen untereinander stehenden Begriffe, Sachverhalte, Erläuterungen usw. müssen einander sachlich richtig zugeordnet werden.

Die Anzahl der „Zuordnungsangaben" auf der linken Seite ist dabei in der Regel um drei größer als die Anzahl der „Zielangaben" auf der rechten Seite.

Die Kennziffern der richtigen Zuordnungen werden in die Lösungskästchen am rechten Rand eingetragen.

4. Aufgabe

Ordnen Sie zu, indem Sie die Kennziffern von zwei der insgesamt fünf Fertigungsverfahren in die Kästchen bei den entsprechenden Erklärungen eintragen!

Fertigungsverfahren	Erklärungen	
1. Massenfertigung 2. Serienfertigung 3. Partiefertigung 4. Chargenfertigung 5. Sortenfertigung	Ein Keramikwerk stellt Gartenzwerge aus Ton in verschiedenen Ausführungen her	5
	Ein metallgewerbliches Unternehmen produziert Büroklammern in sehr großen Mengen	1

Es sind auch Zuordnungsaufgaben möglich, bei denen auf der rechten Seite mehr Elemente vorgegeben sind als auf der linken Seite. Die Lösungsziffern wiederholen sich daher.

5. Aufgabe

Auszug aus einer Unternehmensbeschreibung:

Name	Kleiderwerke Walter Behrendt GmbH Am Wetterhahn 25, 60437 Frankfurt
Produkte	Herrenoberbekleidung
Handelswaren	Hemden Krawatten
Maschinen	Zuschneidetische und -maschinen Nähmaschinen
Fertigungsarten	Serienfertigung Sortenfertigung
Stoffe und Teile – Rohstoffe – Hilfsstoffe – Betriebsstoffe	Kleiderstoffe, Futterstoffe Nähgarn, Knöpfe, Reißverschlüsse Strom, Heizöl, Wasser, Schmierstoffe

Sie sind als Mitarbeiter/in der Behrendt GmbH u. a. auch für den Einkauf von Stoffen und Teilen zuständig. Ordnen Sie zu, indem Sie die Kennziffern der drei Stoffgruppen neben den in der Behrendt GmbH verwendeten Stoffen und Teilen eintragen!

Stoffgruppen

1. Rohstoffe
2. Betriebsstoffe
3. Hilfsstoffe

Stoffe und Teile

Knöpfe	3
Schmierstoffe	2
Strom	2
Futterstoffe	1
Kleiderstoffe	1
Nähgarn	3
Reißverschlüsse	3

Reihenfolgeaufgaben

Die vorgegebenen Angaben (z. B. Arbeitsschritte) müssen in die sachlich bzw. zeitlich richtige Reihenfolge gebracht werden.

Lesen Sie zunächst alle Angaben und suchen Sie den in diesem Fall sinnvollen ersten Arbeitsschritt heraus! In das Lösungskästchen am rechten Rand tragen Sie bei dieser Angabe die Ziffer „1" ein. Beim nächsten sinnvollen Arbeitsschritt „2" usw.

6. Aufgabe

Bringen Sie folgende Arbeitsschritte bei der Auftragsbearbeitung in Verbindung mit dem Kauf von Rohstoffen in die richtige Reihenfolge, indem Sie die Ziffern 1 bis 7 in die Kästchen eintragen!

Eingehende Auftragsbestätigung mit Angebot und Bestellung vergleichen	4
Günstigsten Lieferanten auswählen und bestellen	3
Wareneingangsschein mit Bestellung vergleichen und eingegangene Stoffe prüfen	5
Eingegangene Angebote vergleichen und Bezugsquellendatei ergänzen	2
Innerhalb der vorgegebenen Zahlungsfrist Rechnungsbetrag an Lieferanten überweisen	7
Anfragen versenden	1
Rechnung prüfen und gegebenenfalls Skonto abziehen	6

Buchführungsaufgaben (z. B. Kontierungsaufgaben)

Im Bereich des Rechnungswesens kommen neben den genannten Mehrfachwahlaufgaben auch Kontierungsaufgaben vor. Die Buchungssätze zu den vorgegebenen Geschäftsfällen oder Belegen werden gebildet, indem die Kennziffern der anzurufenden Konten in die Lösungskästchen der Soll- und Habenspalte am rechten Rand eingetragen werden. Die **Reihenfolge** der Lösungskennziffern innerhalb der Soll- und Habenspalte spielt **keine Rolle**.

Bei jedem Geschäftsfall darf in dem entsprechenden Buchungssatz ein **Konto nur einmal** angerufen werden.

7. Aufgabe

Sie sind Mitarbeiter/in in der Buchhaltung der Behrendt-Werke. Ein Vertreter hat lt. Abrechnung für den Monat Dezember noch 1.345,00 EUR Provision zu erhalten, die erst im Januar überwiesen wird. Wie ist am 31. Dezember zu buchen?

Tragen Sie die Kennziffern der richtigen Konten in die Kästchen ein!

1. Forderungen an Mitarbeiter (265)
2. Aktive Jahresabgrenzung (290)
3. Übrige sonstige Verbindlichkeiten (489)
4. Passive Jahresabgrenzung (490)
5. Vertriebsprovisionen (615)
6. Übrige sonstige Personalaufwendungen (669)

Soll | Haben
5 | 3

Offen-Antwort-Aufgaben (z. B. Rechenaufgaben)

Bei diesen Aufgaben muss die errechnete Lösung („offene Antwort") in die Lösungskästchen am rechten Rand eingetragen werden. Die **Anzahl der Kästchen** (Stellen) ist eine wichtige Hilfe. Bei der **richtigen Lösung** müssen alle vorgegebenen Kästchen (Stellen) aufgefüllt sein.

8. Aufgabe

In der Vorkalkulation wurde mit 12.600,00 EUR Fertigungsmaterial gerechnet. Bei der Abwicklung des Auftrages wurde für 12.116,00 EUR Fertigungsmaterial verbraucht. Wie viel Euro beträgt die Einsparung bei den Materialgemeinkosten, wenn mit einem Materialgemeinkostenzuschlag von 12,5% kalkuliert wurde?

Tragen Sie das Ergebnis unmittelbar in die Kästchen ein!

EUR	Komma	Ct.
6 0		5 0

Ungebundene Aufgaben

9. Aufgabe (mit zwei von sieben Teilaufgaben)

Situation

Sie sind für eine möglichst optimale Lagerhaltung verantwortlich. Folgende Tabelle über den Einkauf von Textilstoffen liegt Ihnen vor:

Textilstoffe	Menge	Wert
Stoffgruppe A	5%	55%
Stoffgruppe B	10%	25%
Stoffgruppe C	25%	13%
Stoffgruppe D	60%	7%

9.1 (4 Punkte)

Nennen und begründen Sie **2** Punkte, auf die Sie bei der Beschaffung der Textilstoffe Stoffgruppe A ganz besonders achten müssen!

Da die Textilstoffe Stoffgruppe A einen höheren Wertanteil, aber geringeren Mengenanteil haben, muss auf günstige Einkaufspreise und Zahlungsbedingungen geachtet werden.

Aus diesem Grund ist auch der Lagerung dieser Stoffe besondere Aufmerksamkeit zu widmen (Luft, Licht, Temperatur u. Ä.).

9.2 (2 Punkte)

Erklären Sie an **2** Beispielen, wie trotz kostenbewusstem Einkauf und kostenbewusster Lagerung ökologische Gesichtspunkte berücksichtigt werden können!

Reste/Abfälle sollten aufbereitet und wiederverwendet werden.

Die Fertigung sollte umweltfreundlich und schadstoffarm arbeiten (z. B. Abgasfilter, niedriger Energieverbrauch).

> **Hinweis**
> Bei den Antworten handelt es sich um Lösungsvorschläge, die selbstverständlich auch sinngemäß ähnlich formuliert sein können.

Ein Modellunternehmen stellt sich vor

Sie sind Mitarbeiter/in der **Kleiderwerke Walter Behrendt GmbH** und sollen unterschiedliche Vorgänge bzw. Aufgabenstellungen bearbeiten und Fragen beantworten.

Beschreibung des Unternehmens:

Name	Kleiderwerke Walter Behrendt GmbH Am Wetterhahn 25, 60437 Frankfurt	
Stammkapital		200.000,00 EUR
Gesellschafter	Walter Behrendt, Stammeinlage Egon Franck, Stammeinlage Hans Schäfer, Stammeinlage	100.000,00 EUR 60.000,00 EUR 40.000,00 EUR
Geschäftsführer	Walter Behrendt Francesco Bertini	
Prokurist	Klaus Wegner	
Geschäftsjahr	1. Januar–31. Dezember	
Bankverbindungen	Postbank AG, NL Frankfurt Konto 471118-602, BLZ 500.100.60 Frankfurter Sparkasse Konto 379213, BLZ 500.502.01	
Produkte	Herrenoberbekleidung	
Handelswaren	Hemden Krawatten	
Maschinen	Zuschneidetische und -maschinen Nähautomaten	
Fertigungsarten	Serienfertigung Sortenfertigung	
Stoffe – Rohstoffe – Hilfsstoffe – Betriebsstoffe	 Kleiderstoffe, Futterstoffe Nähgarn, Knöpfe, Reißverschlüsse Strom, Heizöl, Wasser, Schmierstoffe	
Mitarbeiter	Kaufmännische Arbeitnehmer/-innen Gewerbliche Arbeitnehmer/-innen (davon unter 18 Jahren: 15) Auszubildende	40 210 12

Geschäftsprozesse

1 Marketing und Absatz

- **Auftragsanbahnung und -vorbereitung**
- **Auftragsbearbeitung**
- **Auftragsnachbereitung und Service**

1. Aufgabe

Situation

Obwohl erst im letzten Jahr modernste Fertigungsmaschinen gekauft und in der Fertigung eingesetzt wurden, konnten in der Behrendt GmbH die geplanten Absatz- und Umsatzzahlen nicht erreicht werden. Sie nehmen an einer Gesprächsrunde teil, in der anhand der abgebildeten Grafik die Geschäftslage besprochen und Konsequenzen erörtert werden.

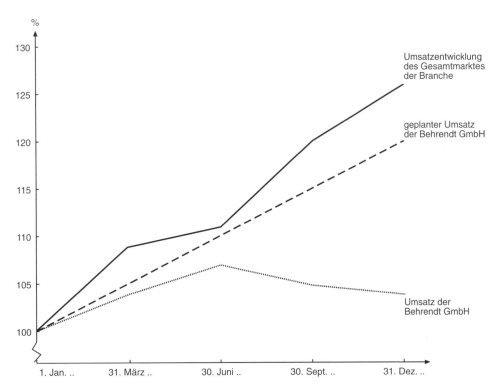

Umsatzplanung und -entwicklung zum jeweiligen Quartalsende (1. Jan. .. = Index 100)

1.1 Analysieren Sie in kurzen Sätzen die Grafik!

_____

_____

_____

_____

1.2 Nennen Sie **3** mögliche Ursachen für die schlechte Umsatzentwicklung!

_____

_____

_____

_____

1.3 Es wird vorgeschlagen, dass die Behrendt GmbH auf ihre Kosten den Großabnehmern Hilfen für die Präsentation ihrer Verkaufsprodukte anbietet. Wie heißt der englische Begriff für Verkaufsförderung?

1.4 Nennen Sie **3** Mittel der Verkaufsförderung!

1.5 Als mögliche Maßnahme, um den Umsatz zu steigern, wird u. a. die Aufspaltung des Gesamtmarktes in einzelne Teilmärkte (Marktsegmentierung) diskutiert.
Nennen Sie **3** Merkmale, nach denen eine Marktsegmentierung vorgenommen werden kann!

1.6 Ein Vergleich der Daten über den Erfolg der Angebotstätigkeit in den letzten Monaten – ohne Berücksichtigung der Auftragshöhe – bestätigt die schlechte Entwicklung des Umsatzes.
Im ersten Halbjahr betrug die Erfolgsquote noch 80 %.
Im zweiten Halbjahr wurden 400 Angebote abgegeben und 280 Aufträge von Kunden erteilt.
Begründen Sie rechnerisch die Entwicklung, indem Sie ausrechnen, um wie viel Prozent die Erfolgsquote des zweiten Halbjahres im Vergleich zur Erfolgsquote des ersten Halbjahres zurückgegangen ist!

1.7 Die Kunden sollen noch stärker als bisher im Zentrum der Marketinginstrumente stehen.
Nennen Sie **3** Maßnahmen zur Kundenbindung!

1 Marketing und Absatz

1.8 Ein Abteilungsleiter hat gute Kontakte in die USA. Er verspricht sich insbesondere für Freizeitjacken auf dem amerikanischen Markt gute Absatzchancen und schlägt zur Umsatzsteigerung vor, Herrenbekleidung der Behrendt-Werke auch in die USA zu exportieren.
Nennen Sie eine Möglichkeit, das Währungsrisiko auszuschließen!

1.9 Mögliche Marketingmaßnahmen müssen hinsichtlich ihrer rechtlichen Zulässigkeit geprüft werden.
Nennen Sie **3** unzulässige Werbemaßnahmen!

1.10 Ganz wesentlich für den Unternehmenserfolg ist die Qualität der Herrenoberbekleidung.
Begründen Sie dies mit **2** Argumenten!

1.11 Es wird auch über deutliche Preissenkungen nachgedacht, die durch wesentlich günstigere Bezugsquellen für Stoffe und erhebliche Kosteneinsparungen durch Einsatz neuer Maschinen und rationellerer Verfahren möglich wären.
Um wie viel Prozent müsste die Absatzmenge von Herrensakkos steigen, wenn bei einer Preissenkung von 20% der entsprechende Umsatz trotzdem um 10% steigen soll?

1 Marketing und Absatz

2. Aufgabe

Situation

Ein Kunde der W. Behrendt GmbH stellt nach der letzten Lieferung fest, dass er zu viele Herrenanzüge eingekauft hat. Er bittet daher um Rücknahme von zehn Anzügen. Der Kunde ist ein bedeutender Abnehmer der W. Behrendt GmbH.
(Die Situation ist entnommen aus: Krieg, Günter/Rakemann, Ralph: Normtest Industriekaufmann/Industriekauffrau. Mündliche Prüfung, 12. Auflage, Bildungsverlag EINS, Gehlen, 2004. In dieser Broschüre sind weitere Situationen bearbeitet, die auch der Vorbereitung auf die schriftliche Prüfung dienen.)

2.1 Erläutern Sie die Rechtslage
 • für den Kunden,
 • für die Behrendt GmbH!

2.2 Nennen Sie **2** Gründe, die für die Rücknahme der zehn Anzüge sprechen!

2.3 Nennen Sie **2** Gründe, die gegen eine Rücknahme sprechen!

2.4 Erläutern Sie **3** wichtige Punkte, die Sie in einem Schreiben an den Kunden formulieren, wenn die Behrendt GmbH die Anzüge zurücknimmt!

2.5 Erläutern Sie **3** weitere freiwillige zusätzliche Dienstleistungen, die die Behrendt GmbH einem Kunden anbieten kann!

2.6 Welche Geschäftsprozesse müssen Sie bei der Rücknahme der Anzüge beachten?

3. Aufgabe

Situation

Im Versandlager der W. Behrendt GmbH lagern zurzeit 500 Hemden und 100 Anzüge, die aufgrund von Kundenaufträgen eingekauft bzw. gefertigt wurden. Sie sind dafür verantwortlich, dass die Hemden und Anzüge termingerecht ausgeliefert werden.

3.1 Die Bewältigung logistischer Aufgaben hat auch in der Behrendt GmbH große Bedeutung.
Erläutern Sie, welche logistischen Probleme beim Versand der Hemden bzw. Anzüge an verschiedene Kunden auftreten!

3.2 Erläutern Sie **3** logistische Anforderungen an die Verpackung!

3.3 Nennen Sie **3** Eigenschaften, die die Verpackung umweltfreundlich machen!

3.4 Welche Lademittel sind für den Versand der Hemden bzw. Anzüge sinnvoll? Begründen Sie die Einsatzmöglichkeiten!

3.5 Ein Kunde der Behrendt GmbH hat die Versandart vorgeschrieben. Sie ist in der Kundenauftragsdatei gespeichert und über das PPS-System erfasst. (PPS ist ein Software-System, ein Paket von Computer-Anwenderprogrammen, das eine optimale Steuerung der Geschäftsprozesse ermöglichen soll.) Der Programmteil „Versandpapiere" wird aufgerufen und ermöglicht Ausstellung und Ausdruck von Versandformularen.

3.5.1 Nennen Sie **3** Versandpapiere!

3.5.2 Laut Kundenwunsch soll der Versand durch die Deutsche Post AG erfolgen.
Welche Möglichkeiten gibt es?

3.6 Sie vergeben für die Lieferung eines Großteils der Hemden und Anzüge einen Transportauftrag an einen Spediteur.
Nennen Sie **3** wichtige Aufgaben des Spediteurs!

> Weitere Aufgaben, die auch hinsichtlich der **Form** entsprechend der IHK-Prüfungsaufgaben gestaltet sind, finden Sie im Prüfungsübungssatz, Seite 142 ff.

4. Aufgabe

Situation

Sie sind Mitarbeiter/Mitarbeiterin in der Marketing-Abteilung der Behrendt GmbH. Für eine Sitzung mit der Geschäftsleitung zur Analyse der Absatzentwicklung sollen Sie Unterlagen vorbereiten und Fragestellungen vorab klären.

Ihnen liegen u. a. folgende statistische Angaben aus den vergangenen Jahren nach Produktgruppen vor:

Absatzentwicklung (Absatzmenge in Stück)

Produktgruppe	2002	2003	2004	2005
Freizeitjacken	14.000	16.500	17.500	21.000
Herrenanzüge	24.000	21.000	20.000	18.000
Kombijacken	20.500	22.500	23.000	20.500
Herrenhosen	18.500	19.000	20.500	19.500
Gesamtmenge	77.000	79.000	81.000	79.000

Umsatzzahlen (Euro)

Produktgruppe	2002	2005
Freizeitjacken	1.820.000,00	2.940.000,00
Herrenanzüge	5.760.000,00	4.500.000,00
Kombijacken	2.460.000,00	2.665.000,00
Herrenhosen	1.665.000,00	1.950.000,00
Gesamtumsatz	11.705.000,00	12.055.000,00

4.1 Stellen Sie die Absatzentwicklung der angegebenen Produktgruppen grafisch dar (Kurven), indem Sie die Werte aus der Absatzstatistik (Mengen) in das Koordinatensystem eintragen.

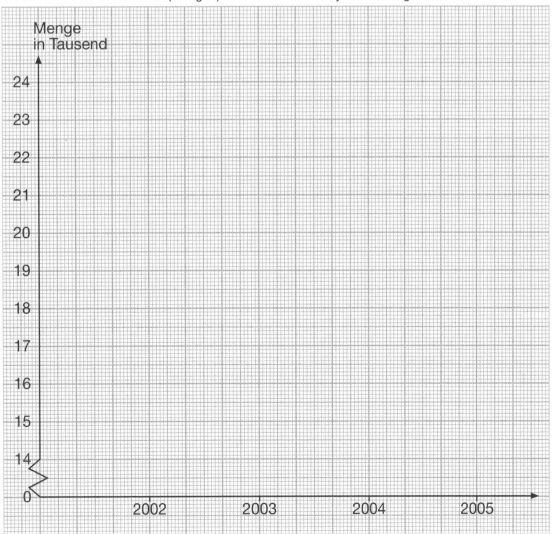

4.2 Berechnen Sie die prozentualen Veränderungen der Absatzmengen bei den Produktgruppen im Jahr 2005 gegenüber dem Jahr 2002 und tragen Sie die Ergebnisse in folgende Tabelle ein.

Produktgruppe	Veränderungen gegenüber 2002
Freizeitjacken	%
Herrenanzüge	%
Kombijacken	%
Herrenhosen	%

4.3 Werten Sie die Ergebnisse aus.

4.3.1 Bei der Betrachtung der Gesamtzahlen kann man zwar feststellen, dass der mengenmäßige Absatz und Umsatz im Jahr 2005 gegenüber dem Jahr 2002 insgesamt nur leicht gestiegen ist. Bei den einzelnen Produktgruppen sind die prozentualen Veränderungen im angegebenen Zeitraum jedoch sehr unterschiedlich.
Nennen Sie **2** Produktgruppen mit besonders starken Veränderungen.

4.3.2 Nennen Sie **4** mögliche Gründe für die Veränderungen bei der Absatzentwicklung der von Ihnen genannten Produktgruppen.

4.4 Berechnen Sie zur genaueren Analyse der Absatzentwicklung die prozentualen Anteile der einzelnen Produktgruppen und werten Sie die Ergebnisse aus.

4.4.1 Berechnen Sie den prozentualen Anteil der Produktgruppen am Gesamtabsatz (Menge) in den Jahren 2002 und 2005 und tragen Sie die Ergebnisse in folgende Tabelle ein.

Produktgruppe	2002 %-Anteil	2005 %-Anteil
Freizeitjacken	%	%
Herrenanzüge	%	%
Kombijacken	%	%
Herrenhosen	%	%
Gesamtmenge	%	%

4.4.2 Berechnen Sie den prozentualen Anteil der Produktgruppen am Gesamtumsatz (Wert) in den Jahren 2002 und 2005 und tragen Sie die Ergebnisse in folgende Tabelle ein.

Produktgruppe	2002 %-Anteil	2005 %-Anteil
Freizeitjacken	%	%
Herrenanzüge	%	%
Kombijacken	%	%
Herrenhosen	%	%
Gesamtumsatz	%	%

4.4.3 Nennen und beschreiben Sie **3** auffallende Veränderungen, die sich aus der Analyse der Absatzentwicklung ergeben.

4.5 Aus der Absatzanalyse werden Konsequenzen gezogen. Um die guten Marktchancen im Freizeitbereich noch besser zu nutzen, soll für Freizeitjacken verstärkt geworben und die Erweiterung des Sortimentes um Freizeithosen geprüft werden. Außerdem sollen die Ursachen des Absatzrückganges bei den Herrenanzügen genauer untersucht werden, da diese Produktgruppe trotz des erheblichen Rückganges für den Umsatz nach wie vor eine entscheidende Rolle spielt.

4.5.1 Erklären Sie den wesentlichen Unterschied zwischen Primär- und Sekundärforschung bei der Marktforschung.

4.5.2 Zur Prüfung der Marktchancen für Freizeithosen sollen Informationsquellen genutzt werden, die zum Bereich der sekundären Marktforschung gehören.
Nennen Sie **3** Beispiele für sekundäre Informationsquellen.

4.5.3 Zur Klärung der Ursachen für den Absatzrückgang bei den Herrenanzügen sollen Informationsquellen genutzt werden, die zum Bereich der primären Marktforschung gehören.
Nenne Sie **2** Beispiele für primäre Informationsquellen.

4.5.4 Nennen Sie einen Nachteil der Primärforschung.

4.5.5 Nennen Sie **2** Beispiele für Werbemaßnahmen bei den Herrenanzügen.

5. Aufgabe

Situation

Sie sind Mitarbeiter/Mitarbeiterin im Marketingbereich der Behrendt GmbH und arbeiten in der Abteilung, die sich u. a. mit der Preisgestaltung und Preiskalkulation befasst.
Ein Stammkunde will auf Grund einer Vorabinformation über die neue Kollektion einen Großauftrag für die neuen Freizeitjacken erteilen, falls er die Jacken für 100,00 EUR kaufen kann.

5.1 Berechnen Sie auf Grund der folgenden Daten zunächst den Zielverkaufspreis und tragen Sie die Werte in das Schema ein:
Fertigungsmaterial 40,00 EUR; Materialgemeinkosten 20%, davon 50% fix und 50% variabel.
Fertigungslöhne 30,00 EUR; Fertigungsgemeinkosten 73 1/3%, davon 50% fix und 50% variabel.
Verwaltungs- und Vertriebsgemeinkosten 20%, davon 100% fix. Gewinnzuschlag 20%; Kundenskonto 4%.

Fertigungsmaterial	
+ Materialgemeinkosten	
Materialkosten	
Fertigungslöhne	
+ Fertigungsgemeinkosten	
Fertigungskosten	
Herstellkosten	
+ Verwaltungs- und Vertriebsgemeinkosten	
Selbstkosten	
+ Gewinnzuschlag	
Barverkaufspreis	
+ Kundenskonto	
Zielverkaufspreis	

5.2 Langfristige Preisuntergrenze feststellen.

5.2.1 Erläutern Sie den Begriff langfristige Preisuntergrenze.

5.2.2 Nennen Sie die langfristige Preisuntergrenze auf Grund der obigen Kalkulation.

5.3 Kurzfristige Preisuntergrenze feststellen.

5.3.1 Erläutern Sie den Begriff kurzfristige Preisuntergrenze.

5.3.2 Berechnen Sie die kurzfristige Preisuntergrenze auf Grund der vorliegenden Daten.

5.4 Begründen Sie, ob und warum Sie den Kundenauftrag annehmen.

5.5 Im Zusammenhang mit diesem Auftrag wird die Preis- und Konditionenpolitik für die neue Kollektion diskutiert.
Nennen Sie **3** Gestaltungsmöglichkeiten, um den Absatz zu beeinflussen.

5.6 Wegen der positiven Entwicklung im Bereich der Freizeitkleidung sollen Freizeithosen in das Sortiment aufgenommen werden. Von der Marktforschung und der Kostenrechnung liegen uns folgende Daten vor:

angenommener Verkaufspreis (EUR)	geschätzte Absatzmenge (Stück)	geschätzter Umsatz (EUR)	gesamte Fixkosten (EUR)	variable Stückkosten (EUR)
100,00	20.000	2.000.000,00	600.000,00	50,00
90,00	25.000	2.250.000,00	600.000,00	50,00
80,00	40.000	3.200.000,00	600.000,00	50,00

5.6.1 Vervollständigen Sie folgende Tabelle auf Grund der vorliegenden Daten.

Verkaufspreis je Stück (EUR)	Fixkosten je Stück (EUR)	Gesamtkosten je Stück (EUR)	Stückgewinn (EUR)	Gesamtgewinn (EUR)
100,00				
90,00				
80,00				

1 Marketing und Absatz

5.6.2 Für welchen Verkaufspreis werden Sie sich bei den Freizeithosen entscheiden? Begründen Sie Ihre Entscheidung.

5.6.3 Erklären Sie im Zusammenhang mit der Absatzplanung den Begriff Break-even-Point.

5.6.4 Bei den vorliegenden Daten handelt es sich um Schätzungen, die mit einem Risiko behaftet sind. Deswegen sollen Sie die Absatzmenge berechnen, bei der bei einem Verkaufspreis von 80,00 EUR der Break-even-Point liegt (Gewinnschwelle).
Stellen Sie das mithilfe einer grafischen Darstellung fest, indem Sie die fixen Kosten, die variablen Kosten und Gesamtkosten und den Gesamterlös in das Koordinatensystem eintragen.
Markieren Sie den Break-even-Point und tragen Sie die Verlust- und Gewinnzone ein.

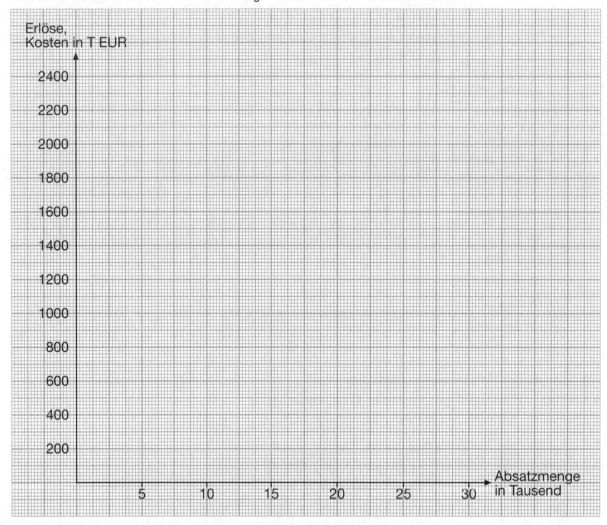

Die gebundenen/programmierten Aufgaben bei den Prüfungsbereichen zu den Geschäftsprozessen sind zur Festigung und Wiederholung des Prüfungsstoffes gedacht.

6. Aufgabe

Die folgende Darstellung zeigt die Entwicklung des Baustahl-Angebotes (A) und der Baustahl-Nachfrage (N).

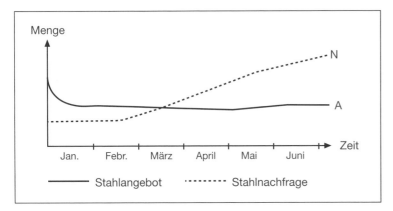

Prüfen Sie, welche Feststellung die Marktlage und die vermutliche Preisentwicklung im Monat Juni am zutreffendsten beschreibt!

1. Das Angebot war größer als die Nachfrage. Deshalb sind die Preise zunächst erheblich zurückgegangen. Bei steigender Nachfrage haben sie später wieder die alte Höhe erreicht.
2. Die Nachfrage ist erheblich stärker gestiegen als das Angebot. Die Preise sind zunächst zurückgegangen und dann etwas über den alten Stand gestiegen.
3. Angebot und Nachfrage nach Baustahl haben sich wesentlich verändert. Weil sich die Veränderungen gegenseitig ungefähr aufheben, werden sie sich nicht wesentlich auf die Preise auswirken.
4. Die Nachfrage ist in den letzten Monaten erheblich gestiegen. Das Angebot hat sich nicht im gleichen Maße erhöht, weshalb die Preise voraussichtlich steigen werden.
5. Das Angebot hat sich wesentlich erhöht. Die Nachfrage ist ebenfalls deutlich gestiegen. Daher werden sich die Preise kaum erhöhen.

7. Aufgabe

Prüfen Sie, welche Feststellung über die Marktanalyse richtig ist!

1. Sie will mit Mitteln der Psychologie und der Soziologie herausfinden, welche bewussten oder unbewussten Gründe die Kaufentscheidungen der Kunden beeinflussen.
2. Sie versucht, durch Befragungen die Konsumgewohnheiten der Käufer zu erfassen.
3. Sie untersucht den Markt zu einem gegebenen Zeitpunkt und gibt ein Bild der Marktlage in diesem Augenblick.
4. Sie stellt Veränderungen der volkswirtschaftlichen Daten fest.
5. Sie umfasst alle Maßnahmen, die sich darauf richten, die Meinung und die Entscheidung eines anderen zugunsten des Werbenden zu beeinflussen.

8. Aufgabe

Der Zulieferer eines Industriebetriebes kommt in Lieferschwierigkeiten, weil er zu viele Aufträge angenommen hat. Nach der für einen Auftrag vereinbarten Lieferzeit wird der Zulieferer gemahnt und eine angemessene Nachfrist gesetzt. Trotzdem liefert er erst später. Dadurch konnte der Industriebetrieb einen Kundenauftrag nicht rechtzeitig ausführen, der deshalb storniert wurde. Welche Rechtslage ergibt sich für den Zulieferer?

1. Der Lieferant hat in jedem Fall eine Konventionalstrafe zu zahlen, auch wenn dies nicht vorher ausdrücklich vereinbart war.
2. Der Lieferant ist dem Industriebetrieb zum Schadenersatz verpflichtet.
3. Der Lieferant ist dem Kunden zum Schadenersatz verpflichtet.
4. Für den Lieferanten ergeben sich keine Rechtsfolgen, weil er einwandfrei geliefert hat.
5. Der Lieferant ist nur zum Schadenersatz verpflichtet, wenn der Kunde des Industriebetriebs seinerseits Schadenersatz verlangt.

1 Marketing und Absatz

9. Aufgabe

Am 3. Mai haben wir mit der Lagerbau GmbH einen Kaufvertrag über eine Regalanlage abgeschlossen. Sie soll in etwa 14 Tagen geliefert werden. Am 25. Mai teilt uns die Lagerbau GmbH mit, dass sich der Liefertermin leider nicht einhalten lasse, weil die Regalherstellung durch versehentlich unterbliebene Materialbestellung unerwartete Verzögerungen erfahren hat. Befindet sich die Lagerbau GmbH in Verzug?

1. Ja, sie befindet sich in Verzug, weil uns die Lieferungsverzögerung erst nach dem 17. Mai mitgeteilt wurde.
2. Ja, sie ist in Verzug, weil sie nicht bis zum 17. Mai geliefert hat.
3. Ja, sie befindet sich auch ohne eine Mahnung in Lieferverzug.
4. Nein, sie muss zunächst gemahnt werden; erst dadurch wird sie in Verzug gesetzt.
5. Nein, sie ist deshalb nicht in Verzug, weil ein Verzug grundsätzlich erst frühestens vier Wochen nach Ablauf eines Liefertermins eintritt.
6. Nein, sie kommt im vorliegenden Fall überhaupt nicht in Verzug, weil höhere Gewalt vorliegt.

10. Aufgabe

Ein Automobilhersteller hat den Verkaufspreis eines Modells erst um 10 % und dann nochmals um 5 % erhöht, sodass der Verkaufspreis jetzt 12.705,00 EUR beträgt.

Wie viel Euro kostete das Fahrzeug vor den beiden Preiserhöhungen?

11. Aufgabe

Im August setzte die Chemische Fabrik S. Erdmann 12.755.000,00 EUR um, der Umsatz im September betrug 15.306.000,00 EUR.

Um wie viel % lag der Umsatz des Monats September über dem des Monats August?

12. Aufgabe

Eine Rechnung lautet über einen Gesamtbetrag von 1.004,50 EUR.
Wie viel Euro beträgt die Umsatzsteuer (16 %)?

13. Aufgabe

Prüfen Sie, welche Feststellung für den Handelsvertreter zutrifft!

1. Er ist ein selbstständiger Kaufmann, der es gewerbsmäßig übernimmt, Waren im eigenen Namen für fremde Rechnung zu kaufen oder zu verkaufen.
2. Er ist ein im Außendienst tätiger Angestellter, der neben einem Fixum eine Umsatzprovision erhält.
3. Er ist ein selbstständiger Kaufmann, der gewerbsmäßig von Fall zu Fall Verträge vermittelt.
4. Er ist ein selbstständiger Kaufmann, der gewerbsmäßig Waren im fremden Namen für eigene Rechnung verkauft.
5. Er ist ein selbstständiger Kaufmann, der im fremden Namen Geschäfte vermittelt oder abschließt.

14. Aufgabe

Der Vertrieb Ihres Ausbildungsbetriebs möchte ein Konsignationslager im Ausland errichten.
Welchen Vorteil kann das haben?

1. Die Kapitalbindung (kalkulatorische Zinsen) des Betriebes wird geringer.
2. Im Falle von Änderungen der Währungsparität ist es günstiger, im Ausland ein Konsignationslager zu haben.
3. Bei kurzfristigem Bedarf ausländischer Kunden kann eine Ware schneller geliefert werden.
4. Das Verkaufsrisiko liegt bei dem ausländischen Lagerhalter.
5. Es werden Frachtkosten gespart.

15. Aufgabe

Die Stoffweberei K. Bartels möchte sich über die Zahlungsgewohnheiten der Bekleidungswerke GmbH, Hannover, informieren. Wo könnte sie Auskünfte einholen?

1. Beim Ordnungsamt der Stadtverwaltung Hannover
2. Beim zuständigen Arbeitgeberverband
3. Beim Finanzamt Hannover
4. Mit Einwilligung der Bekleidungswerke GmbH bei deren kontoführender Bank
5. Bei der IHK Hannover

16. Aufgabe

Die Industrie AG gibt ein verbindliches Angebot ab. In welchem Fall ist sie nicht mehr daran gebunden?

1. Das schriftliche Angebot trägt als Datum 27. 06. Der Kunde bestellt telefonisch am 02. 07.
2. Das Angebot erfolgt schriftlich am 27. 06. ohne einschränkende Terminangaben. Die schriftliche Bestellung trifft am 02. 09. ein.
3. Das schriftliche Angebot stammt vom 17. 05., am 20. 05. merkt die Industrie AG, dass sie falsch kalkuliert hat, und widerruft telefonisch am selben Tag; die schriftliche Bestellung trifft am 21. 05. ein.
4. Der Lieferer der Industrie AG teilt mit, dass er nicht mehr zu den alten Preisen liefern könne und diese um 15 % erhöhen müsse.
5. Das schriftliche Angebot wird am 18. 05. abgegeben, am 19. 05. erfährt die Industrie AG, dass der Kunde einen Wechsel nicht eingelöst hat.

17. Aufgabe

Welche Bedeutung für den Abschluss eines Kaufvertrages hat eine Anfrage?

1. Die Anfrage gilt als Bestellung, sofern der Verkäufer die betreffende Ware unverzüglich liefern kann.
2. Der Verkäufer ist nach HGB verpflichtet, ein Angebot abzugeben.
3. Wenn in der Anfrage die genaue Art und Menge der Ware genannt ist, darf der Verkäufer sofort liefern.
4. Der Anfragende ist nach HGB zur Bestellung verpflichtet.
5. Die Anfrage ist eine Erklärung des Käufers ohne rechtliche Wirkungen.

18. Aufgabe

Was bedeutet Fakturieren?

1. Das Prüfen einer Rechnung
2. Die Kalkulation
3. Das Vergleichen von Rechnung und Lieferschein
4. Das Ausstellen einer Rechnung
5. Das Buchen der Geschäftsvorfälle

19. Aufgabe

Was versteht man unter Delkredereprovision?

1. Provision, die der Handelsvertreter erhält, wenn er einen Vertrag abschließt
2. Provision, die der Kommissionär erhält, wenn ein Vertrag abgeschlossen wird
3. Provision, die der Handelsvertreter erhält, wenn er für den Eingang der Zahlungen haftet
4. Provision, die der Handelsvertreter erhält, wenn er Forderungen für die Unternehmung einzieht
5. Provision, die der Makler für seine Vermittlung erhält

20. Aufgabe

Prüfen Sie, welche Feststellung für einen Markenartikel zutrifft!

1. Die Ware ist nicht verpackt und wird lose verkauft.
2. Der Preis der Ware ändert sich fast täglich.
3. Die Ware ist mit einem Firmen- oder Warenzeichen gekennzeichnet.
4. Die Qualität der Ware schwankt, da das Erzeugnis einzeln hergestellt wird.
5. Der Preis der Ware wird im Allgemeinen zwischen Käufer und Verkäufer ausgehandelt.

21. Aufgabe

Für welchen Vorgang kann ein Patent erteilt werden?

1. Verwendung eines bestimmten Symbols, mit dem die Erzeugnisse gekennzeichnet werden
2. Entwurf eines Flächenmusters
3. Herstellung einer bekannten Legierung durch ein neues Verfahren
4. Verwendung einer neuen Form
5. Neugestaltung eines Gebrauchsgegenstandes

22. Aufgabe

Sie werden beauftragt, eine Umsatzstatistik Ihres Unternehmens über einen längeren Zeitraum grafisch darzustellen. Welche Diagrammform ist am zweckmäßigsten?

1. Flächendiagramm
2. Strichdiagramm
3. Punktdiagramrn
4. Kurvendiagramm
5. Bilddiagramm

23. Aufgabe

Der Umsatz eines Unternehmens stieg in einem Jahr um 20 Mio. EUR auf 210 Mio. EUR.

Wie viel Mio. EUR sind durch Preiserhöhung bedingt, wenn die Verkaufspreise zu Beginn des gleichen Jahres um durchschnittlich 4 % angehoben worden sind?

24. Aufgabe

Ein Konkurrent aus den USA bietet eine Werkzeugmaschine für 70 000 Dollar an.

Für wie viel Euro müssen wir eine gleichwertige Maschine anbieten, wenn wir 10 % billiger verkaufen wollen?

Kurs: 1 Euro – 1,25 Dollar

25. Aufgabe

Eine Statistik über die Auslieferung weist nachstehende Zahlen aus: Der Lagerumsatz betrug im ersten Halbjahr insgesamt 234.500,00 EUR.

Wie viel Euro entfielen nach der Statistik auf eigene Kraftfahrzeuge?

Vom Lagerumsatz wurden in 5 % ausgeliefert durch				
Werkverkehr	Fremde Kraftfahrzeuge	Bahn	Post	Selbstabholung
79	2	4	4	11

1 Marketing und Absatz

26. Aufgabe

Als Auszubildender fahren Sie mit dem betriebseigenen Lkw mit zur Güterabfertigung, um die eingehenden Sendungen abzuholen. Welches Verhalten ist richtig, wenn bei einem angelieferten Elektromotor die Seitenwand der Kiste eingedrückt ist?

1. Die Kiste wird bei der Güterabfertigung ausgepackt und der Inhalt überprüft.
2. Die Annahme der Kiste wird verweigert.
3. Die Kiste wird nach Ausstellung einer Tatbestandsaufnahme angenommen.
4. Die Kiste wird an den Absender zurückgesandt.
5. Die Kiste wird bei der Güterabfertigung eingelagert, und der Absender verständigt.
6. Die Kiste wird in der Hoffnung, dass der Inhalt nicht beschädigt ist, angenommen.

27. Aufgabe

Wann erlöschen die Haftungsansprüche aus dem Frachtvertrag gegen die Deutsche Bahn AG?

1. Mit Ankunft des Transportgutes am Bestimmungsbahnhof
2. Mit Übernahme des Transportgutes durch das zustellende bahnamtliche Rollfuhrunternehmen
3. Mit unbeanstandeter Annahme des Gutes durch den Empfänger
4. Einen Monat nach unbeanstandeter Annahme des Gutes durch den Empfänger
5. Sechs Wochen nach unbeanstandeter Annahme des Gutes durch den Empfänger

28. Aufgabe

Mit einem Dortmunder Stahlblechlieferanten vereinbart die Auto-AG Augsburg u.a. die Regelung: „Frachtbasis Essen". Was bedeutet diese Vereinbarung?

1. Die Auto-AG muss die Frachtkosten von Dortmund nach Essen übernehmen.
2. Die Auto-AG muss die Frachtkosten für die Strecke Essen–Augsburg übernehmen.
3. Der Transport der Stahlbleche muss immer über Essen laufen.
4. Der Verkäufer muss die Frachtkosten ab Essen bezahlen.
5. Der Käufer muss die Frachtkosten bis Essen bezahlen.

29. Aufgabe

Ein Dortmunder Walzwerk vereinbart mit der Frankfurter Maschinenbau AG u.a. als Lieferungsbedingung „Frachtparität Oberhausen". Was bedeutet diese Vereinbarung?

1. Die Maschinenbau AG muss die Frachtkosten von Dortmund nach Oberhausen übernehmen.
2. Das Dortmunder Walzwerk muss die Frachtkosten von Dortmund nach Oberhausen übernehmen.
3. Die Lieferung des Walzstahles muss über Oberhausen erfolgen.
4. Die Maschinenbau AG muss die gesamten Transportkosten übernehmen. Die „Frachtparität" ist nur für das Transportrisiko von Bedeutung.
5. Das Dortmunder Walzwerk muss die Frachtkosten von Oberhausen nach Frankfurt übernehmen.

30. Aufgabe

Die Deutsche Bahn AG bietet in ihrem Geschäftsbereich „Stückgutverkehr" verschiedene Frachtbeförderungsmöglichkeiten an. Einem Kunden in Hamburg soll noch am selben Tag eine eilige Sendung (Paket mit 14 kg) von einem Lieferanten aus Frankfurt zugestellt werden. Welche Beförderungsart muss der Absender wählen?

1. Partiefracht
2. Stückfracht/Schienenfrachten
3. Stückfracht/ Hausfrachten
4. IC-Kurierdienst
5. Expressdienst

31. Aufgabe

Das Nettogewicht einer Sendung beträgt 770 kg, die Tara 12,5% des Bruttogewichts. Wie viel Euro ist an Fracht zu zahlen, wenn uns der Spediteur 0,50 EUR je kg Bruttogewicht in Rechnung stellt?

32. Aufgabe

Wer ist beim Warenversand unter Verwendung des folgenden Formulars (Ausschnitt) Frachtführer?

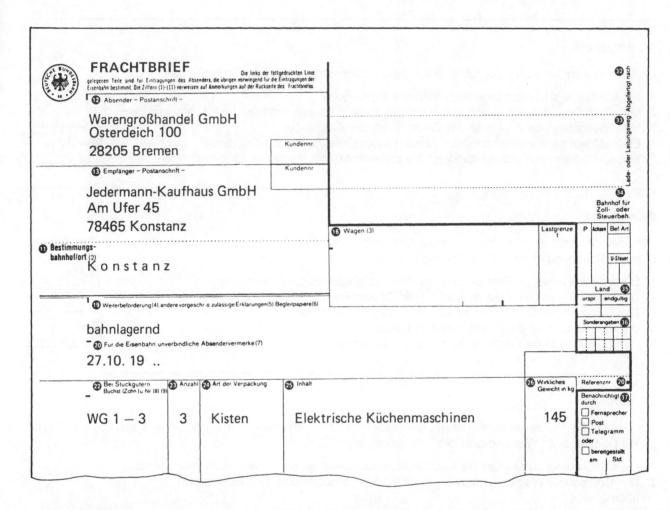

1. Binnenschifffahrt
2. Deutsche Bahn AG
3. Deutsche Post AG
4. Warengroßhandel GmbH, Bremen
5. Jedermann-Kaufhaus GmbH, Konstanz

33. Aufgabe

Um welche Versandart handelt es sich bei dem obigen Frachtbrief?

1. Sammelladung
2. Postpakete
3. Frachtgut
4. Expressgut
5. Eilgut

34. Aufgabe

Eine Warensendung (Gewicht 28 kg) soll schnellstmöglich einen Kunden in Passau erreichen. Welche Versandart wird gewählt?

1. Postgut
2. Bahn-Frachtgut mit telefonischer Benachrichtigung des Empfängers bei Ankunft der Sendung am Bestimmungsbahnhof
3. Postpakete mit Eilzustellung
4. Bahn-Expressgut
5. Päckchen (Ware in neun Einzelpäckchen zu je 2 kg Postgewicht verpackt)

35. Aufgabe

Es gibt verschiedene Maßnahmen der Produktpolitik.
Was versteht man unter „Variation"?

1. Entwicklung und Einführung neuer Produkte
2. Ausschaltung von Produkten
3. Aufnahme von Produkten in das Produktionsprogramm, die für das Unternehmen grundsätzlich neu sind
4. Veränderung eingeführter Produkte
5. Entscheidung über die Auswahl und Zusammensetzung der in einem Unternehmen hergestellten Erzeugnisse

36. Aufgabe

Vor der Cebit in Hannover wird für einen Halbleiterhersteller ein neues Logo entwickelt.
Zu welchem Marketingbereich gehört diese Maßnahme?

1. Produktpolitik
2. Publicrelations
3. Distributionspolitik
4. Salespromotion
5. Sortimentspolitik

1 Marketing und Absatz

2 Beschaffung und Bevorratung

- Bedarfsermittlung und Disposition
- Bestelldurchführung
- Vorratshaltung und Beständeverwaltung

37. Aufgabe

Situation

Sie fordern von drei Lieferanten für Reißverschlüsse Angebote an. Sie benötigen 100 Reißverschlüsse für die Fertigung von Herrenfreizeitjacken. Aufgrund der abgegebenen Angebote und langjähriger Geschäftsbeziehungen stellen Sie eine Vergleichstabelle zusammen:

Auswahlkriterien	Abt	Brauer	Cotta
Preis	453,36 EUR	436,50 EUR	455,00 EUR
Qualität	gut	ausreichend	sehr gut
Termin/Lieferzeit	3 Wochen	2 Wochen	1 Woche
Zuverlässigkeit	meist zuverlässig	befriedigend	immer zuverlässig
Kundendienst	befriedigend	befriedigend	großzügig
Ersatzteillagerung	3 Jahre	8 Jahre	5 Jahre

Daraus entwickeln Sie diese Entscheidungs-Werttabelle:

Auswahlkriterien	Gewicht der Faktoren	Abt Note	Punkte	Brauer Note	Punkte	Cotta Note	Punkte
Preis	10	6	60	9		4	40
Qualität	8	8	64	4	32	10	80
Termin/Lieferzeit	5	7	35	8	40	9	45
Zuverlässigkeit	8	8	64	6	48	9	
Kundendienst	4	6	24	6	24	8	32
Ersatzteillagerung	2	5	10	8	16	7	14
Summe			257				

Gewichtungsfaktoren: 0 = unwichtig   bis 10 = sehr wichtig
Bewertungspunkte: 0 = sehr schlecht bis 10 = sehr gut

Quelle: Kühn, Gerhard/Schlick, Helmut: Das Kompendium. Industriekaufleute. Allgemeine und Spezielle Wirtschaftslehre, 1. Aufl., Bildungsverlag EINS, Gehlen, 2002, S. 186

37.1 Ergänzen Sie die fehlenden Daten in der Entscheidungswerttabelle!

37.2 Wählen Sie das günstigste Angebot aus und begründen Sie die Entscheidung!

37.3 Welches Auswahlkriterium ist in der Tabelle für die Auswahl eines Lieferanten am wichtigsten?

37.4 Bei der jährlich stattfindenden Stichtagsinventur wird festgestellt, dass noch 50 Reißverschlüsse mehr auf Lager sind, als buchmäßig erfasst.

37.4.1 Wodurch kann der Istbestand höher als der Sollbestand sein?

37.4.2 Wann muss die Stichtagsinventur in der Behrendt GmbH durchgeführt werden?

37.4.3 Nennen Sie **2** andere Inventurverfahren!

38. Aufgabe

Situation

Sie sind für eine möglichst optimale Lagerhaltung verantwortlich.
Folgende Tabelle über den Einkauf von Textilstoffen liegt Ihnen vor:

Textilstoffe	Menge	Wert
Stoffgruppe A	5 %	55 %
Stoffgruppe B	10 %	25 %
Stoffgruppe C	20 %	5 %
Stoffgruppe D	25 %	8 %
Stoffgruppe E	40 %	7 %

38.1 Erläutern Sie, warum diese Tabelle bei der Erfüllung Ihrer Aufgabe wichtig ist!

38.2 Werten Sie die Tabelle unter Kostengesichtspunkten aus!

38.3 Worauf sollten Sie bei der Beschaffung der Textilstoffe der Stoffgruppe A ganz besonders achten?

38.4 Welche Textilstoffe sollten möglichst auftragsbezogen mit kurzen Lagerzeiten disponiert werden?

38.5 Erläutern Sie an **3** Beispielen, wie trotz kostenbewusstem Einkauf und kostenbewusster Lagerung ökologische Kriterien berücksichtigt werden können!

38.6 Von der Geschäftsleitung wird für die Stoffgruppe A eine „Just-in-time"-Beschaffung vorgeschlagen.

38.6.1 Welche Vorteile hat dies für die Behrendt GmbH?

38.6.2 Welche Nachteile hat dies für die Behrendt GmbH?

---

39. Aufgabe

Situation

Es liegen Ihnen folgende Daten vor:

Herrenseidenhemden

	Zugang	Abgang	Endbestand
Januar	20 St.	40 St.	
Februar	10 St.	20 St.	
März	30 St.	0 St.	
April	0 St.	30 St.	
Mai	50 St.	40 St.	
Juni	20 St.	40 St.	
Summe			

Anfangsbestand (1. Januar) = 50 Stück

39.1 Ergänzen Sie die fehlenden Daten in der Tabelle!

39.2 Wie hoch ist der durchschnittliche Lagerbestand?

39.3 Ermitteln Sie die Umschlagshäufigkeit von Januar bis Juni (sechs Monate). Runden Sie das Ergebnis auf eine Stelle nach dem Komma ab!

39.4 Wie hoch ist die durchschnittliche Lagerdauer?

39.5 Erläutern Sie **2** Gründe, die für eine Erhöhung der Umschlagshäufigkeit sprechen!

39.6 Beschreiben Sie Möglichkeiten einer Erhöhung der Umschlagshäufigkeit von Herrenseidenhemden!

39.7 Die Bestände an Herrenseidenhemden haben in den Monaten August und September stark zugenommen. Erläutern Sie Gründe, die dafür verantwortlich sein können!

40. Aufgabe

Situation

Sie sind Mitarbeiter/Mitarbeiterin in der Einkaufsabteilung der Behrendt GmbH. Es liegt Ihnen folgender Angebotsvergleich und folgender Gesetzesauszug vor:

Angebotsvergleich	Artikel: Krawatten: 100 Stück					
Lieferer	MAHLER, Frankfurt/M			Gebr. ARNOLD, Kassel		
Unsere Anfrage vom	3. April ..			3. April ..		
Angebot vom	4. April ..			5. April ..		
Angebotspreis Mindestabnahmemenge Rabatt bei Abnahme von 100 Stück	– keine – 15 %	3,60	360,00	100 Stück – kein Rabatt –	3,20	320,00
Rechnungspreis (30 Tage Ziel) Skonto	10 Tage/ 2 1/2 %		....	14 Tage/ 2 %		....
Bareinkaufspreis Beförderungskosten	frei Haus		.....	unfrei*)	+	.....
Bezugspreis Lieferzeit	14 Tage		◀ ═══	sofort		..... ═══

*) Unsere Bezugskosten: 18,00 EUR

§ 286 Verzug des Schuldners. (1) ¹ Leistet der Schuldner auf eine Mahnung des Gläubigers nicht, die nach dem Eintritt der Fälligkeit erfolgt, so kommt er durch die Mahnung in Verzug. ²Der Mahnung stehen die Erhebung der Klage auf die Leistung sowie die Zustellung eines Mahnbescheids im Mahnverfahren gleich.
  (2) Der Mahnung bedarf es nicht, wenn
1. für die Leistung eine Zeit nach dem Kalender bestimmt ist,
2. der Leistung ein Ereignis vorauszugehen hat und eine angemessene Zeit für die Leistung in der Weise bestimmt ist, dass sie sich von dem Ereignis an nach dem Kalender berechnen lässt,
3. der Schuldner die Leistung ernsthaft und endgültig verweigert,
4. aus besonderen Gründen unter Abwägung der beiderseitigen Interessen der sofortige Eintritt des Verzugs gerechtfertigt ist.
  (3) ¹Der Schuldner einer Entgeltforderung kommt spätestens in Verzug, wenn er nicht innerhalb von 30 Tagen nach Fälligkeit und Zugang einer Rechnung oder gleichwertigen Zahlungsaufstellung leistet; dies gilt gegenüber einem Schuldner, der Verbraucher ist, nur wenn auf diese Folgen in der Rechnung oder Zahlungsaufstellung besonders hingewiesen worden ist. ²Wenn der Zeitpunkt des Zuganges der Rechnung oder Zahlungsaufstellung unsicher ist, kommt der Schuldner, der nicht Verbraucher ist, spätestens 30 Tage nach Fälligkeit und Empfang der Gegenleistung in Verzug.
  (4) Der Schuldner kommt nicht in Verzug, solange die Leistung infolge eines Umstandes unterbleibt, den er nicht zu vertreten hat.

40.1 Berechnen Sie den Bezugspreis für Krawatten beim Anbieter Mahler!

40.2 Berechnen Sie den Bezugspreis für Krawatten beim Anbieter Arnold!

40.3 Nennen Sie **2** Gründe, warum u. U. die Bestellung bei der Firma Arnold vorgenommen wird, obwohl der Bezugspreis höher ist als bei der Firma Mahler!

40.4 Erläutern Sie kurz, was die im Angebot Mahler enthaltene Lieferklausel „frei Haus" bedeutet.

40.5 Nennen Sie **3** weitere vertragliche Regelungsmöglichkeiten für Beförderungskosten!

40.6 Sie möchten über die Anbieter Auskünfte einholen. Nennen Sie **3** Möglichkeiten!

40.7 Sie haben am 15. April bei der Firma Mahler 100 Krawatten lt. Angebot bestellt. Bis 5. Mai sind die Krawatten noch nicht eingegangen. Erläutern Sie kurz, wie Sie sich unter Beachtung der gesetzlichen Regelungen (§ 286 BGB Verzug des Schuldners) richtig verhalten.

40.8 Da die Firma Mahler nicht rechtzeitig lieferte, bestellen Sie bei der Firma Arnold die Krawatten. Die Firma Arnold lieferte am 19. Mai die bestellten Krawatten. Die Rechnung wurde am gleichen Tag mit dem Vermerk „Zahlung bis spätestens 20. Juni" abgeschickt und ging der Firma Behrendt am 20. Mai zu.
Erläutern Sie mithilfe des Gesetzesauszuges, ab wann sich die Behrendt GmbH in der Situation der „Nicht-Rechtzeitig-Zahlung" (Zahlungsverzug) befindet.

41. Aufgabe

Situation

Als Mitarbeiter/Mitarbeiterin im Bereich der Beschaffung der Behrendt GmbH liegen Ihnen folgende Angaben zur Beschaffung von Sporthemden und die abgebildete Grafik aus der Lagerverwaltung für Krawatten vor:
Angaben für die Sporthemden Typ „FAN"

Lieferzeit	1 Monat
Mindestbestand	100 Stück
Jahresbedarf	3.600 Stück
Optimale Bestellmenge	600 Stück
Monatlicher Absatz	300 Stück

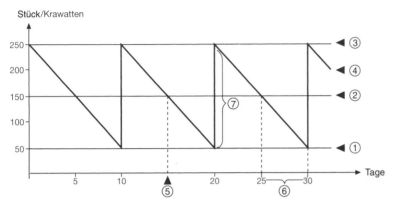

41.1 Stellen Sie fest, welche Ziffern in der Grafik
– den Meldebestand,
– die Bestellmenge,
– den Bestellzeitpunkt für Krawatten angeben.

41.2 Stellen Sie die Lieferzeit für Krawatten fest!

41.3 Stellen Sie die Stückzahl fest, um die der Lagerbestand von Krawatten in 10 Tagen abnimmt.

41.4 Stellen Sie den Höchstbestand der Krawatten fest!

41.5 Berechnen Sie den Meldebestand für Sporthemden Typ „FAN".

41.6 Wie oft müssen Sie im Jahr die Sporthemden bestellen, wenn Sie sich an der optimalen Bestellmenge orientieren?

41.7 Wie viel Stück beträgt der Höchstbestand an Sporthemden, wenn Sie sich an der optimalen Bestellmenge orientieren?

41.8 Nennen Sie **5** Arbeitsschritte, die Sie bei der Bestellung der Sporthemden beachten müssen!

41.9 Nennen Sie **4** Punkte, die angeforderte Angebote von Sporthemden enthalten sollten!

41.10 Eine termingerechte durch einen Spediteur gelieferte Sendung von Sporthemden wurde von dem zuständigen Mitarbeiter nicht angenommen, weil er über die Bestellung versehentlich nicht informiert wurde. Erläutern Sie kurz, was der Spediteur – entsprechend den gesetzlichen Vorschriften – tun kann.

41.11 Erläutern Sie kurz, welche Auswirkung es hat, wenn versehentlich ein Zugang von Sporthemden nicht in der Lagerkartei eingetragen wird.

---

42. Aufgabe

Welche Feststellung über den Annahmeverzug entspricht der gesetzlichen Regelung?

1. Der Käufer kommt in Annahmeverzug, sobald er die ihm vereinbarungsgemäß gelieferte Ware nicht annimmt.
2. Im Falle des Annahmeverzugs bleiben die Haftungsverhältnisse für Käufer und Verkäufer gleich.
3. Befindet sich der Käufer in Annahmeverzug, kann der Verkäufer die Ware auf eigene Kosten in einem öffentlichen Lagerhaus hinterlegen.
4. Im Rahmen des Selbsthilfeverkaufs stehen dem Verkäufer erzielte Mehrerlöse zu.
5. Eine Versteigerung der Warensendung kann ohne Information des in Annahmeverzug befindlichen Käufers erfolgen.

43. Aufgabe

Ordnen Sie zu, indem Sie die eingerahmten Kennziffern von drei der insgesamt sieben Ziffern der unten stehenden Abbildung (grafische Darstellung des Lagerbestandes) in die Kästchen bei den Begriffen aus dem Bereich Beschaffung und Bevorratung eintragen!

Ziffern aus der Abbildung   *Begriffe aus dem Bereich Beschaffung und Bevorratung*

1. Ziffer 1
2. Ziffer 2   Lieferzeit   ☐
3. Ziffer 3
4. Ziffer 4
5. Ziffer 5   Mindestbestand   ☐
6. Ziffer 6
7. Ziffer 7
                    Lagerbestand   ☐

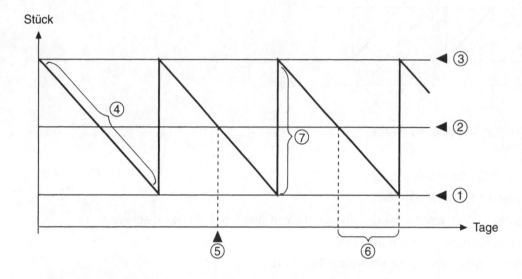

Situation zur 44. Aufgabe

Die Schneider GmbH will einen neuen Typ von Bürolampen in ihr Handelswarensortiment aufnehmen. Sie haben die Aufgabe, die Bestellzeit so zu planen, dass die Beschaffungszeit überbrückt werden kann, ohne den Mindestbestand angreifen zu müssen.
Folgende Angaben liegen vor:
Lieferzeit: 20 Tage
Mindestbestand: 50 Stück
Jahresbedarf: 1 500 Stück
Optimale Bestellmenge: 150 Stück
Täglicher Absatz: 5 Stück
Innerbetriebliche Bearbeitungszeit: 2 Tage

44. Aufgabe

44.1 Wie hoch ist der Meldebestand für die Bürolampen?

44.2 Wie oft müssen Sie im Jahr bestellen, wenn Sie sich an der optimalen Bestellmenge orientieren? Tragen Sie die Ziffer in das Lösungskästchen ein!

44.3 Wie viel Stück beträgt der Höchstbestand, wenn Sie sich an der optimalen Bestellmenge orientieren?

45. Aufgabe

Nach welcher Organisationsform ist die Fa. Behrendt entsprechend dem unten stehenden Organisationsplan aufgebaut?

1. Organisation nach dem Stabliniensystem
2. Organisation nach dem Funktionsprinzip
3. Objektorganisation
4. Mischorganisationsform
5. Organisation nach Warengruppen

Abbildung zur 45. Aufgabe

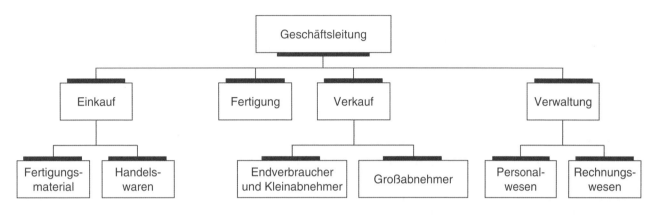

46. Aufgabe

Die Schneider GmbH lieferte am 15. März an einen Kunden Bürostühle. Die Rechnung wurde am gleichen Tag mit dem Vermerk „Zahlung bis spätestens 20. April" abgeschickt und ging dem Kunden am 16. März zu.
Prüfen Sie mithilfe des abgebildeten Gesetzesauszugs, ab wann sich der Kunde in der Situation der „Nicht-rechtzeitig-Zahlung" (Zahlungsverzug) befindet!

1. Der Kunde muss erst gemahnt werden, bevor er sich im Zahlungsverzug befindet.
2. Der Kunde muss gemahnt werden und eine angemessene Nachfrist muss gewährt werden, bevor er sich in Zahlungsverzug befindet.
3. Ab 21. April, da der Zahlungszeitpunkt kalendermäßig bestimmt ist
4. 30 Tage nach Zugang der Rechnung, also ab 17. April
5. 30 Tage nach Lieferung der Ware, also ab 16. April

Abbildung zur 46. Aufgabe

§ 286 Verzug des Schuldners. (1) [1] Leistet der Schuldner auf eine Mahnung des Gläubigers nicht, die nach dem Eintritt der Fälligkeit erfolgt, so kommt er durch die Mahnung in Verzug. [2]Der Mahnung stehen die Erhebung der Klage auf die Leistung sowie die Zustellung eines Mahnbescheids im Mahnverfahren gleich.
  (2) Der Mahnung bedarf es nicht, wenn
1. für die Leistung eine Zeit nach dem Kalender bestimmt ist,
2. der Leistung ein Ereignis vorauszugehen hat und eine angemessene Zeit für die Leistung in der Weise bestimmt ist, dass sie sich von dem Ereignis an nach dem Kalender berechnen lässt,
3. der Schuldner die Leistung ernsthaft und endgültig verweigert,
4. aus besonderen Gründen unter Abwägung der beiderseitigen Interessen der sofortige Eintritt des Verzugs gerechtfertigt ist.
  (3) [1]Der Schuldner einer Entgeltforderung kommt spätestens in Verzug, wenn er nicht innerhalb von 30 Tagen nach Fälligkeit und Zugang einer Rechnung oder gleichwertigen Zahlungsaufstellung leistet; dies gilt gegenüber einem Schuldner, der Verbraucher ist, nur, wenn auf diese Folgen in der Rechnung oder Zahlungsaufstellung besonders hingewiesen worden ist. [2]Wenn der Zeitpunkt des Zugangs der Rechnung oder Zahlungsaufstellung unsicher ist, kommt der Schuldner, der nicht Verbraucher ist, spätestens 30 Tage nach Fälligkeit und Empfang der Gegenleistung in Verzug.
  (4) Der Schuldner kommt nicht in Verzug, solange die Leistung infolge eines Umstandes unterbleibt, den er nicht zu vertreten hat.

47. Aufgabe

Sie haben am 15. Jan. ... bei der Dornemann KG 500 m Anzugsstoffe lt. Angebot bestellt. Im Angebot war eine Lieferzeit von 14 Tagen angegeben. Bis 5. Febr. sind die Stoffe noch nicht eingegangen. Inzwischen haben Sie ein Angebot von einem wesentlich preisgünstigeren Lieferanten vorliegen.

Wie verhalten Sie sich unter Berücksichtigung der gesetzlichen Regelungen im BGB richtig?

1. Am gleichen Tag teilen Sie der Dornemann KG telefonisch mit, dass Sie die Lieferung wegen Überschreitung der vereinbarten Lieferzeit ablehnen und bestätigen das auch schriftlich.
2. Sie fordern die Dornemann KG am 5. Febr. per Fax auf, die dringend benötigten Stoffe sofort zu liefern.
3. Sie teilen der Dornemann KG am 6. Febr. ... mit, dass sie bereits seit 30. Jan. ... in Lieferungsverzug sei, bestehen auf sofortiger Lieferung und behalten sich Schadenersatzansprüche wegen der verspäteten Lieferung vor.
4. Mit Fax vom 5. Febr. lehnen Sie die Lieferung wegen Verzug ab und verlangen von der Dornemann KG Schadenersatz wegen Nichterfüllung, weil Sie die dringend benötigten Stoffe bei einem anderen Lieferanten sofort zu einem höheren Preis bekommen können.
5. Sie mahnen die Dornemann KG am 5. Febr. ... per Fax und fordern die Lieferung mit einer Nachfristsetzung von acht Tagen an. Bleibt dies erfolglos, können Sie vom Vertrag zurücktreten. ▶ ☐

48. Aufgabe

Versehentlich wurde ein Zugang von Anzugsstoffen nicht in der Lagerkartei eingetragen.
Wie wirkt sich das aus?

1. Anzugsstoffe werden zu früh nachbestellt.
2. Es werden zu wenig Anzugsstoffe bestellt.
3. Der Sollbestand von Anzugsstoffen ist bei der Inventur zu hoch.
4. Der Istbestand von Anzugsstoffen muss bei jeder Inventur auf den Sollbestand abgeschrieben werden.
5. Der Istbestand von Anzugsstoffen ist bei der Inventur zu niedrig. ▶ ☐

49. Aufgabe

Wie gehen Sie vor, wenn Sie Anzugsstoffe bestellen?
Bringen Sie die folgenden Arbeitsschritte in die richtige Reihenfolge, indem Sie die Ziffern 1 bis 6 in die Kästchen eintragen!

Angebote einholen	☐
Anzugsstoffe bestellen	☐
Bedarfsmeldung aus der Fertigung entgegennehmen	☐
Bezugsquellendatei prüfen und geeignete Lieferer auswählen	☐
Pünktliche Lieferung überwachen	☐
Angebote vergleichen und auswählen	☐

50. Aufgabe

Eingegangene Angebote über Seidenhemden enthalten Angaben über die Warenart und -qualität, Lieferzeiten, Preise und sonstige Lieferungs- und Zahlungsbedingungen. Sie prüfen die Angebote u. a. hinsichtlich ihrer rechtlichen Verbindlichkeit.
Welches Angebot ist hinsichtlich der zusätzlich genannten Klauseln in allen Punkten unverbindlich?

1. Angebot A: „... Preisänderungen nach dem 31. Dez. bleiben vorbehalten ..."
2. Angebot B: „... an die Angebotsbedingungen sind wir bei Bestellungen innerhalb eines Monats gebunden ..."
3. Angebot C: „... Preisänderungen behalten wir uns vor ..."
4. Angebot D: „... Die Konditionen gelten bei einem Mindestauftrag über 5.000,00 EUR ..."
5. Angebot E: „Das Angebot ist freibleibend ..." ▶ ☐

51. Aufgabe

Welchen Vorteil hat der dezentrale Einkauf im Industriebetrieb gegenüber dem zentralen Einkauf?
1. Günstigere Lieferungs- und Zahlungsbedingungen durch den Einkauf größerer Mengen
2. Geringerer Personalbedarf
3. Bessere Abstimmung aller Einkaufsmaßnahmen
4. Einheitlichkeit aller Einkaufsentscheidungen
5. Schnellere Einkaufsabwicklung durch kürzere Informationswege

52. Aufgabe

Es liegt Ihnen der folgende Angebotsvergleich vor.

Angebotsvergleich	Artikel: Kupferne Röhren/Menge: 100 Stück					
Lieferer	MAHLER, Frankfurt/M			Gebr. ARNOLD, Kassel		
Unsere Anfrage vom	3. April ..			3. April ..		
Angebot vom	4. April ..			5. April ..		
Angebotspreis Mindestabnahmemenge Rabatt bei Abnahme von 100 Stück	– keine – 15%	3,60	360,00	100 Stück – kein Rabatt –	3,20	320,00
Rechnungspreis (30 Tage Ziel) Skonto	10 Tage/ 2 1/2%		....	14 Tage/ 2%		.....
Bareinkaufspreis Beförderungskosten	frei Haus		....	unfrei*)		..... + ...
Bezugspreis			..... ◀			.....

*) Unsere Bezugskosten: 18,00 EUR

Um welchen Betrag unterscheiden sich die Bezugspreise von Mahler und Arnold (pro 100 Stück)?

53. Aufgabe

Was ist der Zweck dieses Beleges?

Lieferant			Bestell-Nr.	
Verwendungszweck	**Bewilligungs-Nummer**	**Kosten-Träger**	**Kunden-Auftr. Kommission**	**Kostenstelle Kostenart**
Fertigungs-Material				
Hilfs- und Betriebsstoffe				/
Fremdreparaturen				/
Anlagegüter				/
Preisstellung frei/unfrei	Verpackung aus-/einschließlich	Zahlungsbeding.		Lieferfrist
(Mat.-Nr.)	Gegenstand	Menge/Einh.		Preis
Anforderer				
Abladestelle:	Datum:	genehmigt:		

1. Warenentnahme
2. Warenrücknahme
3. Bedarfsmeldung
4. Buchungsbeleg
5. Maschinenbelegung

54. Aufgabe

Prüfen Sie, welche Feststellung zur Ermittlung des Materialbedarfs richtig ist!

1. Der Materialbedarf ist ausschließlich aufgrund der Absatzplanung zu ermitteln.
2. Der Materialbedarf ist ausschließlich aufgrund der Produktionsplanung zu ermitteln.
3. Der Materialbedarf ist aus dem Meldebestand zu ersehen.
4. Der Materialbedarf ergibt sich aus der Produktionsplanung in Verbindung mit dem noch vorhandenen Lagerbestand.
5. Der Materialbedarf ergibt sich aus dem durchschnittlichen Verbrauch des Vorjahres.

55. Aufgabe

Die Produktionsleitung eines Unternehmens erkundigt sich, ob eine Maschine durch Leasing beschafft oder gekauft werden soll. Welche Antwort ist richtig?

1. Unter Berücksichtigung aller Kosten ist es immer günstiger, eine Maschine zu leasen als sie zu kaufen.
2. Bei Leasing kann man das Überalterungsrisiko einer Maschine begrenzen, indem man die Laufzeit des Vertrages der Nutzungsdauer der Maschine anpasst.
3. Bei Leasing erhöhen sich die fixen Kosten, beim Kauf nicht.
4. Bei jedem Leasing-Vertrag muss man die gemietete Maschine später fest übernehmen.
5. Bei Beschäftigungsrückgang ermäßigen sich die Kosten für Leasing, beim Kauf bleiben die fixen Kosten (Abschreibungen) gleich.

56. Aufgabe

Auf welche internen Unterlagen kann bei der Ermittlung von Bezugsquellen für den Einkauf von Betriebsstoffen zurückgegriffen werden?

1. Lagerbestandsliste
2. Lieferantenkartei
3. Kundenkartei
4. Materialentnahmescheine
5. Kostenartenblatt Betriebsstoffe des Betriebsabrechnungsbogens

Abbildung zur 57. bis 59. Aufgabe

F. A. GRUNDMANN-BIELEFELD

F. A. Grundmann, Steinstraße 3, 33602 Bielefeld

Karl Wiese & Sohn
Weidenweg 10
28237 Bremen

Ihre Zeichen, Ihre Nachricht vom	Unsere Zeichen, unsere Nachricht vom	Telefon	Datum
W/H	III/S	27 38	23. Juni ..

Angebot

In meiner Preisliste Nr. 30 finden Sie eine gute Auswahl von Kammgarnstoffen jeder Art. Ich befriste dieses Angebot bis zum 30. Juni.

Sie erhalten auf alle Preise einen Rabatt von 33 1/3 %. Bei größeren Bestellungen steht Ihnen mein Staffel-Abschluss-Rabatt zu.

Meine Preise gelten ab Fabrik. Ich führe Ihren ersten Auftrag gegen Nachnahme aus und kürze den Rechnungsbetrag um 3 % Skonto.

Mit freundlichen Grüßen

F. A. Grundmann

ppa.

Lucas

Anlage
Preisliste Nr. 30

Drahtwort	Geschäftszeit	Bankkonto	Postbank
Stoffgrundmann	8:00 - 16:00	Deutsche Bank 7034899	Hannover 53785

57. Aufgabe

Angenommen, Sie sind Auszubildende(r) der Industrieunternehmung Karl Wiese & Sohn, Bremen, die aufgrund einer Anfrage das nebenstehende Angebot erhält. Prüfen Sie, welche Feststellung zutrifft.

1. Es handelt sich um ein verlangtes Angebot.
2. Dem Angebot liegt eine verbindliche Anfrage zugrunde.
3. Da dem Angebot eine Anfrage zugrunde liegt, sind Wiese & Sohn verpflichtet zu bestellen.
4. Das Angebot enthält eine Freizeichnungsklausel.
5. Das Angebot ist bis zu dem angegebenen Termin verbindlich.

58. Aufgabe

Was bedeutet der im Angebot enthaltene Ausdruck „ab Fabrik"?

1. F. A. Grundmann übernimmt die gesamten Beförderungskosten.
2. F. A. Grundmann übernimmt das Transportrisiko ab Fabrik.
3. Die Beförderungskosten gehen zulasten von Wiese & Sohn.
4. Die Beförderungskosten sind im Angebotspreis für das Produkt enthalten.
5. Wiese & Sohn müssen zwar Fracht, aber nicht Rollgeld zahlen.

59. Aufgabe

Wo könnte F. A. Grundmann eine Auskunft über Wiese & Sohn einholen?

1. Beim Gewerbeaufsichtsamt
2. Bei seiner eigenen Bank, mit der Wiese & Sohn nicht in Geschäftsverbindung steht
3. Bei der kontoführenden Bank von Wiese & Sohn, mit der er nicht in Geschäftsverbindung steht
4. Bei der IHK Bremen
5. Beim Finanzamt Bremen

60. Aufgabe

Im Einkauf ist von Deckungskauf die Rede. Was ist darunter zu verstehen?

1. Der eiserne Bestand wurde heraufgesetzt und zur Deckung eine größere Warenmenge bestellt.
2. Zur Deckung eines bei der Inventur festgestellten Minderbestandes wird die fehlende Menge zur sofortigen Lieferung nachbestellt.
3. Weil der Lieferer nicht termingerecht geliefert hat, wird die gleiche Ware bei einer anderen Firma erworben und der säumige Lieferer mit den zusätzlich entstehenden Kosten belastet.
4. Wegen eines bevorstehenden Materialengpasses wird eine besonders große Warenmenge bestellt, die den Bedarf für einen längeren Zeitraum deckt.
5. Der Rechnungsbetrag für einen Wareneinkauf ist durch Forderungen gedeckt, die wir an unsere Kunden haben.

61. Aufgabe

In der Bestellung wird Ihrem Lieferanten bei verspäteter Lieferung eine Konventionalstrafe angedroht. Prüfen Sie, welche Feststellung über die Konventionalstrafe zutrifft!

1. Die Konventionalstrafe ist eine im HGB der Höhe nach festgelegte Strafe für verspätete Lieferung.
2. Die Konventionalstrafe können Sie von Ihrem Lieferanten fordern, wenn Ihrem Betrieb durch verspätete Lieferung ein Schaden entstanden ist.
3. Die Konventionalstrafe ist rechtlich nicht zulässig.
4. Die Konventionalstrafe kann von Ihrem Betrieb nicht gefordert werden, wenn Ihr Lieferant die Verzögerung der Lieferung vorher ankündigt.
5. Die Konventionalstrafe muss im Kaufvertrag vereinbart sein.

62. Aufgabe

Firma A bestellte auf ein Angebot Ware nach einem Muster. Eine unverzügliche Nachprüfung der Ware ergibt, dass sie in der Qualität nachteilig von der vereinbarten Beschaffenheit abweicht. Im Kaufvertrag war u. a. schriftlich vereinbart: „Bei fehlerhaften Lieferungen erfolgt Umtausch der Ware. Weitergehende Ansprüche sind ausgeschlossen."

Welches Recht steht der Firma A zu?

1. A kann vom Vertrag zurücktreten.
2. A kann Minderung fordern.
3. A kann Schadenersatz wegen Nichterfüllung geltend machen.
4. A kann Nacherfüllung verlangen, d.h. auf einwandfreier Ersatzlieferung bestehen.
5. A kann nur eine Beseitigung des Mangels verlangen.

63. Aufgabe

Für einen Betrieb sollen zwei Diktiergeräte gekauft werden. Jedes Gerät kostet 700,00 EUR + 16% Mehrwertsteuer. Der Verkäufer gewährt 20% Rabatt und 2% Skonto.

Wie viel Euro müssen überwiesen werden, wenn Skonto ausgenutzt werden soll?

64. Aufgabe

Welches Recht wird der Käufer zweckmäßigerweise geltend machen, wenn ein Lieferant nach einer angemessenen Nachfrist in Lieferungsverzug geraten ist und die Ware bei einem anderen Lieferanten sofort billiger zu haben ist?

1. Der Käufer tritt vom Vertrag zurück.
2. Der Käufer verzichtet auf die Lieferung und verlangt Schadenersatz für den Preisunterschied beim Deckungskauf.
3. Der Käufer besteht auf Lieferung und verlangt Schadenersatz für den entgangenen Gewinn.
4. Der Käufer lehnt die Lieferung ab und fordert nur Schadenersatz für den entgangenen Gewinn.
5. Der Käufer setzt eine weitere Nachfrist.

65. Aufgabe

Ein Spediteur liefert Ware. Was ist zu tun, wenn die Verpackung der eben angekommenen Ware beschädigt ist?

1. Die Sendung trotzdem annehmen, wenn die Waren dringend benötigt werden.
2. Die Sendung in jedem Fall zurückgehen lassen.
3. Die Beschädigung schriftlich bestätigen lassen und erst dann die Ware annehmen.
4. Der Spediteur muss auf alle Fälle warten, bis die Sendung ausgepackt ist.
5. Die Sendung erst nach fernmündlicher Verständigung des Lieferers annehmen.

66. Aufgabe

In einem Betrieb ist die Einkaufsabteilung räumlich getrennt von der Warenannahme.
Welche Tätigkeit ist in der Warenannahme zu erledigen?

1. Prüfung der Eingangsrechnungen
2. Überwachen der Liefertermine
3. Kontierung der Eingangsrechnungen
4. Begleichen der Liefererrechnungen
5. Qualitätsprüfung der eingetroffenen Waren

67. Aufgabe

Prüfen Sie, welche Feststellung zur ABC-Analyse zutreffend ist!

1. Sie dient der Verbesserung des Fertigungsablaufs.
2. Die Höhe der Lagerkosten kann durch die ABC-Analyse ermittelt werden.
3. Sie ist ein Hilfsmittel zur Optimierung der Bestellmenge bei Artikeln mit hohem Wertanteil.
4. Sie ist ein alphabetisches Registraturverfahren.
5. Sie ist notwendig für die auftragsorientierte Bedarfsermittlung.

68. Aufgabe

Sie stellen bei der Gewichtsüberprüfung in der Warenannahme fest, dass bei einer Paketsendung, die Waren im Wert von 1.000,00 EUR enthält, Gegenstände im Wert von 500,00 EUR fehlen. Was ist zu tun?

1. Sie benachrichtigen die Post; diese ersetzt Ihnen bei Nachweis den fehlenden Betrag.
2. Sie fordern von dem Lieferanten Ersatz der Fehlmenge.
3. Sie benachrichtigen die Post; diese ersetzt Ihnen einen Teilbetrag von 50,00 EUR, den Rest erhalten Sie von Ihrer Versicherung.
4. Sie benachrichtigen den Lieferanten, damit er dies seiner Versicherung meldet.
5. Sie stellen den gesamten Betrag Ihrer Versicherung in Rechnung, da Ihnen die Post nichts ersetzt.

69. Aufgabe

Eine termingerecht gelieferte Warensendung wird von unserem zuständigen Mitarbeiter nicht angenommen, weil er über die Bestellung nicht informiert ist. Der Spediteur nimmt daher die Warensendung wieder mit. Welche der folgenden Entscheidungen des Spediteurs ist richtig?

1. Er gibt die Warensendung bei einer mit uns in Geschäftsbeziehung stehenden benachbarten Großhandlung ab mit dem Hinweis, den Sachverhalt mit uns zu klären.
2. Er nimmt die Ware in eigene Verwahrung und setzt den Lieferer von dem Sachverhalt in Kenntnis.
3. Er nimmt die Hilfe eines Gerichtsvollziehers in Anspruch, um uns zur Annahme der Ware zu zwingen.
4. Er stellt die Warensendung auf unserem Hof mit dem Hinweis ab, dass wir für alle jetzt entstehenden Schäden aufkommen müssen.
5. Weil er gleiche Waren an andere Kunden auszuliefern hat, bietet er die nicht angenommene Warensendung diesen Firmen zum Kauf an, die auch bereit sind, die Waren zu erwerben.

70. Aufgabe

Bringen Sie die folgenden Arbeitsschritte beim Wareneingang und der Zahlung der Lieferantenrechnung in die richtige Reihenfolge, indem Sie die Ziffern 1 bis 6 in die Kästchen eintragen!

Überweisung an den Lieferanten

Meldung einer Fehlmenge beim Wareneingang

Abzug von Skonto an der Lieferantenrechnung

Prüfung der Frachtpapiere und der Verpackung

Vergleich der Preise der Lieferantenrechnung mit den Preisen der Bestellung

Vergleich der gelieferten Menge mit der bestellten Menge

71. Aufgabe

Auf der Lagerkartei stehen folgende Positionen. Der Marktpreis am Inventurstichtag (31. 12.) beträgt 3,50/kg EUR, die Eingangsfracht 0,30/kg EUR.

Auszug aus der Lagerkartei

Kupfer: Lieferung vom 01. 03.   200 kg zu 4,00/kg EUR =   800,00 EUR
          Lieferung vom 18. 04.   100 kg zu 4,50/kg EUR =   450,00 EUR
          Lieferung vom 06. 07.   50 kg zu 3,00/kg EUR =   150,00 EUR
                                  350 kg zu 4,00/kg EUR = 1.400,00 EUR

Mit welchem Betrag wird der Bestand in die Bilanz eingesetzt?

72. Aufgabe

Eine für betriebliche Zwecke nicht mehr benötigte Lagerhalle wurde gegen eine monatliche Zahlung von 600,00 EUR vermietet. Der Mieter schlägt nun vor, die Lagerhalle zu kaufen.

Wie viel Euro müssen wir mindestens fordern, wenn bei der Berechnung der Jahresmiete ein Jahreszinsfuß von 8% zugrunde gelegt wurde?

73. Aufgabe

Eine Betriebsabteilung hat im November 50 Paar Schutzhandschuhe aus dem Lager entnommen und gibt im gleichen Monat zehn Paar zurück, weil diese nicht benötigt wurden. Der Materialrückgabeschein wird erst im Dezember gebucht. Prüfen Sie, welche Feststellung zutrifft!

1. Die Belastung der Abteilung mit Betriebsstoffen im November entspricht dem tatsächlichen Verbrauch.
2. Der Buchbestand des Lagers im November ist zu hoch.
3. Die Belastung der Abteilung mit Betriebsstoffen im Dezember ist zu niedrig.
4. Der tatsächliche Lagerbestand Anfang Dezember ist zu niedrig.
5. Der Buchbestand des Lagers Ende November entspricht dem tatsächlichen Lagerbestand.

74. Aufgabe

Wie wird der Beleg bezeichnet?

M 400	Beleg-Nr.	BG	Mo	WN	ST
	2	3	4	5	6
	5–9	10	11	23/24	60
Nur für Ausgaben an eine Kostenstelle		3		3,2	8

Art./Sorte	Menge Ausgabe	Menge Anforderung	Bezeichnung	Komm. Nr.	Kostenstelle	Kostenträger
				=	=	=
				=	=	=
				=	=	=

1. Bedarfsmeldung (Bedarfsanzeige)
2. Lagerkarte
3. Materialentnahmeschein (Lagerausgabeschein)
4. Stückliste
5. Anlagenkarteikarte

75. Aufgabe

Die Abbildung zeigt einen Ausschnitt aus einem Nebenbuch der Buchhaltung der Eisenwerke GmbH. Welche Feststellung ist richtig?

Artikel	Zahnräder Mod. 2 60 Z.					Lager Nr.	71 316/15			
Datum	Lieferant / Empfänger	Eingang	Ausgang	Bestand	Datum	Lieferant / Empfänger	Eingang	Ausgang	Bestand
1/1	Übertrag Bestand			160	13/3	Übertrag:			15
5/1	Gußmann		20	140	15/3	Bogen AG	200		215
22/1	Wehrhahn		50	90					
2/2	Müller KG		25	65					

1. Das Konto „Geschäftsausstattung" ist das Gegenkonto für die Buchungen auf diesem abgebildeten Konto.
2. Das Wareneinkaufskonto ist das Gegenkonto für die Buchungen auf diesem Konto.
3. Die abgebildete Karte dient nur als Grundlage für die Umsatzstatistik.
4. Diese Form der Aufzeichnung benutzt man, um die Lagerbestände besser überblicken zu können.
5. Bei der abgebildeten Karte handelt es sich um ein Kreditorenkonto aus der Kontokorrentbuchhaltung.

▶ ☐

76. Aufgabe

Wo wird dieser Beleg verwendet?

		Inventurblatt Nr. _____			
Lager (bzw. Raum) _____		Werk: _____			
Gegenstand			Art der Menge	Bestand	
Bezeichnung	Artikel	Sorte		Ist	Soll lt. Buchhaltung
1					
2					
3					

1. Bei der Warenannahme (Eingangsbeleg)
2. Bei der Warenausgabe (Verbrauchsbeleg)
3. Bei der Materialprüfung (Prüfschein)
4. Bei der Fertigungsplanung (Stückliste)
5. Bei der Inventur (Liste)

▶ ☐

77. Aufgabe

Für eine von uns entwickelte Legierung haben wir nachstehendes Mischungsverhältnis von drei Rohstoffen:
(I) 4 : (II) 6 : (III) 5
Wir haben einen Bestellungseingang von 2,7 t und wollen 4,8 t auf Lager fertigen.
Über wie viel kg muss der Materialentnahmeschein für Rohstoff II lauten?

kg ☐

2 Beschaffung und Bevorratung

78. Aufgabe

Für die Feuerversicherung ist der Lagerbestand in kg und Euro am 15. eines jeden Monats zu melden.

Wie hoch war der Lagerbestand am 15. 10. lt. Karteikarte in kg und in Euro?

79. Aufgabe

Ein Unternehmen ist bestrebt, den gesamten Lagerbestand möglichst niedrig zu halten.
Welchen Vorteil hat ein kleineres Warenlager?

1. Engpässe bei Lieferschwierigkeiten werden vermieden.
2. Der Umsatz steigt infolge kleineren Lagers.
3. Das Sortiment kann verbreitert werden.
4. Spezielle Kundenwünsche können besser berücksichtigt werden.
5. Die Zinsen für gebundenes Kapital sinken.

80. Aufgabe

Prüfen Sie, welche Feststellung über den eisernen Bestand bzw. Meldebestand richtig ist!

1. Der Meldebestand ist ein Mindestbestand, der nie unterschritten werden darf.
2. Der eiserne Bestand ist höher als der Meldebestand.
3. Der eiserne Bestand ist der Mindestbestand, bei dessen Erreichung man nachbestellen muss.
4. Der Meldebestand ist der Bestand, der für die Aufrechterhaltung der Produktion notwendig ist.
5. Der Meldebestand ist der Bestand, bei dessen Erreichung nachbestellt werden muss.

81. Aufgabe

Wie viele Tage betrug die durchschnittliche Lagerdauer der Waren, wenn eine Umschlagshäufigkeit von zwölf ermittelt worden ist?

82. Aufgabe

Ihnen liegt der nebenstehend abgebildete Ergänzungsbeleg zu einer Eingangsrechnung vor.
Nennen Sie die 2 Abteilungen, die diesen Beleg zu bearbeiten haben?

1. Einkauf und Versand
2. Lager und Vertrieb
3. Vertrieb und Buchhaltung
4. Rechnungsprüfung und Buchhaltung
5. Rechnungsprüfung und Lager

2 Beschaffung und Bevorratung

Abbildung zur 82. Aufgabe

RECHNUNGSEINGANG	Datum	Unterschrift
Rechnerische Richtigkeit		
Übereinstimmung mit Bestellung		
Rechnungskopie an:		
Wareneingangsschein Nr.:		
Leistung und Rechnungsbetrag anerkannt		
Zahlungsfreigabe (durch RS) Anzahlung EUR:		
Zahlungsanweisung (durch LiBu) Skonto-Änderungen %:		
Bemerkungen/Umbuchungen:		

1. Kostenart:	
2. Kostenstelle:	Kostenträger:
3. Bewillig.-Nr.:	Komm.-Nr.:
4. Inventar-Nr.:	Karten-Nr.:

Kopfzeile	SN	Anl. Nr.	BM	Beleg-Nr.	Beleg-Dat. Tag / Mon.	Konto-Nr.	K	U	F	Skonto	Lieferantenangabe	U Nr.	B G
	1	4	5	6	7	8	9	10	11	12	13	14	15
	1–3	7–9	10/1	12–16	17–20	21–26	27	28	29/30	31/2	33–41	42/3	44

KKL 2,7	Hptb.-Kto.	GB/VB	Prod.-Nr.	Hptb.	Menge		EUR-Betrag
KKL 0, 4, 8	Hptb.-Kto.	ZB¹⁾ Dek¹⁾ Bewill.-Nr. 2)	GB²⁾	Kostenstelle²⁾	Kostenträger¹⁾	Komm.-Nr. Gegenkto.¹⁾	Z A S T	EUR-Betrag
KKL 3 WE.z.d.V.	Hptb.-Kto. / Kost. Art	0 7	Bewill.-Nr.	GB	Kostenstelle	Kostenträger	Komm.-Nr.	S T	EUR-Betrag
KKL 3 WE	Hptb.-Kto.	Gr	Art	Sorte	VU	Lager	Menge	A M S T	EUR-Betrag
	16		17	18	19	20	21 + 22	23	24
Anmerkungen:	45–49	50	51–53	54–57	58/9	60–63	64–73	74	75–84

Kontenklasse 0:
Feld 23: ZA -

1 = Zugang
5 = Abgang
3 = Storno-Zugang
7 = Storno-Abgang

Kontenklasse 8:
1) NUR KKL 8
2) NICHT KKL 8
ausfüllen (Feld 18 - 21)

MEHRERE WERKE KONTENKLASSEN
UND U.-NR. NICHT AUF EINER ALLONGE KONTIEREN!

Umsatzsteuerbetrag	Währungsbetrag	WA
25	26	27
85–94	95–104	185/6

EDV-Form xy

2 Beschaffung und Bevorratung

3 Personal

- Rahmenbedingungen, Personalplanung
- Personaldienstleistungen
- Personalentwicklung

83. Aufgabe

Situation

Die Behrendt GmbH hat von einem neuen Kunden einen großen Auftrag für die Lieferung von Herrenanzügen erhalten. Es muss ein neuer Mitarbeiter für den Fertigungsbereich kurzfristig eingestellt werden. Er muss Erfahrung mitbringen aus dem Bereich der computergestützten Fertigung (CAM) durch numerisch gesteuerte Maschinen. Wichtig für die Geschäftsleitung ist, einen Mitarbeiter zu finden, der die „Corporate Identity" des Unternehmens stützt und einen sparsamen, umweltbewussten Umgang mit dem Fertigungsmaterial pflegt.

83.1 Mit dem Betriebsrat der Behrendt GmbH vereinbaren Sie eine externe Stellenausschreibung. Beschreiben Sie **2** Möglichkeiten einer externen Stellenausschreibung!

83.2 Welche Punkte müssen Sie beachten, wenn Sie eine wirksame Stellenanzeige entwerfen?

83.3 Nennen Sie **3** wichtige Bewerbungsunterlagen!

83.4 Auf Ihre Stellenanzeige haben Sie Bewerbungen erhalten. Da Sie nicht alle Bewerber einladen wollen, treffen Sie aufgrund der Bewerbungsunterlagen eine Vorauswahl.

83.4.1 Welche Punkte führen zum Ausscheiden eines Bewerbers?

83.4.2 Welche Punkte sprechen dafür, einen Bewerber einzuladen?

83.5 Der Personalleiter hat Sie beauftragt, mit drei Bewerbern ein Bewerbungsgespräch zu führen, um anschließend eine Einstellungsempfehlung zu geben.
Worauf achten Sie besonders beim Bewerbungsgespräch?

83.6 Ein Bewerber wird ausgewählt und erhält einen Arbeitsvertrag. Welche **4** Punkte muss ein Arbeitsvertrag enthalten?

83.7 Wie können Sie feststellen, ob der neue Mitarbeiter ins Unternehmen „passt" und Umweltbewusstsein zeigt?

---

84. Aufgabe

Situation

Nach Durchführung der Bewerbungsgespräche für die Stellenbesetzung im Fertigungsbereich wurde Herr Most ausgewählt und eingestellt. Es wird eine Probezeit von sechs Monaten vereinbart. Herr Most ist verheiratet. Seine Ehefrau ist auch berufstätig. Beide sind kinderlos.

84.1 Der neu eingestellte Mitarbeiter Herr Most beginnt seine Tätigkeit am 1. Februar. Welche **4** Unterlagen benötigen Sie in der Personalabteilung?

84.2 Der Beauftragte für Datenschutz in der Behrendt GmbH nimmt mit Herrn Most Kontakt auf, da die personenbezogenen Daten in den Datenverarbeitungsprozess einbezogen werden.
Nennen Sie **2** Aufgaben des Datenschutzbeauftragten!

84.3 Im Bewerbungsgespräch hatte Herr Most seine positive Einstellung zum Umweltschutz deutlich gemacht. Nicht alle Mitarbeiter der Behrendt GmbH teilen diese Auffassung, da sie Nachteile für das Unternehmen sehen. Herr Most bringt eine Grafik mit, die Ergebnisse einer Unternehmerbefragung zum Thema Umweltschutz zeigt.

84.3.1 Nennen Sie die **2** Bereiche, die nach Meinung der meisten Unternehmer durch Umweltschutz gefördert werden!

84.3.2 Welches Unternehmensziel wird am stärksten durch Umweltschutzmaßnahmen gehemmt?

84.3.3 Nennen Sie **2** Gründe für den negativen Einfluss von Umweltschutzmaßnahmen auf die Liquidität!

Abbildung zur 84. Aufgabe

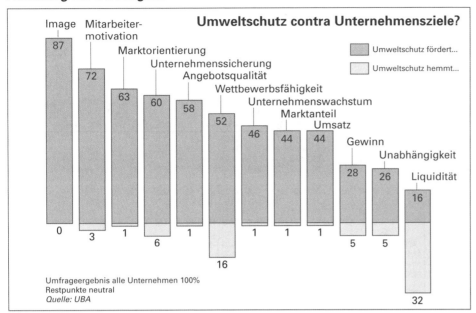

Quelle: Nolden, Rolf-Günther/Bizer, Ernst/Körner, Peter: Management im Industriebetrieb, Geschäftsprozesse, 4. Aufl., Bildungsverlag EINS, Stam, 2004, S. 67

84.4 Die Lohnabrechnung wird in der Behrendt GmbH mithilfe der elektronischen Datenverarbeitung durchgeführt. Voraussetzung dafür ist die Speicherung der Stammdaten und eine Zusammenstellung der jeweils benötigten variablen Daten (Bewegungsdaten).

84.4.1 Nennen Sie **4** wichtige Stammdaten!

84.4.2 Nennen Sie **3** wichtige Bewegungsdaten!

84.5 Frau Most verdient monatlich 1.850,00 EUR brutto. Herrn Mosts Bruttoverdienst beträgt im Monat 2.560,00 EUR. Beide werden nach Steuerklasse IV versteuert. Freibeträge werden nicht abgezogen. Die Kirchensteuer wird mit 9 % berechnet.

84.5.1 Berechnen Sie die Lohnsteuer von Herrn und Frau Most entsprechend der abgebildeten Lohnsteuertabellen.

84.5.2 Ein Kollege hat Herrn Most empfohlen, da er mehr als seine Ehefrau verdient, die Steuerklasse III zu wählen. Frau Most würde dann nach Klasse V versteuert. Das wäre günstiger. Begründen Sie rechnerisch, ob diese Behauptung richtig ist!

84.6 Ein Auszubildender der Behrendt GmbH erzählt Herrn Most, dass seine dreimonatige Probezeit gerade abgelaufen sei, und wundert sich, dass Herr Most sechs Monate Probezeit hat.

84.6.1 Erläutern Sie die gesetzliche Regelung der Dauer der Probezeit bei dem Auszubildenden und bei Herrn Most!

84.6.2 Erklären Sie die unterschiedlichen Kündigungsfristen während der Probezeit bei dem Auszubildenden und bei Herrn Most!

Abbildung 1 zur Aufgabe 84.5

MONAT 2 520,–*

Abzüge an Lohnsteuer, Solidaritätszuschlag (SolZ) und Kirchensteuer (8%, 9%) in den Steuerklassen

Lohn/ Gehalt Versorgungs-Bezug bis €*		I – VI					I, II, III, IV	mit Zahl der Kinderfreibeträge . . .																	
			ohne Kinderfreibeträge					0,5			1			1,5			2			2,5			3**		
		LSt	SolZ	8%	9%		LSt	SolZ	8%	9%	SolZ	8%	9%	SolZ	8%	9%	SolZ	8%	9%	SolZ	8%	9%	SolZ	8%	9%
	I,IV	423,91	23,31	33,91	38,15	I	423,91	19,18	27,90	31,39	15,25	22,19	24,96	11,54	16,78	18,88	8,02	11,67	13,13	0,96	6,86	7,72	—	2,64	2,97
2 522,99	II	389,58	21,42	31,16	35,06	II	389,58	17,38	25,29	28,45	13,55	19,72	22,18	9,93	14,44	16,25	6,51	9,47	10,65	—	4,85	5,45	—	1,02	1,15
	III	145,66	—	11,65	13,10	III	145,66	—	7,40	8,32	—	3,60	4,05	—	0,24	0,27	—	—	—	—	—	—	—	—	—
2 778,99	V	799,58	43,97	63,96	71,96	IV	423,91	21,22	30,87	34,73	19,18	27,90	31,39	17,19	25,01	28,13	15,25	22,19	24,96	13,37	19,45	21,88	11,54	16,78	18,88
	VI	834,08	45,87	66,72	75,06																				
	I,IV	424,83	23,36	33,98	38,23	I	424,83	19,23	27,98	31,47	15,30	22,26	25,04	11,58	16,85	18,95	8,07	11,74	13,20	1,10	6,92	7,78	—	2,68	3,02
2 525,99	II	390,50	21,47	31,24	35,14	II	390,50	17,43	25,36	28,53	13,60	19,78	22,25	9,97	14,51	16,32	6,55	9,53	10,72	—	4,90	5,51	—	1,06	1,19
	III	146,33	—	11,70	13,16	III	146,33	—	7,45	8,38	—	3,64	4,09	—	0,28	0,31	—	—	—	—	—	—	—	—	—
2 781,99	V	800,91	44,05	64,07	72,08	IV	424,83	21,27	30,94	34,81	19,23	27,98	31,47	17,24	25,08	28,22	15,30	22,26	25,04	13,42	19,52	21,96	11,58	16,85	18,95
	VI	835,41	45,94	66,83	75,18																				
	I,IV	425,83	23,42	34,06	38,32	I	425,83	19,28	28,04	31,55	15,35	22,33	25,12	11,63	16,92	19,03	8,11	11,80	13,27	1,25	6,98	7,85	—	2,73	3,07
2 528,99	II	391,50	21,53	31,32	35,23	II	391,50	17,49	25,44	28,62	13,65	19,86	22,34	10,01	14,57	16,39	6,59	9,59	10,79	—	4,96	5,58	—	1,10	1,24
	III	147,—	—	11,76	13,23	III	147,—	—	7,50	8,44	—	3,69	4,15	—	0,32	0,36	—	—	—	—	—	—	—	—	—
2 784,99	V	802,25	44,12	64,18	72,20	IV	425,83	21,32	31,02	34,89	19,28	28,04	31,55	17,29	25,15	28,29	15,35	22,33	25,12	13,46	19,58	22,03	11,63	16,92	19,03
	VI	836,75	46,02	66,94	75,30																				
	I,IV	426,75	23,47	34,14	38,40	I	426,75	19,33	28,12	31,63	15,40	22,40	25,20	11,67	16,98	19,10	8,15	11,86	13,34	1,40	7,04	7,92	—	2,78	3,12
2 531,99	II	392,41	21,58	31,39	35,31	II	392,41	17,53	25,50	28,69	13,69	19,92	22,41	10,06	14,64	16,47	6,63	9,65	10,85	—	5,01	5,63	—	1,15	1,29
	III	147,66	—	11,81	13,28	III	147,66	—	7,54	8,48	—	3,73	4,19	—	0,36	0,40	—	—	—	—	—	—	—	—	—
2 787,99	V	803,58	44,19	64,28	72,32	IV	426,75	21,37	31,09	34,97	19,33	28,12	31,63	17,34	25,22	28,37	15,40	22,40	25,20	13,51	19,65	22,10	11,67	16,98	19,10
	VI	838,08	46,09	67,04	75,42																				
	I,IV	427,75	23,52	34,22	38,49	I	427,75	19,38	28,19	31,71	15,45	22,47	25,28	11,71	17,04	19,17	8,19	11,92	13,41	1,53	7,09	7,97	—	2,82	3,17
2 534,99	II	393,33	21,63	31,46	35,39	II	393,33	17,58	25,58	28,77	13,74	19,99	22,49	10,10	14,70	16,53	6,67	9,71	10,92	—	5,06	5,69	—	1,19	1,34
	III	148,33	—	11,86	13,34	III	148,33	—	7,60	8,55	—	3,77	4,24	—	0,40	0,45	—	—	—	—	—	—	—	—	—
2 790,99	V	805,—	44,27	64,40	72,45	IV	427,75	21,42	31,16	35,06	19,38	28,19	31,71	17,38	25,29	28,45	15,45	22,47	25,28	13,55	19,72	22,18	11,71	17,04	19,17
	VI	839,50	46,17	67,16	75,55																				
	I,IV	428,66	23,57	34,29	38,57	I	428,66	19,43	28,26	31,79	15,49	22,54	25,35	11,76	17,11	19,25	8,24	11,98	13,48	1,68	7,15	8,04	—	2,87	3,23
2 537,99	II	394,25	21,68	31,54	35,48	II	394,25	17,63	25,65	28,85	13,79	20,06	22,56	10,15	14,76	16,61	6,71	9,77	10,99	—	5,12	5,76	—	1,23	1,38
	III	149,—	—	11,92	13,41	III	149,—	—	7,65	8,60	—	3,82	4,30	—	0,44	0,49	—	—	—	—	—	—	—	—	—
2 793,99	V	806,33	44,34	64,50	72,56	IV	428,66	21,47	31,24	35,14	19,43	28,26	31,79	17,43	25,36	28,53	15,49	22,54	25,35	13,60	19,78	22,25	11,76	17,11	19,25
	VI	840,83	46,24	67,26	75,67																				
	I,IV	429,58	23,62	34,36	38,66	I	429,58	19,48	28,34	31,88	15,54	22,61	25,43	11,81	17,18	19,32	8,28	12,04	13,55	1,83	7,21	8,11	—	2,92	3,28
2 540,99	II	395,25	21,73	31,62	35,57	II	395,25	17,68	25,72	28,93	13,83	20,12	22,64	10,19	14,82	16,67	6,76	9,83	11,06	—	5,17	5,81	—	1,28	1,44
	III	149,83	—	11,98	13,48	III	149,83	—	7,70	8,66	—	3,86	4,34	—	0,48	0,54	—	—	—	—	—	—	—	—	—
2 796,99	V	807,66	44,42	64,61	72,68	IV	429,58	21,53	31,32	35,23	19,48	28,34	31,88	17,49	25,44	28,62	15,54	22,61	25,43	13,65	19,86	22,34	11,81	17,18	19,32
	VI	842,16	46,31	67,37	75,79																				
	I,IV	430,58	23,68	34,44	38,75	I	430,58	19,53	28,41	31,96	15,59	22,68	25,51	11,85	17,24	19,40	8,32	12,10	13,61	1,98	7,27	8,18	—	2,96	3,33
2 543,99	II	396,16	21,78	31,69	35,65	II	396,16	17,73	25,79	29,01	13,88	20,19	22,71	10,23	14,89	16,75	6,80	9,89	11,12	—	5,22	5,87	—	1,32	1,48
	III	150,50	—	12,04	13,54	III	150,50	—	7,74	8,71	—	3,90	4,39	—	0,52	0,58	—	—	—	—	—	—	—	—	—
2 799,99	V	809,—	44,49	64,72	72,81	IV	430,58	21,58	31,39	35,31	19,53	28,41	31,96	17,53	25,50	28,69	15,59	22,68	25,51	13,69	19,92	22,41	11,85	17,24	19,40
	VI	843,50	46,39	67,48	75,91																				
	I,IV	431,50	23,73	34,52	38,83	I	431,50	19,58	28,48	32,04	15,63	22,74	25,58	11,89	17,30	19,46	8,36	12,16	13,68	2,11	7,32	8,24	—	3,02	3,39
2 546,99	II	397,08	21,83	31,76	35,73	II	397,08	17,78	25,86	29,09	13,92	20,26	22,79	10,28	14,96	16,83	6,84	9,95	11,19	—	5,28	5,94	—	1,36	1,53
	III	151,16	—	12,09	13,60	III	151,16	—	7,80	8,77	—	3,94	4,43	—	0,54	0,61	—	—	—	—	—	—	—	—	—
2 802,99	V	810,33	44,56	64,82	72,92	IV	431,50	21,63	31,46	35,39	19,58	28,48	32,04	17,58	25,58	28,77	15,63	22,74	25,58	13,74	19,99	22,49	11,89	17,30	19,46
	VI	844,83	46,46	67,58	76,03																				
	I,IV	432,50	23,78	34,60	38,92	I	432,50	19,63	28,56	32,13	15,68	22,82	25,67	11,94	17,37	19,54	8,41	12,23	13,76	2,26	7,38	8,30	—	3,06	3,44
2 549,99	II	398,—	21,89	31,84	35,82	II	398,—	17,82	25,93	29,17	13,97	20,32	22,86	10,32	15,02	16,89	6,88	10,01	11,26	—	5,33	5,99	—	1,40	1,58
	III	151,83	—	12,14	13,66	III	151,83	—	7,85	8,83	—	4,—	4,50	—	0,58	0,65	—	—	—	—	—	—	—	—	—
2 805,99	V	811,75	44,64	64,94	73,05	IV	432,50	21,68	31,54	35,48	19,63	28,56	32,13	17,63	25,65	28,85	15,68	22,82	25,67	13,79	20,06	22,56	11,94	17,37	19,54
	VI	846,25	46,54	67,70	76,16																				
	I,IV	433,41	23,83	34,67	39,—	I	433,41	19,68	28,63	32,21	15,73	22,88	25,74	11,99	17,44	19,62	8,45	12,29	13,82	2,41	7,44	8,37	—	3,11	3,50
2 552,99	II	399,—	21,94	31,92	35,91	II	399,—	17,87	26,—	29,25	14,02	20,40	22,95	10,37	15,08	16,97	6,92	10,07	11,33	—	5,38	6,05	—	1,45	1,63
	III	152,50	—	12,20	13,72	III	152,50	—	7,89	8,87	—	4,04	4,54	—	0,62	0,70	—	—	—	—	—	—	—	—	—
2 808,99	V	813,08	44,71	65,04	73,17	IV	433,41	21,73	31,62	35,57	19,68	28,63	32,21	17,68	25,72	28,93	15,73	22,88	25,74	13,83	20,12	22,64	11,99	17,44	19,62
	VI	847,58	46,61	67,80	76,28																				
	I,IV	434,41	23,89	34,75	39,09	I	434,41	19,73	28,70	32,29	15,78	22,96	25,83	12,03	17,50	19,69	8,49	12,35	13,89	2,55	7,50	8,43	—	3,16	3,55
2 555,99	II	399,91	21,99	31,99	35,99	II	399,91	17,93	26,08	29,34	14,07	20,46	23,02	10,41	15,14	17,03	6,96	10,13	11,39	—	5,44	6,12	—	1,49	1,67
	III	153,16	—	12,25	13,78	III	153,16	—	7,94	8,93	—	4,08	4,59	—	0,66	0,74	—	—	—	—	—	—	—	—	—
2 811,99	V	814,41	44,79	65,15	73,29	IV	434,41	21,78	31,69	35,65	19,73	28,70	32,29	17,73	25,79	29,01	15,78	22,96	25,83	13,88	20,19	22,71	12,03	17,50	19,69
	VI	848,91	46,69	67,91	76,40																				
	I,IV	435,41	23,94	34,83	39,18	I	435,41	19,78	28,78	32,37	15,83	23,02	25,90	12,08	17,57	19,76	8,53	12,42	13,97	2,70	7,56	8,50	—	3,21	3,61
2 558,99	II	400,83	22,04	32,06	36,07	II	400,83	17,98	26,15	29,42	14,11	20,53	23,09	10,45	15,21	17,11	7,—	10,19	11,46	—	5,50	6,18	—	1,54	1,73
	III	153,83	—	12,30	13,84	III	153,83	—	8,—	9,—	—	4,13	4,64	—	0,70	0,79	—	—	—	—	—	—	—	—	—
2 814,99	V	815,75	44,86	65,26	73,41	IV	435,41	21,83	31,76	35,73	19,78	28,78	32,37	17,78	25,86	29,09	15,83	23,02	25,90	13,92	20,26	22,79	12,08	17,57	19,76
	VI	850,25	46,76	68,02	76,52																				
	I,IV	436,33	23,99	34,90	39,26	I	436,33	19,83	28,85	32,45	15,87	23,09	25,97	12,12	17,64	19,84	8,58	12,48	14,04	2,85	7,62	8,57	—	3,26	3,66
2 561,99	II	401,75	22,09	32,14	36,15	II	401,75	18,02	26,22	29,49	14,16	20,60	23,17	10,50	15,28	17,19	7,04	10,25	11,53	—	5,55	6,24	—	1,58	1,77
	III	154,50	—	12,36	13,90	III	154,50	—	8,04	9,04	—	4,17	4,69	—	0,74	0,83	—	—	—	—	—	—	—	—	—
2 817,99	V	817,08	44,93	65,36	73,53	IV	436,33	21,89	31,84	35,82	19,83	28,85	32,45	17,82	25,93	29,17	15,87	23,09	25,97	13,97	20,32	22,86	12,12	17,64	19,84
	VI	851,58	46,83	68,12	76,64																				
	I,IV	437,33	24,05	34,98	39,35	I	437,33	19,88	28,92	32,54	15,92	23,16	26,06	12,17	17,70	19,91	8,62	12,54	14,10	3,—	7,68	8,64	—	3,30	3,71
2 564,99	II	402,75	22,15	32,22	36,24	II	402,75	18,07	26,29	29,57	14,20	20,66	23,24	10,54	15,34	17,25	7,09	10,31	11,60	—	5,60	6,30	—	1,62	1,82
	III	155,33	—	12,42	13,97	III	155,33	—	8,09	9,10	—	4,21	4,73	—	0,78	0,88	—	—	—	—	—	—	—	—	—
2 820,99	V	818,50	45,01	65,48	73,66	IV	437,33	21,94	31,92	35,91	19,88	28,92	32,54	17,87	26,—	29,25	15,92	23,16	26,06	14,02	20,40	22,95	12,17	17,70	19,91
	VI	853,—	46,91	68,24	76,77																				

* Die ausgewiesenen Tabellenwerte sind amtlich. Siehe Erläuterungen auf der Umschlaginnenseite (U2).

** Bei mehr als 3 Kinderfreibeträgen ist die „Ergänzungs-Tabelle 3,5 bis 6 Kinderfreibeträge" anzuwenden.

50

3 Personal

Abbildung 2 zur Aufgabe 84.5

1 889,99* MONAT

Lohn/Gehalt Versorgungs-Bezug bis €*		Abzüge an Lohnsteuer, Solidaritätszuschlag (SolZ) und Kirchensteuer (8%, 9%) in den Steuerklassen																					
		I – VI ohne Kinderfreibeträge			**I, II, III, IV** mit Zahl der Kinderfreibeträge ...																			
							0,5			**1**			**1,5**			**2**			**2,5**			**3****		
		LSt	SolZ	8%	9%	LSt	SolZ	8%	9%	SolZ	8%	9%	SolZ	8%	9%	SolZ	8%	9%	SolZ	8%	9%	SolZ	8%	9%
1 847,99 / 2 103,99	I,IV	223,75	12,30	17,90	20,13	I 223,75	8,74	12,72	14,31	3,43	7,85	8,83	—	3,45	3,88	—	—	—	—	—	—	—	—	—
	II	194,16	10,67	15,53	17,47	II 194,16	7,21	10,49	11,80	—	5,77	6,49	—	1,76	1,98	—	—	—	—	—	—	—	—	—
	III	19,50	—	1,56	1,75	III 19,50																		
	V	506,16	27,83	40,49	45,55	IV 223,75	10,50	15,28	17,19	8,74	12,72	14,31	7,04	10,25	11,53	3,43	7,85	8,83	—	5,55	6,24	—	3,45	3,88
	VI	537,16	29,54	42,97	48,34																			
1 850,99 / 2 106,99	I,IV	224,58	12,35	17,96	20,21	I 224,58	8,79	12,79	14,39	3,58	7,91	8,90	—	3,50	3,94	—	—	—	—	—	—	—	—	—
	II	195,—	10,72	15,60	17,55	II 195,—	7,25	10,55	11,87	—	5,82	6,55	—	1,80	2,02	—	—	—	—	—	—	—	—	—
	III	19,83	—	1,58	1,78	III 19,83																		
	V	507,33	27,90	40,58	45,65	IV 224,58	10,54	15,34	17,25	8,79	12,79	14,39	7,09	10,31	11,60	3,58	7,91	8,90	—	5,60	6,30	—	3,50	3,94
	VI	538,33	29,60	43,06	48,44																			
1 853,99 / 2 109,99	I,IV	225,41	12,39	18,03	20,28	I 225,41	8,83	12,85	14,45	3,73	7,97	8,96	—	3,55	3,99	—	—	—	—	—	—	—	—	—
	II	195,83	10,77	15,66	17,62	II 195,83	7,30	10,62	11,94	—	5,88	6,61	—	1,84	2,07	—	—	—	—	—	—	—	—	—
	III	20,33	—	1,62	1,82	III 20,33																		
	V	508,50	27,96	40,68	45,76	IV 225,41	10,59	15,40	17,33	8,83	12,85	14,45	7,13	10,37	11,66	3,73	7,97	8,96	—	5,66	6,36	—	3,55	3,99
	VI	539,50	29,67	43,16	48,55																			
1 856,99 / 2 112,99	I,IV	226,25	12,44	18,10	20,36	I 226,25	8,87	12,91	14,52	3,86	8,02	9,02	—	3,60	4,05	—	0,04	0,05	—	—	—	—	—	—
	II	196,58	10,81	15,72	17,69	II 196,58	7,34	10,68	12,01	—	5,94	6,68	—	1,89	2,12	—	—	—	—	—	—	—	—	—
	III	20,66	—	1,65	1,85	III 20,66																		
	V	509,66	28,03	40,77	45,86	IV 226,25	10,63	15,47	17,40	8,87	12,91	14,52	7,17	10,43	11,73	3,86	8,02	9,02	—	5,72	6,43	—	3,60	4,05
	VI	540,83	29,74	43,26	48,67																			
1 859,99 / 2 115,99	I,IV	227,08	12,48	18,16	20,43	I 227,08	8,92	12,98	14,60	4,01	8,08	9,09	—	3,65	4,10	—	0,08	0,09	—	—	—	—	—	—
	II	197,41	10,85	15,79	17,76	II 197,41	7,38	10,74	12,08	—	5,99	6,74	—	1,93	2,17	—	—	—	—	—	—	—	—	—
	III	21,16	—	1,69	1,90	III 21,16																		
	V	510,83	28,09	40,86	45,97	IV 227,08	10,67	15,53	17,47	8,92	12,98	14,60	7,21	10,49	11,80	4,01	8,08	9,09	—	5,77	6,49	—	3,65	4,10
	VI	542,—	29,81	43,36	48,78																			
1 862,99 / 2 118,99	I,IV	227,91	12,53	18,23	20,51	I 227,91	8,96	13,04	14,67	4,16	8,14	9,16	—	3,70	4,16	—	0,12	0,13	—	—	—	—	—	—
	II	198,25	10,90	15,86	17,84	II 198,25	7,42	10,80	12,15	—	6,05	6,80	—	1,98	2,22	—	—	—	—	—	—	—	—	—
	III	21,50	—	1,72	1,93	III 21,50																		
	V	512,16	28,16	40,97	46,09	IV 227,91	10,72	15,60	17,55	8,96	13,04	14,67	7,25	10,55	11,87	4,16	8,14	9,16	—	5,82	6,55	—	3,70	4,16
	VI	543,33	29,88	43,46	48,89																			
1 865,99 / 2 121,99	I,IV	228,75	12,58	18,30	20,58	I 228,75	9,—	13,10	14,73	4,31	8,20	9,23	—	3,75	4,22	—	0,16	0,18	—	—	—	—	—	—
	II	199,—	10,94	15,92	17,91	II 199,—	7,46	10,86	12,21	—	6,10	6,86	—	2,02	2,27	—	—	—	—	—	—	—	—	—
	III	22,—	—	1,76	1,98	III 22,—																		
	V	513,33	28,23	41,06	46,19	IV 228,75	10,77	15,66	17,62	9,—	13,10	14,73	7,30	10,62	11,94	4,31	8,20	9,23	—	5,88	6,61	—	3,75	4,22
	VI	544,50	29,94	43,56	49,—																			
1 868,99 / 2 124,99	I,IV	229,58	12,62	18,36	20,66	I 229,58	9,05	13,16	14,81	4,46	8,26	9,29	—	3,80	4,27	—	0,20	0,22	—	—	—	—	—	—
	II	199,83	10,99	15,98	17,98	II 199,83	7,50	10,92	12,28	—	6,16	6,93	—	2,07	2,33	—	—	—	—	—	—	—	—	—
	III	22,33	—	1,78	2,—	III 22,33																		
	V	514,50	28,29	41,16	46,30	IV 229,58	10,81	15,72	17,69	9,05	13,16	14,81	7,34	10,68	12,01	4,46	8,26	9,29	—	5,94	6,68	—	3,80	4,27
	VI	545,83	30,02	43,66	49,12																			
1 871,99 / 2 127,99	I,IV	230,41	12,67	18,43	20,73	I 230,41	9,09	13,22	14,87	4,61	8,32	9,36	—	3,85	4,33	—	0,24	0,27	—	—	—	—	—	—
	II	200,66	11,03	16,05	18,05	II 200,66	7,54	10,98	12,35	—	6,22	6,99	—	2,11	2,37	—	—	—	—	—	—	—	—	—
	III	22,83	—	1,82	2,05	III 22,83																		
	V	515,66	28,36	41,25	46,40	IV 230,41	10,85	15,79	17,76	9,09	13,22	14,87	7,38	10,74	12,08	4,61	8,32	9,36	—	5,99	6,74	—	3,85	4,33
	VI	547,—	30,08	43,76	49,23																			
1 874,99 / 2 130,99	I,IV	231,25	12,71	18,50	20,81	I 231,25	9,13	13,29	14,95	4,75	8,38	9,42	—	3,90	4,39	—	0,28	0,31	—	—	—	—	—	—
	II	201,41	11,07	16,11	18,12	II 201,41	7,59	11,04	12,42	—	6,27	7,05	—	2,16	2,43	—	—	—	—	—	—	—	—	—
	III	23,16	—	1,85	2,08	III 23,16																		
	V	517,—	28,43	41,36	46,53	IV 231,25	10,90	15,86	17,84	9,13	13,29	14,95	7,42	10,80	12,15	4,75	8,38	9,42	—	6,05	6,80	—	3,90	4,39
	VI	548,33	30,15	43,86	49,34																			
1 877,99 / 2 133,99	I,IV	232,08	12,76	18,56	20,88	I 232,08	9,18	13,35	15,02	4,90	8,44	9,49	—	3,95	4,44	—	0,32	0,36	—	—	—	—	—	—
	II	202,25	11,12	16,18	18,20	II 202,25	7,63	11,10	12,49	—	6,33	7,12	—	2,20	2,48	—	—	—	—	—	—	—	—	—
	III	23,66	—	1,89	2,12	III 23,66																		
	V	518,16	28,49	41,45	46,63	IV 232,08	10,94	15,92	17,91	9,18	13,35	15,02	7,46	10,86	12,21	4,90	8,44	9,49	—	6,10	6,86	—	3,95	4,44
	VI	549,33	30,21	43,94	49,43																			
1 880,99 / 2 136,99	I,IV	232,91	12,81	18,63	20,96	I 232,91	9,22	13,41	15,08	5,05	8,50	9,56	—	4,—	4,50	—	0,36	0,40	—	—	—	—	—	—
	II	203,08	11,16	16,24	18,27	II 203,08	7,67	11,16	12,56	—	6,38	7,18	—	2,25	2,53	—	—	—	—	—	—	—	—	—
	III	24,—	—	1,92	2,16	III 24,—																		
	V	519,33	28,56	41,54	46,73	IV 232,91	10,99	15,98	17,98	9,22	13,41	15,08	7,50	10,92	12,28	5,05	8,50	9,56	—	6,16	6,93	—	4,—	4,50
	VI	550,66	30,28	44,05	49,55																			
1 883,99 / 2 139,99	I,IV	233,75	12,85	18,70	21,03	I 233,75	9,26	13,48	15,16	5,20	8,56	9,63	—	4,05	4,55	—	0,40	0,45	—	—	—	—	—	—
	II	203,83	11,21	16,30	18,34	II 203,83	7,71	11,22	12,62	—	6,44	7,25	—	2,30	2,58	—	—	—	—	—	—	—	—	—
	III	24,50	—	1,96	2,20	III 24,50																		
	V	520,50	28,62	41,64	46,84	IV 233,75	11,03	16,05	18,05	9,26	13,48	15,16	7,54	10,98	12,35	5,20	8,56	9,63	—	6,22	6,99	—	4,05	4,55
	VI	551,83	30,35	44,14	49,66																			
1 886,99 / 2 142,99	I,IV	234,58	12,90	18,76	21,11	I 234,58	9,30	13,54	15,23	5,35	8,62	9,69	—	4,10	4,61	—	0,44	0,49	—	—	—	—	—	—
	II	204,66	11,25	16,37	18,41	II 204,66	7,75	11,28	12,69	0,05	6,50	7,31	—	2,34	2,63	—	—	—	—	—	—	—	—	—
	III	24,83	—	1,98	2,23	III 24,83																		
	V	521,66	28,69	41,73	46,94	IV 234,58	11,07	16,11	18,12	9,30	13,54	15,23	7,59	11,04	12,42	5,35	8,62	9,69	—	6,27	7,05	—	4,10	4,61
	VI	553,16	30,42	44,25	49,78																			
1 889,99 / 2 145,99	I,IV	235,41	12,94	18,83	21,18	I 235,41	9,35	13,60	15,30	5,50	8,68	9,76	—	4,16	4,68	—	0,48	0,54	—	—	—	—	—	—
	II	205,50	11,30	16,44	18,49	II 205,50	7,80	11,34	12,76	0,20	6,56	7,38	—	2,39	2,69	—	—	—	—	—	—	—	—	—
	III	25,33	—	2,02	2,27	III 25,33																		
	V	523,—	28,76	41,84	47,07	IV 235,41	11,12	16,18	18,20	9,35	13,60	15,30	7,63	11,10	12,49	5,50	8,68	9,76	—	6,33	7,12	—	4,16	4,68
	VI	554,33	30,48	44,34	49,88																			

* Die ausgewiesenen Tabellenwerte sind amtlich. Siehe Erläuterungen auf der Umschlaginnenseite (U2).
** Bei mehr als 3 Kinderfreibeträgen ist die „Ergänzungs-Tabelle 3,5 bis 6 Kinderfreibeträge" anzuwenden.

85. Aufgabe

Situation

Sie arbeiten im Personalbüro der Kleiderwerke Walter Behrendt GmbH. Die Stelle einer Mitarbeiterin/eines Mitarbeiters in der Lagerverwaltung ist zu besetzen. Sie sollen eine entsprechende Stellenanzeige entwerfen, die dann der Geschäftsführer Walter Behrendt in die Zeitung setzen lassen will. Der Betriebsrat der Walter Behrendt GmbH erhebt dagegen Einspruch.

85.1 Entwerfen Sie die Stellenanzeige!

85.2 Begründen Sie kurz, worauf sich der Einspruch des Betriebsrates beziehen kann.

85.3 Über innerbetriebliche Stellenausschreibungen liegt eine Betriebsvereinbarung vor.

85.3.1 Nennen Sie die beiden Vertragspartner zwischen denen die Betriebsvereinbarung abgeschlossen wird!

85.3.2 Begründen Sie kurz, warum innerbetriebliche Bewerbungen vertraulich behandelt werden müssen.

85.3.3 Erläutern Sie, welche Punkte in einer Betriebsvereinbarung geregelt werden können.

85.4 Stellen Sie kurz dar, warum es sinnvoll sein kann, die Besetzung der Stelle durch einen Mitarbeiter der Behrendt GmbH vorzunehmen.

85.5 Da die Stelle nicht innerbetrieblich besetzt werden kann, wird sie extern ausgeschrieben.

85.5.1 Nennen Sie 3 Möglichkeiten der externen Personalbeschaffung!

85.5.2 Ihre Freundin, die gerade die Kaufmannsgehilfenprüfung zur Industriekauffrau bestanden hat, will sich auf die ausgeschriebene Stelle der Behrendt GmbH bewerben. Sie helfen ihr bei der schriftlichen Formulierung der Bewerbung. Formulieren Sie das Bewerbungsschreiben.

85.5.3 Nennen Sie 3 Anlagen, die dem Bewerbungsschreiben beigefügt werden müssen!

---

86. Aufgabe

Situation

Als Mitarbeiter/Mitarbeiterin im Lohnbüro der Behrendt GmbH haben Sie heute u.a. folgende Aufgaben zu erledigen:
– Prüfung von Lohnsteuerkarten
– Lohn- und Gehaltsabrechnungen
– Beratung von Mitarbeitern

86.1 Der kaufmännische Angestellte Horst Klein, geb. 18. 06. 1959, wohnhaft in Neu-Isenburg, Bahnhofstraße 18, legt Ihnen die abgebildete Lohnsteuerkarte vor. Herr Klein ist verheiratet und hat zwei Kinder unter 16 Jahren. Seine Frau ist nicht mehr berufstätig. Herr Klein ist im vergangenen Jahr aus der Kirche ausgetreten. Seine Frau ist evangelisch.

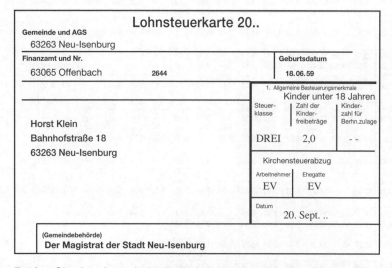

86.1.1 Prüfen Sie den Ausschnitt der Lohnsteuerkarte und erläutern Sie, warum eine Eintragung falsch ist.

86.1.2 Nennen Sie die Stelle, von der Herr Klein die Lohnsteuerkarte erhalten hat.

86.1.3 Nennen Sie 3 Arten von Steuern bzw. Beiträgen, die Herrn Klein vom Gehalt abgezogen werden.

86.1.4 Herr Klein hat ein Bruttogehalt von 2.542,00 EUR. Ermitteln Sie aufgrund der Angaben aus der abgebildeten Lohnsteuertabelle die einzubehaltende Lohnsteuer und den Solidaritätszuschlag.

86.2 Berechnen Sie die Abzüge für die Sozialversicherung eines 19-jährigen ledigen Auszubildenden der Behrendt GmbH mit einer Ausbildungsvergütung von 820,00 EUR monatlich bei folgenden Beitragssätzen: Krankenversicherung 14%, Rentenversicherung 19,5%, Arbeitslosenversicherung 6,5%, Pflegeversicherung 1,7%.

86.2.1 Wie viel Euro Sozialversicherungsbeiträge werden dem Auszubildenden abgezogen?

86.2.2 Stellen Sie fest, nach welcher Steuerklasse der Auszubildende versteuert wird!

86.2.3 Trotz mehrmaliger Aufforderung hat der Auszubildende immer wieder vergessen, Ihnen die Lohnsteuerkarte vorzulegen. Erläutern Sie kurz wie Sie die Lohnsteuer berechnen müssen.

86.2.4 Nennen Sie **3** Punkte, die für die Einteilung in eine Steuerklasse eine Rolle spielen!

86.3 Sie beraten einen Mitarbeiter der Behrendt GmbH, der Fragen zu seiner Einkommensteuererklärung hat.

86.3.1 Nennen Sie dem Mitarbeiter 3 Beispiele für Werbungskosten, die er u.U. bei seiner Einkommensteuererklärung geltend machen kann.

86.3.2 Nennen Sie dem Mitarbeiter 2 Beispiele für Sonderausgaben, die er u.U. bei seiner Einkommensteuererklärung geltend machen kann.

86.3.3 Da der Mitarbeiter sehr hohe Werbungskosten und Sonderausgaben geltend machen kann, raten Sie ihm, einen Freibetrag auf der Lohnsteuerkarte eintragen zu lassen.

86.3.3.1 Nennen Sie die Stelle, die die Eintragung vornimmt!

86.3.3.2 Begründen Sie kurz den Vorteil der Eintragung eines Freibetrages auf der Lohnsteuerkarte.

---

87. Aufgabe

Situation

In einem Gespräch mit Ihrem Abteilungsleiter werden Sie darüber informiert, dass Ihre Leistungen im Unternehmen beurteilt wurden, da Sie an einem höher dotierten Arbeitsplatz eingesetzt werden sollen. Bisher haben Sie u.a. auch die Auszubildenden der Behrendt GmbH betreut und sich um deren Belange gekümmert. Sie erhalten ihren Beurteilungsbogen zur Kenntnis und führen mit dem Abteilungsleiter darüber ein Gespräch.

	Punkteskala					Gewichtung	gewichtete Punkte
	Übertrifft die Anforderungen in besonderem Umfang	Übertrifft die Anforderungen	Genügt den Anforderungen in vollem Umfang	Genügt den Anforderungen fast immer	Genügt den Anforderungen nicht immer		
A) Persönlichkeitswerte und fachliche Leistungen	5	4	3	2	1	1, 2, 3, 4, 5	
Fachkenntnisse		4					
Auffassungsgabe, Denkvermögen		4					
Aktivität, Einsatzbereitschaft			3				
Kontaktfähigkeit, Verhandlungsgeschick			3				
Sprache, Stil			3				
äußere Erscheinung			3				
Zuverlässigkeit, Sorgfalt		4					
B) Führungsverhalten als Mitarbeiter und Vorgesetzter							
Selbstständigkeit in laufenden Entscheidungen	5						
Einhaltung des eigenen Delegationsbereichs	5						
Information und Beratung des Vorgesetzten		4					
Gewährleistung selbstständiger Entscheidungen der Mitarbeiter		4					
Einsatz der Mitarbeiter		4					
Information der Mitarbeiter		4					
Dienstaufsicht, Erfolgskontrolle			3				
Schulung und Förderung der Mitarbeiter	5						
C) Erreichte Punktzahl 58	15	28	15				
Erreichbare Punktzahl 75							
Prozent 77,3							

3 Personal

87.1 Die Beurteilungskriterien wurden – wie aus dem Beurteilungsbogen ersichtlich ist – nicht unterschiedlich gewichtet. Sie halten die einheitliche Gewichtung nicht für sinnvoll.

87.1.1 Begründen Sie kurz Ihre Meinung!

87.1.2 Tragen Sie entsprechend der abgebildeten Vorgabe die Gewichtung der einzelnen Beurteilungskriterien von 1 bis 5 in die Tabelle ein. Berechen Sie dann die gewichteten Punkte und vergleichen die erreichte Punktzahl. Berechnen Sie den Prozentsatz Ihrer erreichten Punktzahl im Verhältnis zu den erreichbaren Punkten.

87.1.3 Erläutern Sie kurz das Ergebnis!

	Vorgabe
	Gewichtung 1, 2, 3, 4, 5
A) Persönlichkeitswerte und fachliche Leistungen	–
Fachkenntnisse	5
Auffassungsgabe, Denkvermögen	4
Aktivität, Einsatzbereitschaft	4
Kontaktfähigkeit, Verhandlungsgeschick	3
Sprache, Stil	1
äußere Erscheinung	2
Zuverlässigkeit, Sorgfalt	5
B) Führungsverhalten als Mitarbeiter und Vorgesetzter	–
Selbstständigkeit in laufenden Entscheidungen	5
Einhaltung des eigenen Delegationsbereichs	5
Information und Beratung des Vorgesetzten	4
Gewährleistung selbstständiger Entscheidungen der Mitarbeiter	4
Einsatz der Mitarbeiter	3
Information der Mitarbeiter	5
Dienstaufsicht, Erfolgskontrolle	3
Schulung und Förderung der Mitarbeiter	4

87.2 Nennen Sie **3** weitere Beurteilungsanlässe für Mitarbeiter!

87.3 Erläutern Sie kurz, wer Sie oder andere Mitarbeiter des Unternehmens beurteilen kann und sollte.

87.4 Nennen Sie **2** Vorteile eines standardisierten Beurteilungsbogens!

87.5 Anlässlich Ihrer Beurteilung fand auch ein Beurteilungsgespräch über das Beurteilungsverfahren und das Ergebnis statt. Erläutern Sie kurz, was Sie tun können, wenn Sie mit der Beurteilung nicht einverstanden sind.

---

88. Aufgabe

Prüfen Sie, welche Feststellung in Verbindung mit der Einstellung von Mitarbeitern zutreffend ist!

1. Stellenausschreibungen bedürfen der Zustimmung des Betriebsrates.
2. Neue Mitarbeiter können nur mit Zustimmung des Arbeitsamtes eingestellt werden.
3. Eine Bewerbung muss grundsätzlich handschriftlich erfolgen.
4. Einer Bewerbung müssen stets die Originale der Zeugnisse beigefügt werden.
5. Die Bedingungen eines Einzelarbeitsvertrages dürfen für den Arbeitnehmer nicht ungünstiger sein als die des Tarifvertrages.

89. Aufgabe

Ein Angestellter tritt eine neue Stelle in einem Unternehmen an. Es werden 1.900,00 EUR Anfangsgehalt vereinbart. Ein schriftlicher Arbeitsvertrag ist in diesem Unternehmen nicht üblich. Am Monatsende wird dem Angestellten mitgeteilt, dass aufgrund der gezeigten Leistungen nur ein Gehalt von 1.800,00 EUR gezahlt werden könne. Welche Rechtslage ergibt sich?

1. Der Angestellte kann die Restsumme fordern, weil sie ihm mündlich zugesagt wurde.
2. Der Angestellte kann sich nicht wehren, weil überhaupt kein Arbeitsvertrag vorliegt.
3. Der Angestellte kann die Restsumme fordern, weil Arbeitsverträge in der Regel nur mündlich abgeschlossen werden.
4. Der Angestellte kann nichts unternehmen, weil Gehaltsvereinbarungen stets der Schriftform bedürfen.
5. Der Angestellte kann nichts dagegen unternehmen, weil das gebotene Gehalt dem geltenden Tarif entspricht.

90. Aufgabe

Welche Aufgaben für das Personalwesen ergeben sich aus dem Betriebsverfassungsgesetz?

1. Einberufung einer Betriebsversammlung
2. Wahl des Betriebsrates
3. Unterrichtung des Betriebsrates über Umgruppierungen
4. Teilnahme an den Betriebsratssitzungen
5. Festlegen von Unfallverhütungsvorschriften

91. Aufgabe

Welche der nachstehend beschriebenen Aufgaben gehört nicht zur Personalabteilung?

1. Errechnen des Nettolohns
2. Einstellung von Mitarbeitern
3. Überwachung der Einhaltung von Unfallverhütungsvorschriften
4. Errechnung der Sozialversicherungsbeiträge
5. Bekanntgabe von Arbeitsjubiläen

92. Aufgabe

Prüfen Sie, welche Feststellung in Verbindung mit der Lohnabrechnung und Lohnbuchung zutrifft!

1. Im Konto Fertigungslohn ist grundsätzlich der Nettolohn zu buchen.
2. Die Lohn- und Kirchensteuer wird je zur Hälfte vom Arbeitgeber und Arbeitnehmer getragen.
3. Die Sozialversicherungsbeiträge werden ganz vom Arbeitgeber getragen.
4. Die Sozialversicherungsbeiträge für Krankenkassen, Rentenversicherung, Arbeitslosenversicherung werden je zur Hälfte vom Arbeitgeber und vom Arbeitnehmer getragen. Das gilt grundsätzlich auch für die Pflegeversicherung.
5. Überstunden und Überstundenzuschläge sind lohnsteuerfrei.

93. Aufgabe

Ein Arbeiter scheidet am 20. 05. eines Jahres aus. Was muss der Personalsachbearbeiter unternehmen?

1. Er muss den Arbeitnehmer binnen drei Tagen als nicht mehr lohnsteuerpflichtig dem zuständigen Finanzamt melden.
2. Er muss den Arbeitnehmer innerhalb sechs Wochen bei der zuständigen Krankenkasse abmelden.
3. Nach Aushändigung der Lohnsteuerkarte und des Rentenversicherungsnachweises hat er nichts mehr zu unternehmen.
4. Er muss der Berufsgenossenschaft unverzüglich Mitteilung vom Ausscheiden machen.
5. Er muss dem zuständigen Arbeitsamt unverzüglich Mitteilung machen.
6. Er muss den Arbeitnehmer innerhalb zwei Wochen bei der zuständigen Krankenkasse abmelden.

94. Aufgabe

In welchem Fall ist der Arbeitgeber für die Eintragung auf der Lohnsteuerkarte zuständig?

1. Ein Arbeitnehmer heiratet. Die Steuerklasse muss geändert werden.
2. Die Werbungskosten eines Arbeiters sind höher als der Pauschbetrag. Auf der Steuerkarte muss ein entsprechender Freibetrag eingetragen werden.
3. Die beschränkt abzugsfähigen Sonderausgaben eines Angestellten sind höher als der Pauschbetrag. Auf der Steuerkarte muss ein entsprechender Freibetrag eingetragen werden.
4. Am Jahresende wird die Summe der vom Arbeitslohn einbehaltenen Steuern eingetragen.
5. Bei einem Angestellten, seither Steuerklasse IV, ist die Ehefrau nicht mehr berufstätig.

95. Aufgabe

Prüfen Sie, welche Feststellung über Tarifverträge und Tarifautonomie nicht zutreffend ist!

1. Die Manteltarifverträge regeln die Arbeitsbedingungen (Arbeitszeit, Pausen, Urlaub usw.).
2. Die Lohn- und Gehaltstarife setzen die Lohn- und Gehaltsstufenbeträge fest.
3. Tarifautonomie bedeutet, dass die Löhne von den Arbeitgeberverbänden und Gewerkschaften mit staatlichem Einspruchsrecht ausgehandelt werden.
4. Unter Sozialpartnern versteht man die Vertreter der Arbeitgeberverbände und die Vertreter der Arbeitnehmer (Gewerkschaften).
5. Tarifrunde ist eine Bezeichnung für Tarifverhandlungen.

96. Aufgabe

Prüfen Sie, welche Feststellung über die Abführung der gesetzlichen Gehaltsabzüge zutrifft!

1. Die Lohnsteuer ist an das für den Arbeitnehmer zuständige Finanzamt abzuführen.
2. Die Sozialversicherungsbeiträge müssen getrennt an die Krankenkasse, das Arbeitsamt und die Bundesversicherungsanstalt abgeführt werden.
3. Die Beiträge zur gesetzlichen Unfallversicherung werden an die zuständige Krankenkasse abgeführt.
4. Die Lohnsteuer ist an das für den Arbeitgeber zuständige Finanzamt abzuführen.
5. Die einbehaltene Kirchensteuer wird direkt an die zuständigen Kirchen abgeführt.

97. Aufgabe

Prüfen Sie, welche Feststellung über den Datenschutz im Betrieb zutrifft!

1. Die Vorschriften des Bundesdatenschutzgesetzes sind für innerbetriebliche Personaldateien nicht anwendbar.
2. Der Arbeitnehmer hat zwar ein Auskunftsrecht über die zu seiner Person gespeicherten Daten; er kann aber nicht die Streichung oder Löschung von Daten verlangen.
3. Der Betriebsrat hat beim Aufbau und der Gestaltung von Personaldateien nur ein Anhörungsrecht.
4. Das Bundesdatenschutzgesetz findet grundsätzlich auch für betriebliche Dateien Anwendung, wenn personenbezogene Daten verarbeitet werden.
5. Die Vorschriften des Bundesdatenschutzgesetzes müssen nur von Behörden, Körperschaften des öffentlichen Rechts und ähnlichen Institutionen beachtet werden.

98. Aufgabe

In einem Betrieb sind 35 Arbeitnehmer beschäftigt, die täglich acht Stunden arbeiten. In der Saison ist eine Auftragszunahme von 50% zu erwarten.
Wie viele Kräfte muss der Betrieb zusätzlich einstellen, wenn alle Beschäftigten bereit sind, täglich eine Stunde länger zu arbeiten? (Ergebnis aufrunden!)

99. Aufgabe

Ordnen Sie zu, indem Sie die Kennziffern von drei der insgesamt neun Tätigkeiten in die Kästchen bei den zuständigen Abteilungen des Personalwesens eintragen!

Tätigkeiten

1. Auszahlung von Gehältern an Belegschaftsangehörige, die im Ruhestand leben
2. Errechnen der Prämie
3. Einkauf von Lebensmitteln für die Kantine
4. Wahl des Betriebsrates
5. Einstellung des Werksarztes
6. Durchführung des Lohnsteuer-Jahresausgleichs für Angestellte
7. Durchführung von Unfallverhütungsmaßnahmen
8. Berechnung der Lohnsummensteuer
9. Errechnung der Gemeinkostenzuschläge auf den Fertigungslohn

Abteilungen des Personalwesens

Gehaltsbüro ☐

Lohnbüro ☐

Pensionskasse ☐

---

100. Aufgabe

In welchem Fall wurden Vertragsbestimmungen nicht eingehalten?

1. Ein Auszubildender versäumt den Berufsschulunterricht, weil er erkrankt ist, und teilt dies telefonisch dem Ausbildungsbetrieb und schriftlich der Berufsschule mit.
2. Ein Ausbilder, der seit acht Wochen erkrankt ist, lässt sich während dieser Zeit durch einen pädagogisch und fachlich geschulten anderen Mitarbeiter des Betriebes vertreten.
3. Ein Auszubildender ist seit acht Tagen krank. Er hat am ersten Tag im Betrieb angerufen und seine Erkrankung gemeldet; sonst hat er bislang nichts unternommen.
4. Der Ausbilder verlangt, dass der Auszubildende während der Berufsschulferien an dem Tag, an dem er sonst Schule hätte, im Betrieb arbeitet.
5. Ein Auszubildender kündigt bereits nach drei Wochen sein Berufsausbildungsverhältnis fristlos.

▶ ☐

---

101. Aufgabe

Ein Auszubildender ist der Meinung, die Abschlussprüfung vorzeitig, also ein halbes Jahr vor Beendigung der vertraglich vereinbarten Ausbildungszeit, erfolgreich ablegen zu können.

Wer entscheidet über die Zulassung zur Abschlussprüfung, wenn von Seiten des Ausbildungsbetriebs und der Abteilung Berufsausbildung der IHK Bedenken bestehen?

1. Die Industrie- und Handelskammer
2. Der Ausbildende
3. Der Klassenlehrer der Berufsschule
4. Der Prüfungsausschuss bei der IHK
5. Das Arbeitsgericht

▶ ☐

---

102. Aufgabe

Nach dem Berufsbildungsgesetz ist während der Berufsausbildung mindestens eine Zwischenprüfung durchzuführen. Welchem Ziel dient diese Prüfung?

1. Sie dient der Ermittlung des Ausbildungsstandes im Betrieb während der Berufsausbildung.
2. Sie dient der Ermittlung des Ausbildungsstandes in der Berufsschule während der Berufsausbildung.
3. Es soll festgestellt werden, welche Auszubildenden nicht in die nächste Berufsschulklasse versetzt werden können.
4. Es soll festgestellt werden, welche Auszubildenden vorzeitig zur Abschlussprüfung zugelassen werden können.
5. Sie dient als Teil der Abschlussprüfung, weil das Ergebnis der Zwischenprüfung als Teilzensur in der Abschlussprüfung berücksichtigt wird.

▶ ☐

3 Personal

103. Aufgabe

Was gehört nach dem Berufsbildungsgesetz zu jedem Berufsausbildungsvertrag?

1. Der Ausbildungsnachweis
2. Der gemeinsame Ausbildungsplan der Berufsschule und des Betriebes
3. Der Ausbildungsplan der Berufsschule
4. Der Ausbildungsplan des Ausbildungsbetriebs
5. Die Prüfungsordnung für die Durchführung der Abschlussprüfung

104. Aufgabe

Welche Tätigkeit gehört zu den Pflichten des Auszubildenden?

1. Einkaufen von Milch, Brötchen und Zigaretten für die Mitarbeiter im Büro an jedem Vormittag
2. Abholen der Buchungsbelege aus der nahe gelegenen Filiale
3. Registraturarbeit am Samstagvormittag, der zwar arbeitsfrei ist, an dem jedoch der Berufsschultag „nachgearbeitet" werden soll
4. Aushilfe des Auszubildenden im Lager wegen krankheitsbedingtem Personalmangel für acht Monate
5. Alle Auszubildenden müssen reihum wöchentlich einmal den Gehweg fegen oder – bei Bedarf – im Winter Schnee fegen.

105. Aufgabe

Wer ist bei Betriebsunfällen leistungspflichtig?

1. Die Krankenkasse
2. Der Betrieb
3. Die Berufsgenossenschaft
4. Das Arbeitsamt
5. Die Bundesversicherungsanstalt

106. Aufgabe

Ein Arbeitnehmer hat auf einer Fensterbank eine Bierflasche abgestellt. Bei einem Windstoß fällt sie herunter und beschädigt auf dem Werksparkplatz den abgestellten PKW eines Kunden. Prüfen Sie, welche Feststellung zutrifft!

1. Der Vorfall muss der Berufsgenossenschaft gemeldet werden.
2. Der Kunde hat keinen Anspruch auf Schadenersatz, da er auf eigene Gefahr dort geparkt hat.
3. Das Unternehmen muss den Vorfall seiner Haftpflichtversicherung anzeigen, die dem Kunden Ersatz leistet.
4. Da der Vorfall fahrlässig verschuldet wurde, muss sich der Kunde an den Arbeitnehmer wenden.
5. Da der Schaden durch einen Windstoß hervorgerufen wurde, liegt höhere Gewalt vor.

107. Aufgabe

Welche Bedeutung hat das nebenstehende Warnzeichen?

1. Warnung vor elektromagnetischen Feldern
2. Warnung vor radioaktiven Stoffen
3. Warnung vor Fräswelle
4. Warnung vor rotierendem Teil
5. Warnung vor Laserstrahl

108. Aufgabe

Auf dem Weg zum Arbeitsplatz stürzt ein Auszubildender auf der Straße, verletzt sich und muss einen Arzt aufsuchen. Kurz danach erscheint er im Betrieb und berichtet dem Ausbilder von seinem Missgeschick. Wem muss dieser Vorfall gemeldet werden?

1. Dem Staatlichen Amt für Arbeitsschutz und Sicherheitstechnik (Gewerbeaufsichtsamt)
2. Der Bundesanstalt für Arbeit
3. Dem Arbeitsamt
4. Der Rentenversicherungsanstalt
5. Der Berufsgenossenschaft

109. Aufgabe

Welche Stelle hat die Aufsicht zur Überwachung der Bestimmungen zur Betriebssicherheit von technischen Anlagen und Maschinen?

1. Das Staatliche Amt für Arbeitsschutz und Sicherheitstechnik (Gewerbeaufsichtsamt)
2. Die Ortspolizeibehörde
3. Die zuständige Industrie- und Handelskammer
4. Die Allgemeine Ortskrankenkasse
5. Der Technische Überwachungsverein (TÜV)

110. Aufgabe

Ein Kunde will im Lager der Großhandel GmbH eine Ware besichtigen und wird von einer herabfallenden Kiste verletzt. Welche Versicherung ist für diesen Fall zuständig, wenn der Kunde vor Betreten der Betriebsräume keine Haftungsausschlusserklärung unterschrieben hat?

1. Die Haftpflichtversicherung des Kunden
2. Die Krankenversicherung des Kunden
3. Die betriebliche Unfallversicherung (Berufsgenossenschaft)
4. Die betriebliche Haftpflichtversicherung
5. Die Gebäudehaftpflichtversicherung der Großhandel GmbH

111. Aufgabe

Ein Auszubildender verletzt sich während der Arbeit erheblich an einem herausragenden Nagel. Er wird vom Arzt für fünf Tage krank geschrieben. Wer zahlt dem Auszubildenden die Ausbildungsvergütung für die ausgefallenen Arbeitstage?

1. Die Krankenkasse des Auszubildenden
2. Die Berufsgenossenschaft des Auszubildenden
3. Der Ausbildende
4. Die Haftpflichtversicherung des Betriebes
5. Für diese Zeit wird keine Ausbildungsbeihilfe gezahlt

112. Aufgabe

Ordnen Sie zu, indem Sie die Kennziffern von zwei der insgesamt fünf Erläuterungen zu Prüf- und Qualitätszeichen auf elektrischen Geräten in die Kästchen bei den dazugehörigen Prüfzeichen eintragen!

Erläuterungen

1. Das Gerät wurde von der Firma VDE gebaut.
2. Das Gerät wurde über eine europäische Gemeinschaftsvertriebsorganisation der Elektroindustrie verkauft.
3. Das Gerät wurde von der VDE-Prüfstelle geprüft und entspricht den VDE-Bestimmungen.
4. Das Gerät entspricht den Bestimmungen des Gerätesicherheitsgesetzes und der VDE-Prüfstelle.
5. Das Gerät entspricht den gültigen nationalen und europäischen Normen.

Prüfzeichen

VDE ☐

CE ☐

113. Aufgabe

Die gesetzliche Unfallversicherung schützt alle Arbeitnehmer, die einen Arbeitsunfall erleiden, der in einem ursächlichen Zusammenhang mit ihrem Arbeitsverhältnis steht. In welchem Fall kann von einem Arbeitsunfall gesprochen werden?

1. In der Frühstückspause lässt sich der 22-jährige Dreher Georg von seinen Kameraden zu einer „Mutprobe" verleiten. In der Absicht, seinen Freunden zu imponieren, klettert er auf einen im Betriebsgelände stehenden Baum, stürzt ab und bricht sich ein Bein.
2. Ein Arbeitnehmer verunglückt am freien Samstag auf einem Sportplatz beim Fußballspiel mit Arbeitskollegen.
3. Jürgen kommt am Zahltag betrunken nach Hause und bricht sich das Schlüsselbein, als er im Treppenhaus stürzt.
4. Die Auszubildende Inge M. fährt mit dem Fahrrad von ihrer Wohnung zum Bahnhof, um sich eine Monatskarte für die anschließende Fahrt zur Arbeitsstelle zu kaufen. Sie stürzt und verletzt sich erheblich.
5. Der Auszubildende Michael K. fällt auf dem Weg zur Berufsschule im unbeleuchteten, elterlichen Treppenhaus und bricht sich das Bein.

▶ ☐

114. Aufgabe

Ordnen Sie zu, indem Sie die Kennziffern von zwei der insgesamt fünf Tatbestände in die Kästchen bei den dazugehörigen Gesetzen eintragen!

Tatbestände

1. Ein Jugendlicher wird durch seinen Betrieb zur Kaufmannsgehilfenprüfung angemeldet.
2. Ein Jugendlicher wird auf dem Weg zur Arbeit bei einem Verkehrsunfall verletzt.
3. Ein Jugendlicher besucht ohne Begleitung Erwachsener ein Nachtlokal.
4. Ein Jugendlicher wird zur Nachtschicht eingeteilt.
5. Ein Jugendlicher wird zum Jugendvertreter des Betriebes gewählt.

Gesetze

Jugendarbeitsschutzgesetz ☐

Betriebsverfassungsgesetz ☐

115. Aufgabe

Aus einer Betriebsanlage entweicht Cadmium in höheren Werten, als es zulässig ist.
Wer kann gegebenenfalls diese Anlage stilllegen lassen?

1. Die Polizeibehörde
2. Der Betriebsrat
3. Die Berufsgenossenschaft
4. Das Staatliche Amt für Immissions- und Strahlenschutz (Gewerbeaufsichtsamt)
5. Das zuständige Amtsgericht

▶ ☐

116. Aufgabe

Stellen Sie fest, in welchem Gesetz Bestimmungen über die Unfallverhütung im Betrieb enthalten sind!

1. Das Bürgerliche Gesetzbuch
2. Das Aktiengesetz
3. Das Handelsgesetzbuch
4. Die Reichsversicherungsordnung
5. Das Betriebsverfassungsgesetz

117. Aufgabe

Bei dem Werksverkehr im Hof eines Unternehmens stößt der Wagen eines Kunden mit einem Gabelstapler des Unternehmens, ohne Verschulden des Fahrers, zusammen. Bei beiden Fahrzeugen entsteht Sachschaden, der Kunde und der Fahrer des Gabelstaplers werden leicht verletzt. Prüfen Sie, welche Feststellung zutrifft!

1. Der Kunde erhält Arztkosten und Reparaturkosten seines Fahrzeuges durch die Berufsgenossenschaft ersetzt, der Fahrer des Gabelstaplers erhält nichts.
2. Arztkosten der beiden Geschädigten, Reparaturkosten des Kundenfahrzeuges und des Gabelstaplers werden durch die Berufsgenossenschaft ersetzt.
3. Es werden überhaupt keine Personen- und Sachschäden ersetzt, da sich der Unfall nicht auf einer öffentlichen Straße ereignet hat.
4. Arztkosten der beiden Geschädigten werden durch die Berufsgenossenschaft, die Schäden der beiden Fahrzeuge durch die Haftpflichtversicherung des Unternehmens ersetzt.
5. Die Arztkosten des geschädigten Belegschaftsangehörigen werden durch die Berufsgenossenschaft, die Arztkosten des Kunden und die Schäden an seinem Kraftfahrzeug durch die Haftpflichtversicherung des Unternehmens gedeckt.

118. Aufgabe

Prüfen Sie, welche Feststellung über die Befugnisse der Berufsgenossenschaft zutrifft!

1. Die Berufsgenossenschaft ist für die strafrechtliche Verfolgung wegen Körperverletzung bei Betriebsunfällen zuständig.
2. Die Berufsgenossenschaft ist für die Verhängung von Ordnungsstrafen wegen Verletzung der Unfallverhütungsvorschriften zuständig.
3. Die Berufsgenossenschaft ersetzt Sachschäden von Belegschaftsmitgliedern, die bei Betriebsunfällen entstanden sind.
4. Die Berufsgenossenschaft ernennt die Sicherheitsingenieure.
5. Die Berufsgenossenschaft überprüft die Einhaltung des Bundesimmissionsschutzgesetzes.

119. Aufgabe

Welche Steuern und Beiträge werden bei einem kaufmännischen Angestellten mit 2.400,00 EUR Monatsgehalt, der selbst keiner Religionsgemeinschaft angehört, dessen Ehefrau jedoch römisch-katholisch ist, direkt vom Gehalt abgezogen?

1. Einkommensteuer, Lohnsteuer, Kirchensteuer
2. Lohnsteuer, Kirchensteuer, Sozialversicherungsbeiträge, Solidaritätszuschlag
3. Sozialversicherungsbeiträge, Lohnsteuer, Kraftfahrzeugsteuer
4. Lohnsteuer, Sozialversicherungsbeiträge, Solidaritätszuschlag
5. Einkommensteuer, Sozialversicherungsbeiträge, Kirchensteuer

120. Aufgabe

Im Geschäftsbericht eines Unternehmens findet sich über die Entwicklung des Personalaufwands und des durchschnittlichen Belegschaftsstands folgende Grafik.

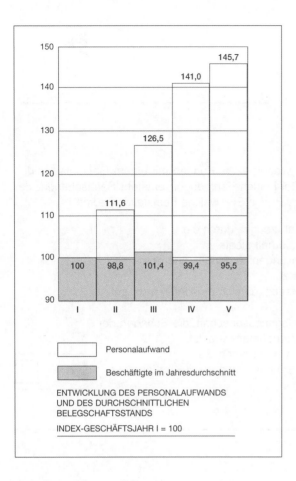

Prüfen Sie, welche Feststellung zutrifft!

1. Der Personalaufwand stieg im gleichen Verhältnis wie die Beschäftigtenzahl.
2. Der Rückgang der Belegschaft hat sich auf die Zuwachsraten des Personalaufwands überhaupt nicht ausgewirkt.
3. Die Zuwachsraten des Personalaufwands in den Geschäftsjahren III und IV sind im Wesentlichen aus der Erhöhung der Zahl der Beschäftigten zu erklären.
4. Aus den Zuwachsraten des Personalaufwands lassen sich die tariflichen Lohn- und Gehaltserhöhungen ablesen.
5. Da der Personalaufwand gestiegen und die Zahl der Beschäftigten gesunken ist, hat sich der Personalaufwand je Mitarbeiter erhöht.

121. Aufgabe

Prüfen Sie, welche Feststellung zutreffend ist!

1. Der Akkordrichtsatz stimmt mit dem Zeitlohnsatz vergleichbarer Arbeit überein.
2. Die Tarifverträge enthalten keine Akkordrichtsätze, sondern nur Zeitlohnsätze.
3. Bei dem Akkordrichtsatz handelt es sich um den tariflichen Mindestlohn.
4. Unter dem Akkordrichtsatz versteht man den Akkordzuschlag.
5. Der Akkordrichtsatz setzt sich aus dem tarifl. Mindestlohn und dem Akkordzuschlag zusammen.

122. Aufgabe

Ein Arbeiter verdient im Monat 2.000,00 EUR. Er ist verheiratet, hat keine Kinder, und seine Frau ist ebenfalls berufstätig. Der Arbeitnehmer hat Anfang April seine Arbeitsstelle gewechselt und trotz Erinnerung nach sieben Wochen bei seinem neuen Arbeitgeber noch keine Lohnsteuerkarte vorgelegt („vergessen"). Wie muss die Personalabteilung reagieren?

1. Die Personalabteilung muss bei der zuständigen Gemeinde die Ausstellung einer Lohnsteuerkarte beantragen.
2. Das Finanzamt muss von der Personalabteilung benachrichtigt werden.
3. Der Lohn darf Ende Mai nicht ausgezahlt werden.
4. Die Lohnsteuer muss nach Steuerklasse I berechnet werden.
5. Die Lohnsteuer muss nach Steuerklasse VI berechnet werden.

123. Aufgabe

Welche der nachstehenden Lohnarten bezeichnet man als Prämienlohn?

1. Ein Angestellter erhält sein Monatsgehalt.
2. Ein Arbeiter hat einen Stundenlohn von 10,00 EUR. Sein normaler Wochenlohn beträgt 375,00 EUR (10,00 EUR · 37,5 Std.).
3. Eine Arbeiterin erhält für ein hergestelltes Stück 1,00 EUR. Sie schafft in der Woche 500 Stück. Ihr Wochenlohn beträgt 500,00 EUR.
4. Ein Arbeiter erhält einen Stundenlohn von 15,00 EUR. Seine Arbeit wird auch nach Qualität der Ausführung und der Sorgfalt am Arbeitsplatz beurteilt. Nach diesen Bewertungsmerkmalen erhält er 10% Lohnzuschlag.
5. Einem Arbeiter werden für ein hergestelltes Stück (ohne Rücksicht auf die tatsächliche Arbeitszeit) zehn Minuten Arbeitszeit bezahlt. Der Lohn je Arbeitsminute beträgt 0,20 EUR. Der Arbeiter stellt in einer Woche (37,5 Stunden Arbeitszeit) 400 Stück her. Sein Bruttolohn beträgt 800,00 EUR (400 Stück · 10 Minuten · 0,20 EUR).

124. Aufgabe

Ordnen Sie zu, indem Sie die Kennziffern von drei der insgesamt sechs Steuerklassen in die Kästchen bei den entsprechenden Fällen eintragen!

Steuerklassen

1. Steuerklasse I
2. Steuerklasse II
3. Steuerklasse III
4. Steuerklasse IV
5. Steuerklasse V
6. Steuerklasse VI

Fälle

Arbeiter, 51 Jahre, verheiratet, ein Kind, Ehefrau nicht berufstätig

Angestellter, 25 Jahre, ledig, ein Arbeitsverhältnis

Angestellter, 27 Jahre, verheiratet, drei Kinder, Ehefrau berufstätig (auf ihrer Lohnsteuerkarte ist die Steuerklasse IV eingetragen)

125. Aufgabe

Welcher Grund führt im Allgemeinen am häufigsten zu übertariflichen Lohnzahlungen?

1. Fachkönnen eines Arbeiters
2. Mangel an geeigneten Fachkräften
3. Entsprechende Forderungen eines Arbeitnehmers
4. Bessere Bezahlung beim vorhergehenden Arbeitgeber
5. Gefährliche Arbeit

126. Aufgabe

Der kaufmännische Angestellte Horst Klein, geb. 18. 06. 59, wohnhaft in Neu-Isenburg, Bahnhofstraße 18, erhält von der Stadtverwaltung die nebenstehende Lohnsteuerkarte zugeschickt. Klein ist verheiratet und hat zwei Kinder unter 16 Jahren. Seine Frau ist nicht mehr berufstätig. Klein ist im vergangenen Jahr aus der Kirche ausgetreten. Seine Frau ist evangelisch. Prüfen Sie den Ausschnitt der Lohnsteuerkarte und stellen Sie fest, welche Eintragung falsch ist!

1. Geburtsdatum
2. Religionsgemeinschaft Arbeitnehmer
3. Religionsgemeinschaft Ehegatte
4. Steuerklasse
5. Kinderzahl
6. Familienstand

127. Aufgabe

Prüfen Sie, welche Feststellung zum Solidaritätszuschlag richtig ist!
1. Der Solidaritätszuschlag wird nur von Lohnsteuerzahlern einbehalten.
2. Der Solidaritätszuschlag zur Lohn- und Einkommensteuer wurde nur noch 1997 zur Finanzierung des Finanzausgleichs für die neuen Bundesländer einbehalten.
3. Der Solidaritätszuschlag wird von allen Arbeitnehmern einbehalten.
4. Der Solidaritätszuschlag beträgt 5,5 % der zu zahlenden Lohn- bzw. Einkommensteuer, wenn die Steuer einen bestimmten Mindestbetrag übersteigt.
5. Der Solidaritätszuschlag beträgt 10 % der zu zahlenden Lohn-, Einkommen- und Kirchensteuer.

128. Aufgabe

Bringen Sie die folgenden Arbeitsschritte bei der Eintragung eines Freibetrages auf der Lohnsteuerkarte und der anschließenden Lohnsteuerberechnung in die richtige Reihenfolge, indem Sie die Ziffern 1 bis 8 in die Kästchen eintragen!

Lohnsteuerberechnung lt. Tabelle vom Bruttolohn abzüglich Freibetrag lt. Lohnsteuerkarte	☐
Prüfen, ob die Grenze für erhöhte Werbungskosten, erhöhte Sonderausgaben oder außergewöhnliche Belastungen überschritten ist	☐
Eintragung des Freibetrages auf der Lohnsteuerkarte durch das zuständige Finanzamt und Rücksendung der Steuerkarte	☐
Rückgabe der geänderten Lohnsteuerkarte an Arbeitgeber	☐
Antragsformular für die Lohnsteuerermäßigung besorgen und ausfüllen	☐
Antragsformular mit der Lohnsteuerkarte und Belegen an das zuständige Finanzamt senden	☐
Belege sammeln und Ausgaben zusammenstellen	☐
Prüfung der Lohnsteuerkarte und Vergleich mit dem Antrag	☐

129. Aufgabe

Jeder Arbeitnehmer braucht eine Lohnsteuerkarte. Bei welcher Stelle bekommt er sie?

1. Finanzamt
2. Landratsamt
3. Arbeitgeber
4. Gemeindeverwaltung
5. Arbeitsamt

130. Aufgabe

Welche Ausgabe kann ein Maschinenschlosser als Werbungskosten geltend machen?

1. Spenden an eine Partei zur Werbung im Wahlkampf
2. Aufwendungen für Kauf und Reinigung seines Arbeitskittels
3. Prämienzahlung (Beitrag) für die Kfz-Haftpflichtversicherung
4. Aufwendungen für einen Lehrgang zur Ausbildung als Auslandskorrespondent
5. Unterstützung der im Altersheim untergebrachten Mutter

131. Aufgabe

Welche Aufwendung kann eine Sekretärin als Sonderausgaben geltend machen?

1. Einzahlung auf ein Sparkonto für besondere, nicht vorhersehbare Ausgaben
2. Autoreparatur für selbst verschuldeten Unfall auf dem Weg zur Arbeitsstelle
3. Beiträge zu einer zusätzlichen freiwilligen Pflegeversicherung
4. Größerer Bücherkauf für den studierenden Bruder (Geschenk)
5. Mitgliedsbeitrag in einer Buchgemeinschaft

132. Aufgabe

Auf Antrag des Arbeitnehmers (Freibetrag auf der Lohnsteuerkarte) können bestimmte Ausgaben – sofern sie eine bestimmte Höhe überschreiten – vor der Berechnung der Lohnsteuer vom Arbeitslohn abgezogen werden. Der Arbeitnehmer braucht dann weniger Lohnsteuer zu zahlen (Steuerersparnis). Welche Ausgabe kann nicht berücksichtigt werden?

1. Lebenshaltungskosten (z. B. Miete)
2. Werbungskosten (z. B. Arbeitskleidung)
3. Sonderausgaben (z. B. Spende an die Kirche)
4. Außergewöhnliche Belastungen (z. B. Krankheitskosten)
5. Kosten für die eigene berufliche Weiterbildung

133. Aufgabe

Ein Arbeitnehmer, der seinen Wagen fast ausschließlich für Fahrten zwischen Wohnung und Arbeitsstätte benutzt, ist im vergangenen Jahr an 200 Tagen in den Betrieb gefahren. Die kürzeste Strecke beträgt für die Hin- und Rückfahrt zusammen 60 km. Neben den laufenden Ausgaben für das Fahrzeug hatte der Arbeitnehmer im letzten Jahr folgende besondere Aufwendungen: Ersatzreifen 156,00 EUR, Austauschmotor 600,00 EUR.

Welchen Betrag kann er bei seinem Antrag auf Lohnsteuer-Jahresausgleich für Fahrten zwischen Wohnung und Arbeitsstätte als Werbungskosten geltend machen, wenn die km-Pauschale 0,30 EUR beträgt?

134. Aufgabe

Bringen Sie die folgenden Schritte bei der Bearbeitung einer Bewerbung eines Sachbearbeiters in einer Firma in die richtige Reihenfolge, indem Sie die Ziffern 1 bis 7 in die Kästchen eintragen!

Der Bewerber tritt seinen Dienst an. ☐

Die Personalabteilung berät über das Ergebnis des Bewerbungsgesprächs. ☐

Die Personalabteilung holt die Zustimmung des Betriebsrats zur Einstellung des Bewerbers ein. ☐

Die Personalabteilung setzt eine Stellenanzeige in die Zeitung. ☐

Die Personalabteilung prüft die eingegangenen Bewerbungsunterlagen. ☐

Es wird mit dem Bewerber ein Einstellungsgespräch geführt. ☐

Die Personalabteilung bittet den Bewerber zur Vorstellung. ☐

135. Aufgabe

Wesentlich für die Berechnung der Lohnsteuer ist die auf der Lohnsteuerkarte eingetragene Steuerklasse. Welche Angabe spielt für die Einteilung in die Steuerklasse keine Rolle?

1. Zahl der gemeldeten Kinder
2. Höhe des Gehaltes
3. Anzahl der Dienstverhältnisse
4. Berufstätigkeit der Ehefrau
5. Familienstand

▶ ☐

136. Aufgabe

Ermitteln Sie aufgrund der Angaben aus nachstehender Lohnliste (Auszug) und der Lohnsteuertabelle (Auszug auf der folgenden Seite) die Summen der einzubehaltenden Lohnsteuer und des Solidaritätszuschlages.

Name	Bruttolohn	Steuerklasse	Kinderfreibeträge
Adam, Karl	2.528,00 EUR	I	0
Krause, Wilhelm	2.542,00 EUR	III	1,5

a) Lohnsteuer

b) Solidaritätszuschlag

Abbildung zur 136. Aufgabe

MONAT 2 520,–*

Abzüge an Lohnsteuer, Solidaritätszuschlag (SolZ) und Kirchensteuer (8%, 9%) in den Steuerklassen

Lohn/ Gehalt	I – VI		ohne Kinderfreibeträge			I, II, III, IV		mit Zahl der Kinderfreibeträge . . . 0,5			1			1,5			2			2,5			3**		
Versorgungs-Bezug bis €*		LSt	SolZ	8%	9%		LSt	SolZ	8%	9%	SolZ	8%	9%	SolZ	8%	9%	SolZ	8%	9%	SolZ	8%	9%	SolZ	8%	9%
	I,IV	423,91	23,31	33,91	38,15	I	423,91	19,18	27,90	31,39	15,25	22,19	24,96	11,54	16,78	18,88	8,02	11,67	13,13	0,96	6,86	7,72	—	2,64	2,97
2 522,99	II	389,58	21,42	31,16	35,06	II	389,58	17,38	25,29	28,45	13,55	19,72	22,18	9,93	14,44	16,25	6,51	9,47	10,65	—	4,85	5,45	—	1,02	1,15
	III	145,66	—	11,65	13,10	III	145,66	—	7,40	8,32	—	3,60	4,05	—	0,24	0,27	—	—	—	—	—	—	—	—	—
2 778,99	V	799,58	43,97	63,96	71,96	IV	423,91	21,22	30,87	34,73	19,18	27,90	31,39	17,19	25,01	28,13	15,25	22,19	24,96	13,37	19,45	21,88	11,54	16,78	18,88
	VI	834,08	45,87	66,72	75,06																				
	I,IV	424,83	23,36	33,98	38,23	I	424,83	19,23	27,98	31,47	15,30	22,26	25,04	11,58	16,85	18,95	8,07	11,74	13,20	1,10	6,92	7,78	—	2,68	3,02
2 525,99	II	390,50	21,47	31,24	35,14	II	390,50	17,43	25,36	28,53	13,60	19,78	22,25	9,97	14,51	16,32	6,55	9,53	10,72	—	4,90	5,51	—	1,06	1,19
	III	146,33	—	11,70	13,16	III	146,33	—	7,45	8,38	—	3,64	4,09	—	0,28	0,31	—	—	—	—	—	—	—	—	—
2 781,99	V	800,91	44,05	64,07	72,08	IV	424,83	21,27	30,94	34,81	19,23	27,98	31,47	17,24	25,08	28,22	15,30	22,26	25,04	13,42	19,52	21,96	11,58	16,85	18,95
	VI	835,41	45,94	66,83	75,18																				
	I,IV	425,83	23,42	34,06	38,32	I	425,83	19,28	28,04	31,55	15,35	22,33	25,12	11,63	16,92	19,03	8,11	11,80	13,27	1,25	6,98	7,85	—	2,73	3,07
2 528,99	II	391,50	21,53	31,32	35,23	II	391,50	17,49	25,44	28,62	13,65	19,86	22,34	10,01	14,57	16,39	6,59	9,59	10,79	—	4,96	5,58	—	1,10	1,24
	III	147,—	—	11,76	13,23	III	147,—	—	7,50	8,44	—	3,69	4,15	—	0,32	0,36	—	—	—	—	—	—	—	—	—
2 784,99	V	802,25	44,12	64,18	72,20	IV	425,83	21,32	31,02	34,89	19,28	28,04	31,55	17,29	25,15	28,29	15,35	22,33	25,12	13,46	19,58	22,03	11,63	16,92	19,03
	VI	836,75	46,02	66,94	75,30																				
	I,IV	426,75	23,47	34,14	38,40	I	426,75	19,33	28,12	31,63	15,40	22,40	25,20	11,67	16,98	19,10	8,15	11,86	13,34	1,40	7,04	7,92	—	2,78	3,12
2 531,99	II	392,41	21,58	31,39	35,31	II	392,41	17,53	25,50	28,69	13,69	19,92	22,41	10,06	14,64	16,47	6,63	9,65	10,85	—	5,01	5,63	—	1,15	1,29
	III	147,66	—	11,81	13,28	III	147,66	—	7,54	8,48	—	3,73	4,19	—	0,36	0,40	—	—	—	—	—	—	—	—	—
2 787,99	V	803,58	44,19	64,28	72,32	IV	426,75	21,37	31,09	34,97	19,33	28,12	31,63	17,34	25,22	28,37	15,40	22,40	25,20	13,51	19,65	22,10	11,67	16,98	19,10
	VI	838,08	46,09	67,04	75,42																				
	I,IV	427,75	23,52	34,22	38,49	I	427,75	19,38	28,19	31,71	15,45	22,47	25,28	11,71	17,04	19,17	8,19	11,92	13,41	1,53	7,09	7,97	—	2,82	3,17
2 534,99	II	393,33	21,63	31,46	35,39	II	393,33	17,58	25,58	28,77	13,74	19,99	22,49	10,10	14,70	16,53	6,67	9,71	10,92	—	5,06	5,69	—	1,19	1,34
	III	148,33	—	11,86	13,34	III	148,33	—	7,60	8,55	—	3,77	4,24	—	0,40	0,45	—	—	—	—	—	—	—	—	—
2 790,99	V	805,—	44,27	64,40	72,45	IV	427,75	21,42	31,16	35,06	19,38	28,19	31,71	17,38	25,29	28,45	15,45	22,47	25,28	13,55	19,72	22,18	11,71	17,04	19,17
	VI	839,50	46,17	67,16	75,55																				
	I,IV	428,66	23,57	34,29	38,57	I	428,66	19,43	28,26	31,79	15,49	22,54	25,35	11,76	17,11	19,25	8,24	11,98	13,48	1,68	7,15	8,04	—	2,87	3,23
2 537,99	II	394,25	21,68	31,54	35,48	II	394,25	17,63	25,65	28,85	13,79	20,06	22,56	10,15	14,76	16,61	6,71	9,77	10,99	—	5,12	5,76	—	1,23	1,38
	III	149,—	—	11,92	13,41	III	149,—	—	7,65	8,60	—	3,82	4,30	—	0,44	0,49	—	—	—	—	—	—	—	—	—
2 793,99	V	806,33	44,34	64,50	72,56	IV	428,66	21,47	31,24	35,14	19,43	28,26	31,79	17,43	25,36	28,53	15,49	22,54	25,35	13,60	19,78	22,25	11,76	17,11	19,25
	VI	840,83	46,24	67,26	75,67																				
	I,IV	429,58	23,62	34,36	38,66	I	429,58	19,48	28,34	31,88	15,54	22,61	25,43	11,81	17,18	19,32	8,28	12,04	13,55	1,83	7,21	8,11	—	2,92	3,28
2 540,99	II	395,25	21,73	31,62	35,57	II	395,25	17,68	25,72	28,93	13,83	20,12	22,64	10,19	14,82	16,67	6,76	9,83	11,06	—	5,17	5,81	—	1,28	1,44
	III	149,83	—	11,98	13,48	III	149,83	—	7,70	8,66	—	3,86	4,34	—	0,48	0,54	—	—	—	—	—	—	—	—	—
2 796,99	V	807,66	44,42	64,61	72,68	IV	429,58	21,53	31,32	35,23	19,48	28,34	31,88	17,49	25,44	28,62	15,54	22,61	25,43	13,65	19,86	22,34	11,81	17,18	19,32
	VI	842,16	46,31	67,37	75,79																				
	I,IV	430,58	23,68	34,44	38,75	I	430,58	19,53	28,41	31,96	15,59	22,68	25,51	11,85	17,24	19,40	8,32	12,10	13,61	1,98	7,27	8,18	—	2,96	3,33
2 543,99	II	396,16	21,78	31,69	35,65	II	396,16	17,73	25,79	29,01	13,88	20,19	22,71	10,23	14,89	16,75	6,80	9,89	11,12	—	5,22	5,87	—	1,32	1,48
	III	150,50	—	12,04	13,54	III	150,50	—	7,74	8,71	—	3,90	4,39	—	0,52	0,58	—	—	—	—	—	—	—	—	—
2 799,99	V	809,—	44,49	64,72	72,81	IV	430,58	21,58	31,39	35,31	19,53	28,41	31,96	17,53	25,50	28,69	15,59	22,68	25,51	13,69	19,92	22,41	11,85	17,24	19,40
	VI	843,50	46,39	67,48	75,91																				
	I,IV	431,50	23,73	34,52	38,83	I	431,50	19,58	28,48	32,04	15,63	22,74	25,58	11,89	17,30	19,46	8,36	12,16	13,68	2,11	7,32	8,24	—	3,02	3,39
2 546,99	II	397,08	21,83	31,76	35,73	II	397,08	17,78	25,86	29,09	13,92	20,26	22,79	10,28	14,96	16,83	6,84	9,95	11,19	—	5,28	5,94	—	1,36	1,53
	III	151,16	—	12,09	13,60	III	151,16	—	7,80	8,77	—	3,94	4,43	—	0,54	0,61	—	—	—	—	—	—	—	—	—
2 802,99	V	810,33	44,56	64,82	72,92	IV	431,50	21,63	31,46	35,39	19,58	28,48	32,04	17,58	25,58	28,77	15,63	22,74	25,58	13,74	19,99	22,49	11,89	17,30	19,46
	VI	844,83	46,46	67,58	76,03																				
	I,IV	432,50	23,78	34,60	38,92	I	432,50	19,63	28,56	32,13	15,68	22,82	25,67	11,94	17,37	19,54	8,41	12,23	13,76	2,26	7,38	8,30	—	3,06	3,44
2 549,99	II	398,—	21,89	31,84	35,82	II	398,—	17,82	25,93	29,17	13,97	20,32	22,86	10,32	15,02	16,89	6,88	10,01	11,26	—	5,33	5,99	—	1,40	1,58
	III	151,83	—	12,14	13,66	III	151,83	—	7,85	8,83	—	4,—	4,50	—	0,58	0,65	—	—	—	—	—	—	—	—	—
2 805,99	V	811,75	44,64	64,94	73,05	IV	432,50	21,68	31,54	35,48	19,63	28,56	32,13	17,63	25,65	28,85	15,68	22,82	25,67	13,79	20,06	22,56	11,94	17,37	19,54
	VI	846,25	46,54	67,70	76,16																				
	I,IV	433,41	23,83	34,67	39,—	I	433,41	19,68	28,63	32,21	15,73	22,88	25,74	11,99	17,44	19,62	8,45	12,29	13,82	2,41	7,44	8,37	—	3,11	3,50
2 552,99	II	399,—	21,94	31,92	35,91	II	399,—	17,87	26,—	29,25	14,02	20,40	22,95	10,37	15,08	16,97	6,92	10,07	11,33	—	5,38	6,05	—	1,45	1,63
	III	152,50	—	12,20	13,72	III	152,50	—	7,89	8,87	—	4,04	4,54	—	0,62	0,70	—	—	—	—	—	—	—	—	—
2 808,99	V	813,08	44,71	65,04	73,17	IV	433,41	21,73	31,62	35,57	19,68	28,63	32,21	17,68	25,72	28,93	15,73	22,88	25,74	13,83	20,12	22,64	11,99	17,44	19,62
	VI	847,58	46,61	67,80	76,28																				
	I,IV	434,41	23,89	34,75	39,09	I	434,41	19,73	28,70	32,29	15,78	22,96	25,83	12,03	17,50	19,69	8,49	12,35	13,89	2,55	7,50	8,43	—	3,16	3,55
2 555,99	II	399,91	21,99	31,99	35,99	II	399,91	17,93	26,08	29,34	14,07	20,46	23,02	10,41	15,14	17,03	6,96	10,13	11,39	—	5,44	6,12	—	1,49	1,67
	III	153,16	—	12,25	13,78	III	153,16	—	7,94	8,93	—	4,08	4,59	—	0,66	0,74	—	—	—	—	—	—	—	—	—
2 811,99	V	814,41	44,79	65,15	73,29	IV	434,41	21,78	31,69	35,65	19,73	28,70	32,29	17,73	25,79	29,01	15,78	22,96	25,83	13,88	20,19	22,71	12,03	17,50	19,69
	VI	848,91	46,69	67,91	76,40																				
	I,IV	435,41	23,94	34,83	39,18	I	435,41	19,78	28,78	32,37	15,83	23,02	25,90	12,08	17,57	19,76	8,53	12,42	13,97	2,70	7,56	8,50	—	3,21	3,61
2 558,99	II	400,83	22,04	32,06	36,07	II	400,83	17,98	26,15	29,42	14,11	20,53	23,09	10,45	15,21	17,11	7,—	10,19	11,46	—	5,50	6,18	—	1,54	1,73
	III	153,83	—	12,30	13,84	III	153,83	—	8,—	9,—	—	4,13	4,64	—	0,70	0,79	—	—	—	—	—	—	—	—	—
2 814,99	V	815,75	44,86	65,26	73,41	IV	435,41	21,83	31,76	35,73	19,78	28,78	32,37	17,78	25,86	29,09	15,83	23,02	25,90	13,92	20,26	22,79	12,08	17,57	19,76
	VI	850,25	46,76	68,02	76,52																				
	I,IV	436,33	23,99	34,90	39,26	I	436,33	19,83	28,85	32,45	15,87	23,09	25,97	12,12	17,64	19,84	8,58	12,48	14,04	2,85	7,62	8,57	—	3,26	3,66
2 561,99	II	401,75	22,09	32,14	36,15	II	401,75	18,02	26,22	29,49	14,16	20,60	23,17	10,50	15,28	17,19	7,04	10,25	11,53	—	5,55	6,24	—	1,58	1,77
	III	154,50	—	12,36	13,90	III	154,50	—	8,04	9,04	—	4,17	4,69	—	0,74	0,83	—	—	—	—	—	—	—	—	—
2 817,99	V	817,08	44,93	65,36	73,53	IV	436,33	21,89	31,84	35,82	19,83	28,85	32,45	17,82	25,93	29,17	15,87	23,09	25,97	13,97	20,32	22,86	12,12	17,64	19,84
	VI	851,58	46,83	68,12	76,64																				
	I,IV	437,33	24,05	34,98	39,35	I	437,33	19,88	28,92	32,54	15,92	23,16	26,06	12,17	17,70	19,91	8,62	12,54	14,10	3,—	7,68	8,64	—	3,30	3,71
2 564,99	II	402,75	22,15	32,22	36,24	II	402,75	18,07	26,29	29,57	14,20	20,66	23,24	10,54	15,34	17,25	7,09	10,31	11,60	—	5,60	6,30	—	1,62	1,82
	III	155,33	—	12,42	13,97	III	155,33	—	8,09	9,10	—	4,21	4,73	—	0,78	0,88	—	—	—	—	—	—	—	—	—
2 820,99	V	818,50	45,01	65,48	73,66	IV	437,33	21,94	31,92	35,91	19,88	28,92	32,54	17,87	26,—	29,25	15,92	23,16	26,06	14,02	20,40	22,95	12,17	17,70	19,91
	VI	853,—	46,91	68,24	76,77																				

* Die ausgewiesenen Tabellenwerte sind amtlich. Siehe Erläuterungen auf der Umschlaginnenseite (U2).

** Bei mehr als 3 Kinderfreibeträgen ist die „Ergänzungs-Tabelle 3,5 bis 6 Kinderfreibeträge" anzuwenden.

137. Aufgabe

Aufgrund von Arbeitszeitstudien wurde für die Bearbeitung eines Werkstückes eine Vorgabezeit als Normalleistung (100%) von sechs Minuten ermittelt. Der Akkordrichtsatz beträgt 12,00 EUR je Stunde. Ein Arbeiter unterbietet die Vorgabezeit um eine Minute und bearbeitet in einer Stunde zwölf Werkstücke.

a) Wie hoch ist der Minutenfaktor (Normalstunde)?

b) Wie hoch ist der Zeitakkord für eine Stunde?

c) Wie viel Prozent beträgt der Mehrverdienst gegenüber dem Akkordrichtsatz?

138. Aufgabe

Wie verhalten sich Verdienst je Stunde des Arbeiters bzw. Lohnkosten je Stück, wenn der Arbeiter die Vorgabezeit unterschreitet?

1. Verdienst je Stunde bleibt gleich.
2. Lohnkosten je Stück bleiben gleich.
3. Verdienst je Stunde fällt.
4. Lohnkosten je Stück steigen.
5. Lohnkosten je Stück fallen.

139. Aufgabe

Prüfen Sie, welche Feststellung über den Prämienlohn zutrifft!

1. Prämienlohn wird bei langjähriger Zugehörigkeit zum Betrieb bezahlt.
2. Prämienlohn besteht aus Grundlohn und Zuschlägen für Nacht-, Sonntags- und Feiertagsarbeit.
3. Prämienlohn besteht aus Grundlohn zuzüglich Prämie für eine über der Norm liegende Leistung.
4. Unter Prämienlohn versteht man die Gewinnbeteiligung der Arbeitnehmer.
5. Prämienlohn wird nur an Arbeitnehmer gezahlt, die im Leistungslohn stehen.

140. Aufgabe

Welche Tätigkeit fällt unter die Rüstzeit?

1. Einstellung bzw. Einrichten der Maschine
2. Erstellung der Laufkarte
3. Erholungspausen des Mitarbeiters
4. Die für die Ausführung der Arbeit je Einheit vorgesehene Zeit
5. Die arbeitsablaufbedingte Wartezeit

141. Aufgabe

Was versteht man unter der Stückzeit?

1. Die für die Ausführung der Arbeit je Einheit vorgesehene Zeit
2. Die störbedingte Wartezeit
3. Die Erholungszeit für die Arbeiter
4. Die für die Vorbereitung der Arbeit vorgegebene Zeit
5. Die arbeitsablaufbedingte Wartezeit
6. Die für die Ausführung insgesamt vorgesehene Zeit

142. Aufgabe

Sie sind in der Personalabteilung beschäftigt. Herr Kunze, ein kaufmännischer Angestellter Ihres Betriebes, der in Frankfurt (Main) wohnt, möchte den folgenden Beleg mit seiner Einkommensteuererklärung einreichen. Er bittet um Auskunft, ob er die Ausgaben steuerlich geltend machen kann.

Prüfen Sie, welche Feststellung über die Abzugsfähigkeit richtig ist!

1. Die Fahrtkosten können als Sonderausgaben abgezogen werden.
2. Die Kosten für die Taxifahrt können als Werbungskosten geltend gemacht werden.
3. Taxikosten sind bei Arbeitnehmern steuerlich nicht abzugsfähig.
4. Die Taxikosten können nur bis zur Höhe der Fahrtkosten für öffentliche Verkehrsmittel als Werbungskosten geltend gemacht werden.
5. Die Taxikosten können bei Arbeitnehmern als außergewöhnliche Belastung geltend gemacht werden.

---

143. Aufgabe

Prüfen Sie, welche Aufwendungen als außergewöhnliche Belastungen steuerlich geltend gemacht werden können!

1. Von der Versicherung nicht gedeckte Aufwendungen für einen selbst verschuldeten Unfall am Wochenende
2. Durch einen Wohnortwechsel und die Finanzierung der neuen Wohnungseinrichtung anfallende Kreditkosten
3. Aufwendungen für eine hohe private Unfall- und Lebensversicherung
4. Von der Krankenkasse nicht gedeckte Kosten für Privatbehandlung im Krankenhaus und einer Kurklinik
5. Von einer Versicherung nicht gedeckte Rechtsberatungs- und Verfahrenskosten in einem Zivilprozess gegen einen Kfz-Händler wegen nicht behobener Mängel an einem neu gekauften Fahrzeug

4 Leistungserstellung

- Produkte und Dienstleistungen
- Prozessunterstützung

144. Aufgabe

Situation

Die Behrendt GmbH überprüft ihr Fertigungsprogramm regelmäßig. Im Vordergrund stehen dabei folgende Gesichtspunkte:
- Kostenentwicklung
- Beschäftigungsgrad und Absatzschwankungen
- Umsatzentwicklung (Produktlebenszyklus)
- Breite und Tiefe des Produktionsprogramms
- Qualität und Umweltverträglichkeit

Sie sind in das Überprüfungsverfahren mit eingebunden. Dem Arbeitsteam liegen u. a. folgende Grafiken vor, die sich auf das Produkt „Herrenfreizeitjacken Typ Free" beziehen:

Abbildung 1 zur 144. Aufgabe

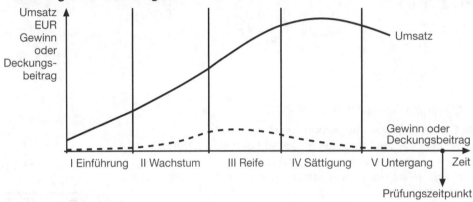

Quelle: Krieg, Günter/Rakemann, Ralph: Normtest Industriekaufmann/Industriekauffrau. Mündliche Prüfung, 12. Aufl., Bildungsverlag EINS, Gehlen, 2004

Abbildung 2 zur 144. Aufgabe

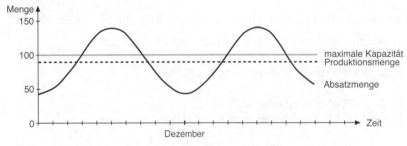

Quelle: Blank, Andreas/Hagel, Heinz u. a.: Geschäftsprozesse Industrie, 2. Aufl., Bildungsverlag EINS, Gehlen, 2003, S. 85

Abbildung 3 zur 144. Aufgabe

Fehlerquote in %	Kosten für Nachbearbeitung und Ausschuss in EUR	Kosten der Fehlerverhütung in EUR
0	0,00	20.000,00
2	4.500,00	14.000,00
4	9.000,00	9.000,00
6	13.500,00	5.000,00
8	18.000,00	2.000,00
10	22.500,00	0,00

Quelle: Blank, Andreas/Hagel, Heinz u. a.: Geschäftsprozesse Industrie, 2. Aufl., Bildungsverlag EINS, Gehlen, 2003, S. 176

144.1 Erläutern Sie Entwicklungsphasen des Produktes „Herrenfreizeitjacken Typ Free"!

144.1.1 Beschreiben Sie die Umsatzentwicklung!

144.1.2 Beschreiben Sie die Gewinn- und Deckungsbeitragsentwicklung!

144.2 Aufgrund zunehmenden Umsatzrückgangs wird über eine neue Produktstrategie nachgedacht. Schlagen Sie **2** Möglichkeiten vor!

144.3 Sie schlagen vor, zu der zurzeit produzierten Standardausführung der Freizeitjacke eine hochwertige Luxusausführung zu fertigen. Beschreiben Sie **2** Vorteile und **2** Nachteile dieses Vorschlags!

144.4 Bisher wurden die Herrenfreizeitjacken wie in Abbildung 2 skizziert gefertigt.

144.4.1 Beschreiben Sie die Zusammenhänge von Produktionsmenge und Absatzmenge!

144.4.2 Nennen Sie **2** Vorteile und **2** Nachteile dieses Fertigungsverfahrens!

144.5 Wichtige Unternehmensziele der Behrendt GmbH sind Qualität und Umweltverträglichkeit der Produkte.

144.5.1 Beschreiben Sie **2** Beispiele für Möglichkeiten der Qualitätskontrolle!

145.5.2 Beschreiben Sie **2** Möglichkeiten, die Umweltverträglichkeit und den Umweltschutz zu kontrollieren!

144.6 Zur Diskussion über die Qualitätssicherung liegt Ihnen die Tabelle in Abbildung 3 vor. Hier sind die Kosten der Fehlerverhütung den Kosten für Nachbereitung und Ausschuss gegenübergestellt bei Fehlerquoten von 0 bis 10 %.

144.6.1 Stellen Sie den Verlauf der Fehlerverhütungskosten und der Fehlerkosten grafisch dar!

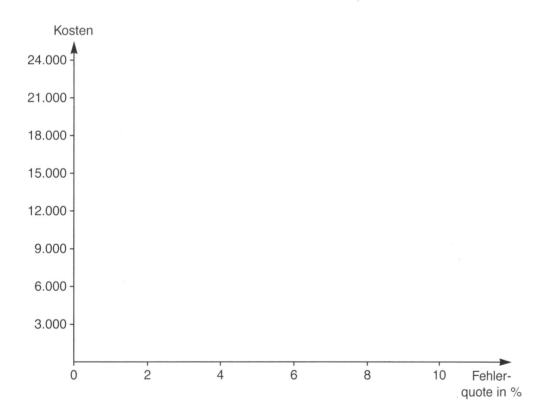

144.6.2 Ermitteln Sie die Fehlerquote mit den niedrigsten Gesamtkosten!

4 Leistungserstellung

145. Aufgabe

Situation

Eine Fertigungsmaschine in der Behrendt GmbH muss dringend ersetzt werden, da es durch den Ausfall dieser Maschine immer wieder zu Produktionsstockungen kommt. Dadurch wird die Termindisposition sehr erschwert. Qualitätssicherung und Umweltverträglichkeit sind nicht mehr gewährleistet.

145.1 Es stehen drei Maschinen zum Kauf zur Auswahl, die jeweils eine Nutzungsdauer von zehn Jahren haben. Die Abschreibung erfolgt linear. Die Kapazitätsauslastung wird mit 80% geplant. Die Behrendt GmbH legt für ihre Investitionsentscheidung eine Mindestverzinsung von 10% pro Jahr zugrunde unter Berücksichtigung der Hälfte der Anschaffungskosten als durchschnittlich gebundenes Kapital. Die kalkulatorischen Zinsen werden wie Fremdkapitalzinsen behandelt. Weitere Daten:

	Maschine A	Maschine B	Maschine C
Anschaffungskosten	200.000,00 EUR	250.000,00 EUR	300.000,00 EUR
fixe Kosten pro Jahr	80.000,00 EUR	100.000,00 EUR	130.000,00 EUR
variable Kosten pro Maschinenstunde	55,00 EUR	58,00 EUR	60,00 EUR
Beitrag zum Jahresumsatz aufgrund von Qualitätsunterschieden im Fertigungsprozess	1.500.000,00 EUR	1.600.000,00 EUR	1.700.000,00 EUR

Die maximale Laufzeit der Maschinen (100%) beträgt 30 000 Stunden im Jahr.

145.1.1 Begründen Sie rechnerisch, welche Maschine unter Kostengesichtspunkten angeschafft werden sollte, indem Sie die Tabelle ergänzen!

	Maschine A	Maschine B	Maschine C
Abschreibung pro Jahr			
kalkulatorische Zinsen			
fixe Kosten			
variable Gesamtkosten			
Gesamtkosten pro Jahr			

145.1.2 Welche Maschine sollte unter Gewinngesichtspunkten angeschafft werden? Begründen Sie Ihre Entscheidung rechnerisch!

145.1.3 Prüfen Sie rechnerisch, welche Maschine unter dem Gesichtspunkt der Verzinsung des eingesetzten Kapitals (Rentabilitätsvergleich) am günstigsten ist!

145.2 Die Fertigungsverfahren der Behrendt GmbH sind Serienfertigung und Sortenfertigung.

145.2.1 Beschreiben Sie kurz das Fertigungsverfahren Serienfertigung!

145.2.2 Vergleichen Sie die beiden Fertigungsverfahren unter dem Gesichtspunkt „Umrüstungen der Maschinen"!

145.3 Die Termindisposition in der Behrendt GmbH soll besser funktionieren und wird daher neu organisiert.

145.3.1 Führen Sie **3** Ziele der Termindisposition an!

145.3.2 Erläutern Sie mithilfe des abgebildeten Balkendiagramms einen Vorteil der progressiven Terminierung (Vorwärtsterminierung)!

145.3.3 Bei der Gegenüberstellung der Vorwärts- und Rückwärtsterminierung lassen sich bei den einzelnen Vorgängen Zeitpuffer feststellen. Ermitteln Sie, wie viele Wochen der gesamte Zeitpuffer des Vorgangs „Prüfung" beträgt!

145.3.4 Prüfen Sie, welche beiden Vorgänge bei der Rückwärtsterminierung trotz enger Terminplanung einen Zeitpuffer haben!

145.3.5 Erläutern Sie, welche Konsequenz es hätte, wenn sich bei der Rückwärtsterminierung der Vorgang 4 um eine Woche verzögern würde!

4 Leistungserstellung

Abbildung zur Aufgabe 145.3.2

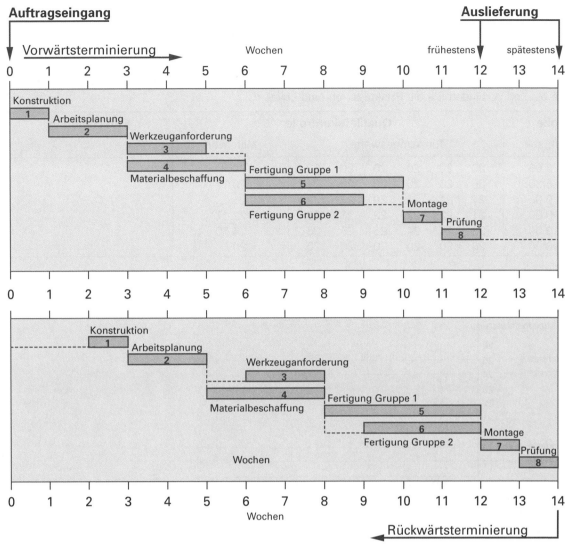

Quelle: Nolden, Rolf-Günther/Bizer, Ernst/Körner, Peter: Management im Industriebetrieb, Geschäftsprozesse, 4. Aufl., Bildungsverlag EINS, Stam, 2004, S. 170.

145.4 Unternehmensziele der Behrendt GmbH sind u. a. Qualitätssicherung und Umweltverträglichkeit. Diese beiden Ziele sollen auch bei dem Einsatz der neuen Maschine beachtet werden.

145.4.1 Erläutern Sie **2** Möglichkeiten der Qualitätssicherung im Fertigungsprozess!

145.4.2 Nennen Sie **2** Maßnahmen für eine umweltschonende Fertigung in der Behrendt GmbH!

145.4.3 Welche Bedeutung hat in diesem Zusammenhang das abgebildete Gefahrensymbol bei der Lagerung und Verwendung von Reinigungs- und Verdünnungsmitteln für Textilfarbstoffe?

4 Leistungserstellung

146. Aufgabe

Situation

Zur Qualitätsüberwachung werden in der Behrendt GmbH regelmäßig Stichproben mithilfe von Kontrollkarten vorgenommen.

146.1 Tragen Sie anhand der Stichprobenmesswerte auf der abgebildeten Karte die Messmittelwerte in die Kontrollkarte ein und verbinden Sie die Punkte durch eine Linie!

Stichprobe		Qualitätskontrolle							Entscheidung
Nr.	Uhrzeit	Einzelmesswerte						Mittelwert	
1	8.00	20	20	20	20	20	20	20	
2	8.30	20	20	20	20	20	21	20,17	
3	9.00	21	21	21	20	21	22	21	
4	9.30	21	22	22	22	23	23	22,17	
5	10.00	23	24	24	25	25	26	24,50	
6	10.30	20	20	20	20	20	20	20	

Eintragung der Messmittelwerte in die Kontrollkarte:

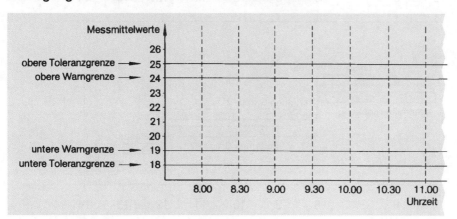

Quelle: Nolden, Rolf-Günther/Bizer, Ernst/Körner, Peter: Management im Industriebetrieb, Geschäftsprozesse, 4. Aufl., Bildungsverlag EINS-Stam, 2004, S. 187.

146.2 Um welche Uhrzeit muss in den Fertigungsprozess eingegriffen werden, um die Fehlerquelle zu beseitigen?

146.3 Zurzeit sind Mäntel und Cord-Hosen noch im Fertigungsprozess. Für die Fertigung werden zwei Maschinen gebraucht, auf denen auch die Freizeitjacken „EXCLU" produziert werden.
Sie haben die Aufgabe, mithilfe folgender Tabelle die Maschinenbelegung zu planen.

	Zeitbedarf in Std. auf der Maschine	
Produkt	Maschine I	Maschine II
Freizeitjacken	5	8
Mäntel	9	2
Cord-Hosen	4	7

146.3.1 Ermitteln Sie die Reihenfolge der Maschinenbelegung mit der kürzest möglichen Durchlaufzeit. Beachten Sie dabei, dass in der Abfolge immer Maschine I vor Maschine II sein muss!

146.3.2 Berechnen Sie den hierzu notwendigen Zeitbedarf!

146.4 Wenn der Auftrag freigegeben ist, erhalten die für die Fertigung zuständigen Arbeitnehmer – neben anderen Belegen – ihre Lohnscheine.
Auf diesen ist u. a. vermerkt:
• die Rüstzeit • die Ausführungszeit

146.4.1 Beschreiben Sie, wofür die Rüstzeit notwendig ist!

146.4.2 Nennen Sie die **3** Zeiten, aus denen sich die Ausführungszeit zusammensetzt!

147. Aufgabe

Situation

Sie sind Mitarbeiter/Mitarbeiterin im Produktionsmanagement der Behrendt GmbH. Anhand des abgebildeten Produktlebenszyklus der Herrensportjacke „Can" haben Sie die Aufgabe, die einzelnen Phasen zu analysieren.

Außerdem sollen Sie der Geschäftsleitung Vorschläge machen, wie die bisher nicht ausgelastete Zuschneidemaschine und Nähmaschine ökonomischer genutzt werden können.

Innovative Ideen sind gefragt.

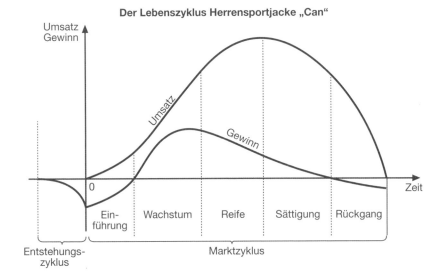

147.1 Nennen Sie **2** mögliche Quellen für betriebsinterne Innovationsideen, die Ihnen bei Ihren Überlegungen hilfreich sein können!

147.2 Begründen Sie kurz, warum in der Phase der Markteinführung der Sportjacke „Can" noch Verluste erzielt werden.

147.3 Beschreiben Sie, wodurch die Wachstumsphase des Produktes gekennzeichnet ist.

147.4 Begründen Sie, wodurch eine Sättigung des Marktes für das Produkt entstehen kann.

147.5 Nennen Sie **2** Möglichkeiten, um der Marktsättigung entgegenzuwirken!

147.6 Unter anderem erwägen Sie der Geschäftsleitung vorzuschlagen, das Produktionsprogramm zu erweitern. Nennen Sie **2** Vorteile und **2** Nachteile der Programmerweiterung!

147.7 Außerdem wollen Sie vorschlagen, bisher fremdbezogene Herrenhemden selbst zu fertigen, da dies mit den vorhandenen Maschinen möglich ist.
Folgende Informationen liegen Ihnen vor:

benötigte Menge von Produkten der Herrenoberbekleidung pro Monat	3.000 Stück
Kapazität der entsprechenden Maschinen, auf denen auch Herrenhemden gefertigt werden können	3.300 Stück
monatliche Fixkosten für diese Maschinen	32.000,00 EUR
benötigte Anzahl von Herrenhemden pro Monat	200 Stück
variable Kosten pro Hemd	35,00 EUR
Einstandspreis pro Hemd	42,00 EUR

Begründen Sie, warum unter Kostengesichtspunkten die Eigenfertigung von Herrenhemden günstiger ist als der Fremdbezug.

147.8 Neben kostenrechnerischen Gesichtspunkten gibt es auch andere Gründe, die für die Eigenfertigung sprechen. Nennen Sie **2** Beispiele!

4 Leistungserstellung

148. Aufgabe

Situation

In diesem Jahr sollen bei der Behrendt GmbH 600 Freizeitjacken Typ „Traveller" angefertigt werden. Folgende Tabelle enthält die Lose und Losgrößen. Die auflagenfixen Rüstkosten je Los betragen 750,00 EUR, die Lager- und Zinskosten je Stück 10,00 EUR.

Lose	Losgröße (Stück)	Rüstkosten	durchschnittl. Lagerbestand	Lager- und Zinskosten	Gesamtkosten
1	600				
2	300				
3	200				
4	150				
5	120				
6	100				

148.1 Erläutern Sie, was man unter einem Los versteht.

148.2 Vervollständigen Sie die Tabelle und berechnen Sie die optimale Losgröße.

148.3 Zeichnen Sie auf Grund der Tabellenwerte die Lager-, Rüst- und Gesamtkostenkurve in das Koordinatensystem ein und kennzeichnen Sie die optimale Losgröße.

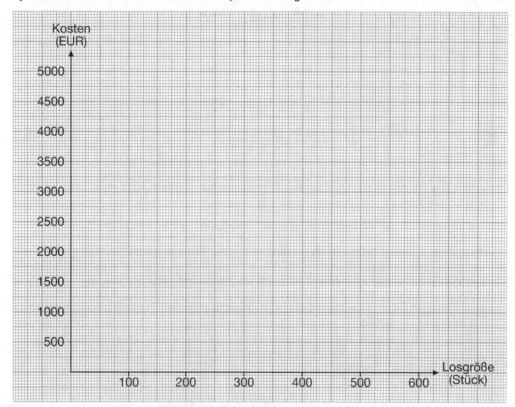

148.4 Unterschiedliche Losgrößen haben Vor- und Nachteile.

148.4.1 Nennen Sie Vor- und Nachteile hoher Losgrößen.

148.4.2 Nennen Sie Vor- und Nachteile niedriger Losgrößen.

148.5 Erläutern Sie, wie sich bei sinkender Losgröße die Lagerkosten pro Stück und die Rüstkosten pro Stück verhalten.

148.6 Erklären Sie den Unterschied zwischen auflagenfixen und auflagenvariablen Kosten.

148.7 Nennen Sie 2 Gründe, warum Unternehmen auf die Fertigung der optimalen Losgröße verzichten.

148.8 Die Behrendt GmbH fertigt in Serien und Sorten.

148.8.1 Erläutern Sie den Unterschied zwischen Sorten- und Serienfertigung.

148.8.2 Geben Sie je ein Beispiel für einen Artikel der Kleiderwerke Behrendt (Herrenoberbekleidung), der in Sorten- bzw. Serienfertigung hergestellt wird.

4 Leistungserstellung

149. Aufgabe

Situation

In der Behrendt GmbH konnten die geplanten Absatz- und Umsatzzahlen nicht erreicht werden. Sie nehmen an der Gesprächsrunde teil, in der anhand der abgebildeten Grafiken die Geschäftlage besprochen und analysiert wird. Konsequenzen werden erörtert.

Graphik I

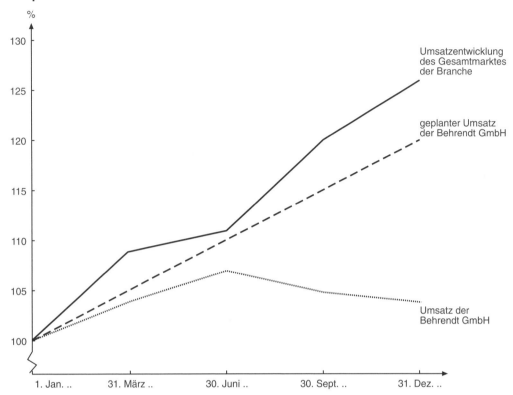

Umsatzplanung und -entwicklung zum jeweiligen Quartalsende (1. Jan. .. = Index 100)

Graphik II

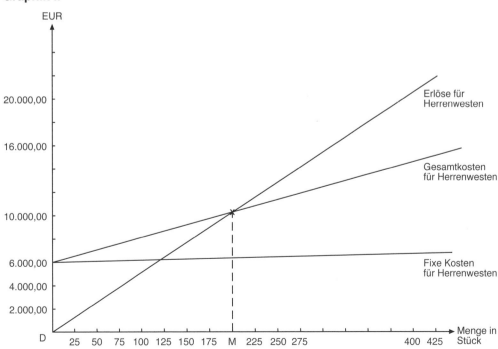

149.1 Die Grafik I wird ausgewertet.

149.1.1 Erläutern Sie kurz den Verlauf der drei Umsatzkurven!

149.1.2 Nennen Sie eine mögliche Ursache für den Umsatzrückgang aus kostenrechnerischer Sicht!

4 Leistungserstellung

149.2 Die Grafik II wird ausgewertet.

149.2.1 Im letzten Monat wurden nur 175 Herrenwesten verkauft. Bei der Analyse mithilfe der Grafik werden daraus zum Teil fehlerhafte Schlüsse gezogen. Finden Sie die richtige Feststellung heraus und begründen Sie diese!
Feststellungen:
– Der Erlös für die verkauften Herrenwesten deckt nur zum Teil die fixen Kosten.
– Der Erlös für die verkauften Herrenwesten liegt über den Gesamtkosten.
– Erst bei dem Verkauf von 225 Herrenwesten wird ein Gewinn erzielt.
– Der Erlös für die verkauften Herrenwesten deckt zwar die fixen Kosten, aber nur einen Teil der variablen Kosten.

149.2.2 Erläutern Sie die Bedeutung des Punktes M in der Grafik!

149.2.3 Nennen Sie 2 Beispiele für variable Kosten!

149.2.4 Nennen Sie 2 Beispiele für fixe Kosten!

149.2.5 Wie hoch sind die variablen Kosten bei einem Absatz von 200 Herrenhemden?

149.2.6 Erläutern Sie kurz, was unter dem Deckungsbeitrag zu verstehen ist!

149.2.7 Begründen Sie, warum die variablen Kosten nur kurzfristig die Preisuntergrenze sein können.

149.3 Der Leiter der Fertigungsabteilung schlägt vor, das Fertigungsverfahren zu ändern. Das neue Verfahren soll wirtschaftlicher sein.

149.3.1 Erläutern Sie kurz, was unter Wirtschaftlichkeit zu verstehen ist.

149.3.2 Das alte Fertigungsverfahren für Herrenanzüge hat z.B. eine Wirtschaftlichkeitskennziffer von 1,56. Errechnen Sie die Wirtschaftlichkeitskennziffer (Ergebnis auf zwei Stellen genau) des neuen Fertigungsverfahrens bei unverändertem Verkaufspreis für diese Anzüge aufgrund der nachstehenden Daten:

Monatliche Produktionskosten nach dem neuen Verfahren: 14.000 EUR
Monatliche Produktion   100 Stück
Verkaufspreis   240,00 EUR je Stück

Um wie viel Prozent ist die Wirtschaftlichkeit gestiegen? (Ergebnis auf eine Stelle genau)

150. Aufgabe

Ordnen Sie zu, indem Sie die Kennziffern von drei der insgesamt sechs Fertigungsverfahren in die Kästchen bei den entsprechenden Erklärungen eintragen!

Fertigungsverfahren
1. Massenfertigung
2. Serienfertigung
3. Sortenfertigung
4. Einzelfertigung
5. Kuppelproduktion
6. Werkstättenfertigung

Erklärungen

Aus gleichen Zwischenerzeugnissen werden artverwandte Produkte hergestellt. ☐

Ein Betrieb stellt ein Produkt in sehr großen Mengen für den anonymen Markt her. ☐

Größere Stückzahlen verschiedener Erzeugnisse werden für den anonymen Markt hergestellt. ☐

Situation zur 151. bis 153. Aufgabe

Ein Teil der Arbeitnehmerinnen in der Fertigung arbeitet im Stückzeitakkord.

151. Aufgabe

Während des gesamten Abrechnungszeitraums werden die Vorgabezeiten von mehreren Arbeitnehmerinnen unterschritten.
Welche Folgen hat das?

1. Die anfallenden Lohnkosten pro Stück sinken.
2. Die Löhne der Akkordarbeiterinnen je Stunde bleiben gleich.
3. Die anfallenden Lohnkosten pro Stück steigen.
4. Der Akkordrichtsatz ist niedriger als der Stundenverdienst der einzelnen Arbeitnehmerinnen.
5. Die Gesamtlohnkosten der Arbeitnehmerinnen, die im Stückzeitakkord arbeiten, bleiben gleich.

152. Aufgabe

Bei einem Gespräch über die evtl. Neufestsetzung der Akkordrichtsätze wird auch darüber diskutiert, ob zukünftig die Löhne in der Fertigung nach dem Stückgeldakkord oder weiter nach dem Stückzeitakkord berechnet werden sollen.
Prüfen Sie, welche Behauptung zutrifft!

1. Die Berechnung des Zeitakkordsatzes ist direkt vom Grundlohn (Akkordrichtsatz) abhängig, was bei Lohntarifänderungen eine Rolle spielen kann.
2. Die persönliche Mehrleistung eines Arbeitnehmers wird bei der Lohnberechnung nach dem Stückgeldakkord besser berücksichtigt als beim Stückzeitakkord.
3. Bei Änderungen des Tariflohnes sind die Neuberechnungen innerhalb des Betriebes bei der Lohnabrechnung nach dem Stückzeitakkord einfacher als bei der Lohnabrechnung nach dem Stückgeldakkord.
4. Bei Änderungen des Tariflohnes sind die Neuberechnungen innerhalb des Betriebes bei der Lohnabrechnung nach dem Stückgeldakkord einfacher als bei der Lohnabrechnung nach dem Stückzeitakkord.
5. Die notwendigen Neuberechnungen bei der Akkordabrechnung nach Stückzeit- und Stückgeldakkord sind in Verbindung mit Tariflohnveränderungen in beiden Fällen gleich.

153. Aufgabe

Der Akkordrichtsatz für die Arbeitnehmerinnen in der Fertigung beträgt 9,00 EUR/Std. bei einer Normalleistung von 20 Teilstücken je Stunde.
Wie viel Euro beträgt der durchschnittliche Stundenverdienst einer Akkordarbeiterin, die durch regelmäßige Mehrleistung für die Fertigung eines Teilstückes durchschnittlich 2,4 Minuten braucht?

Tragen Sie das Ergebnis unmittelbar in die Kästchen ein!

Situation zur 154. und 155. Aufgabe

Der Leiter der Fertigungsabteilung schlägt vor, das Fertigungsverfahren zu ändern.
Das neue Verfahren soll wirtschaftlicher sein.

154. Aufgabe

Was versteht man unter Wirtschaftlichkeit?

1. Verhältnis von Ausbringungsmenge zu eingesetztem Kapital
2. Verhältnis von Gewinn zu eingesetztem Kapital
3. Verhältnis der wertmäßigen Ausbringungsmenge zu dem Wert der eingesetzten Produktionsfaktoren
4. Verhältnis von Ausbringungsmenge zu Arbeitsstunden
5. Verhältnis von Sollkosten zu Istkosten

155. Aufgabe

Das alte Fertigungsverfahren für Herrenanzüge hat eine Wirtschaftlichkeitskennziffer von 1,56.
Errechnen Sie die Wirtschaftlichkeitskennziffer (Ergebnis auf zwei Stellen) des neuen Fertigungsverfahrens bei unverändertem Verkaufspreis für diese Anzüge aufgrund der nachstehenden Daten.

Monatliche Produktionskosten nach dem neuen Verfahren: 205.000,00 EUR
Monatliche Produktion: 1.500 Stück
Verkaufspreis: 240,00 EUR je Stück

Tragen Sie das Ergebnis unmittelbar in die Kästchen ein!

4 Leistungserstellung

156. Aufgabe

Wegen häufiger Unterschreitungen der Vorgabezeiten und anderer Probleme in der Produktion sollen grundsätzlich neue Arbeitsstudien durchgeführt werden.

Was versteht man darunter?

1. Die Ermittlung der durchschnittlichen Zeitdauer für einen Kundenauftrag
2. Die Ermittlung der Zeitdauer, die ein Arbeitnehmer unter normalen Bedingungen für die Ausführung einer bestimmten Arbeit braucht
3. Die Ermittlung des günstigsten Arbeitsablaufes bei einzelnen Arbeitsvorgängen
4. Die Gesamtheit aller Studien zum Arbeitsplatz, zum Arbeitsablauf, zur Arbeitszeit und zum Arbeitswert
5. Die Untersuchung der technischen Ausstattung und zweckmäßigsten Gestaltung des Arbeitsplatzes

157. Aufgabe

Stellen Sie fest, welche Aussage über die Werkstättenfertigung zutreffend ist!

1. Die Maschinen werden entsprechend dem Fertigungsablauf aufgestellt.
2. Es besteht Zeitzwang für den Arbeiter.
3. Zwischenlager sind niemals erforderlich.
4. Die Werkstücke wandern von Raum zu Raum.
5. Ein gleichmäßiger Absatz ist erforderlich.

158. Aufgabe

Ein Industriebetrieb benötigt einen Rohstoff für eine Serienfertigung, die in fünf Wochen anläuft. Er erhält nachstehende fünf Angebote. Das Rollgeld für die An- und Abfuhr je 100 kg beträgt je 10,00 EUR für alle Angebote und die Fracht 100,00 EUR. Welches der Angebote ist das kostengünstigste?

1. 800,00 EUR per 100 kg, ab Werk, 3% Skonto, Lieferung sofort
2. 7.500,00 EUR per t, ab Versandstation, Lieferzeit 1 Monat
3. 720,00 EUR per 100 kg, frachtfrei, 2% Skonto, Lieferzeit 2 Monate
4. 780,00 EUR per 100 kg, frei dort, 4% Skonto, Lieferung 14 Tage
5. 800,00 EUR per 100 kg, frei Haus, 2% Skonto, Lieferung 14 Tage

159. Aufgabe

Durch die Automation ergeben sich bestimmte Auswirkungen und Probleme. Prüfen Sie, welche Feststellung nicht zutrifft!

1. Die von der Automation erzwungene Massenproduktion kann zur Ausschaltung von Klein- und Mittelbetrieben führen.
2. Durch die mit der Automation verbundene Massenproduktion können Absatzprobleme auftreten, obwohl mehr, besser und preswerter produziert wird.
3. Die Kosten der Automation sind überwiegend variable Gesamtkosten.
4. Die Automation fördert eine starke Berufswandlung. Der Schwerpunkt wird von Ausführen und Handeln auf Planen und Kontrollieren verlagert.
5. Die Automation ist eine programmgesteuerte Produktion.

160. Aufgabe

Kuppelprodukte gehen aus einem gemeinsamen Produktionsprozess hervor.
Welche der nachfolgenden Produkte gehören als Kuppelprodukt zusammen?

1. Kohle und Strom
2. Roheisen und Rohstahl
3. Koks und Gas
4. Roheisen und Schrott
5. Koks und Eisenerz

161. Aufgabe

Bei welchen Fertigungsverfahren fallen im Allgemeinen Kundenauftrag und Fertigungsauftrag zusammen?

1. Massenfertigung
2. Sortenfertigung
3. Einzelfertigung
4. Serienfertigung
5. Fließbandfertigung

162. Aufgabe

Ein Betriebsleiter sagt Ihnen: „Meine Erzeugnisse werden nach dem Baukastenprinzip gefertigt." Was heißt das?

1. Er kann den Kunden ein Sortiment von wenigen Standardprodukten anbieten.
2. Er kann durch Kombination genormter Einzelteile auch unterschiedliche Kundenwünsche erfüllen.
3. Er kann den Kunden dadurch Wünsche nach beliebigen Sonderausführungen erfüllen.
4. Auf seinem Lager für Fertigungsmaterial sammeln sich mehr Lagerhüter als bei den anderen Fertigungsverfahren.
5. Die Umschlagshäufigkeit seines Fertigungsmaterials ist geringer als bei den anderen Fertigungsverfahren.

163. Aufgabe

Welche Entscheidung in einem Automobilwerk kennzeichnet die Normung in diesem Industriebetrieb?

1. Wir stellen nur noch vier Automodelle her.
2. Wir beziehen sämtliche Schrauben nur noch von einem Lieferanten.
3. Wir verwenden die im EU-Raum üblichen Reifengrößen.
4. Wir verringern die Anzahl der Sonderausführungen.
5. Wir stellen nur noch Sportwagen her.

164. Aufgabe

Zwischen der Fertigungsauftragsgröße (Losgröße) und den Herstellkosten sowie den Lagerkosten der fertigen Erzeugnisse besteht ein Zusammenhang, wenn zunächst auf Lager produziert wird.
Prüfen Sie, welche Feststellung zutrifft!

1. Je größer der Fertigungsauftrag, desto höher sind die Herstellkosten je Stück.
2. Je größer der Fertigungsauftrag, desto höher sind die Lagerkosten.
3. Je größer der Fertigungsauftrag, desto niedriger sind die Lagerkosten.
4. Je kleiner der Fertigungsauftrag, desto niedriger sind die Herstellkosten je Stück.
5. Je kleiner der Fertigungsauftrag, desto höher sind die Lagerkosten.

165. Aufgabe

Welchen Einfluss haben Kleinaufträge für die Zeitplanung im Betrieb?

1. Kleinaufträge sind günstig, denn sie verursachen nur wenig Fertigungszeit.
2. Kleinaufträge machen sich bei der Zeitplanung weder günstig noch ungünstig bemerkbar.
3. Kleinaufträge haben im Verhältnis zu den Stückzeiten geringe Rüstzeiten.
4. Kleinaufträge haben im Verhältnis zu den Stückzeiten hohe Rüstzeiten.
5. Kleinaufträge sind günstig, denn sie verursachen nur wenig Rüstzeit.

166. Aufgabe

Der Vertrieb teilt der Produktion mit, dass für etwa drei Monate eine erhöhte Nachfrage nach einem Erzeugnis besteht. Die Maschinenkapazität des Betriebes reicht im gegenwärtigen Zwei-Schicht-Betrieb (2 × 8 Stunden) nicht aus. Prüfen Sie, welche Maßnahme im Hinblick auf die Produktionssteigerung betriebswirtschaftlich richtig ist!

1. Es werden neue Maschinen angeschafft und neue Arbeitskräfte eingestellt.
2. Es werden neue Arbeitskräfte eingestellt, die in einer dritten Schicht arbeiten.
3. Es wird aus Mitarbeitern anderer nicht voll ausgelasteter Betriebsabteilungen eine dritte Schicht zusammengestellt.
4. Es werden über eine Leasing-Gesellschaft Maschinen gemietet und neue Arbeitskräfte eingestellt.
5. Es werden neue Maschinen angeschafft, die Bedienung erfolgt durch Mitarbeiter, die aus anderen Betriebsabteilungen versetzt wurden.

167. Aufgabe

In neuen Tarifabkommen wird eine Arbeitszeitverkürzung bei vollem Lohnausgleich vereinbart. Wie wirkt das auf die Stückkosten der Fertigung?

1. Die Stückkosten ändern sich nicht, weil diese Vereinbarung keinen Einfluss hat.
2. Die Stückkosten steigen, weil die Entlohnung je Zeiteinheit höher ist.
3. Die Stückkosten bleiben gleich, weil der Lohnerhöhung die Arbeitszeitverkürzung gegenübersteht.
4. Die Stückkosten bleiben gleich, weil sich das Stundenentgelt nicht ändert.
5. Die Stückkosten fallen, weil jetzt in kürzerer Zeit die Leistung erbracht werden muss.

168. Aufgabe

Durch Änderung der Konstruktion eines Produktes werden Fertigungsminuten eingespart. Wie wirkt sich diese Maßnahme aus?

1. Die Ausbringung bleibt davon unberührt.
2. Die Ausbringung sinkt.
3. Die Lohnkosten je Erzeugnis sinken.
4. Der kalkulierte Gewinn sinkt.
5. Der Stundenlohn des Arbeiters sinkt.

169. Aufgabe

Arbeitszeitstudien ergeben Zeiten für durchschnittliche Leistungen. Welche Aussage ist richtig?

1. Der Arbeiter muss die ermittelten Zeiten einhalten. Sie sind absolute Richtzeiten, die nicht unter- oder überschritten werden dürfen.
2. Die Arbeitszeitstudien erfassen nur die Ausführungszeit.
3. Arbeitszeitstudien erfassen nur die Rüstzeit und die persönlichen Verteilzeiten.
4. Arbeitszeitstudien gelten als Grundlage für eine Kalkulation der Fertigungskosten.
5. Der Terminplan der Fertigung basiert nicht auf den Erkenntnissen der Arbeitszeitstudien.

170. Aufgabe

Der Wert einer Arbeit wird nach bestimmten Arbeitsanforderungen beurteilt. Welche dieser Anforderungen spielen in den folgenden Beispielen hauptsächlich eine Rolle?

Ordnen Sie zu, indem Sie die Kennziffern von drei der insgesamt sechs Beispiele in die Kästchen bei den Arbeitsanforderungen eintragen!

Beispiele

1. Kontrollarbeiten nach Überholung und Reparatur der Bremsen
2. Ein Arbeiter ist an seinem Arbeitsplatz starker Geruchsbelästigung ausgesetzt (chem. Fabrik).
3. Ein Computer wurde schon zweimal überholt. Er funktioniert immer noch nicht einwandfrei. Jetzt muss er erneut repariert werden.
4. Ein Arbeiter hat schwere Maschinenteile zu verladen.
5. Ein elektrisches Gerät wird am Fließband hergestellt. Dabei sind dünne Drähte (Leitungen) zu verlöten.
6. Bei Gleisbauarbeiten hat ein Arbeiter die Aufgabe, seinen Kollegen das Frühstück zu holen.

Arbeitsanforderungen

Fachkenntnisse ☐

Geschicklichkeit ☐

Verantwortung ☐

171. Aufgabe

Wozu werden Zeitaufnahmen in einem Betrieb in erster Linie durchgeführt?

1. Zur Ermittlung von Vorgabezeiten für die Fertigung
2. Zur Ermittlung von Lieferzeiten für die Erzeugnisse
3. Zur Ermittlung von Ausschuss
4. Zur Ermittlung von Fehlzeiten durch Urlaub und Krankheit
5. Zur Ermittlung der von jedem Arbeiter tatsächlich geleisteten Arbeitsstunden

▶ ☐

172. Aufgabe

Die Kosten von zwei Fertigungsverfahren sollen miteinander verglichen werden. Folgende Werte sind vorgegeben:

	Verfahren 1 (3 hintereinander geschaltete Werkzeugmaschinen)	Verfahren 2 (1 Automat)
Fertigungskosten:	EUR/Stück 2,78	EUR/Stück 2,25
Rüstkosten:	EUR/Serie 3,00	EUR/Serie 14,64

Prüfen Sie, welche Feststellung zutrifft!

1. Die Summe der Fertigungs- und Rüstkosten für eine Serie von 80 Stück ist für beide Verfahren gleich.
2. Die Summe der Fertigungs- und Rüstkosten für eine Serie von 80 Stück ist bei Automatenfertigung günstiger.
3. Die Summe der Fertigungs- und Rüstkosten für eine Serie von zehn Stück ist bei Fertigung durch die drei Werkzeugmaschinen ungünstiger.
4. Die Fertigungskosten ohne Rüstkosten sind bei den drei Werkzeugmaschinen in jedem Fall günstiger.
5. Durch die Rüstkosten ist die Automatenfertigung in jedem Fall ungünstiger.

▶ ☐

173. Aufgabe

Bei der Fertigung eines Erzeugnisses entsteht bei der Fertigungsstufe I ein Materialverlust von 20% der Einsatzmenge, auf der Stufe II ein Verlust von 5% des bisher hergestellten Zwischenproduktes. Wir erhalten einen Auftrag über 11.400 kg dieses Erzeugnisses.

Wie viel kg müssen wir in die Fertigung geben?

☐ kg

4 Leistungserstellung

174. Aufgabe

Was bezeichnet man als Stückliste?

1. Die listenmäßige Zusammenstellung der verschiedenen Produktgruppen für einen Kundenauftrag
2. Die listenmäßige Zusammenstellung aller Lohn- und Materialscheine für einen Auftrag
3. Die listenmäßige Erfassung aller für einen Auftrag benötigten Einzelteile und Werkstoffe
4. Eine Übersichtsliste aller zu fertigenden Produkte
5. Die listenmäßige Aufstellung der Teilerzeugnisse, die zu einem Endprodukt montiert werden

175. Aufgabe

Welche Funktion erfüllt das folgende Formular?

Werkstück-Benennung	Teile-Nr.: F 8178	Stückzahl:	20
Abdeckring	Zeichnungs-Nr.: 249	Termin:	31. 01.
		Ausstellungstag:	20. 01.
	Auftrags-Nr.: 711		

Nr.	Arbeitsgang	Akkord-richtsatz	Zeitvorgabe Rüstzeit	Zeitvorgabe Stückzeit	Arbeiter
1	Bohrung und 1 Seite formdrehen	7,10	8,0	0,40	D 35
2	Bund und 2. Seite drehen	7,20	3,0	0,50	D 29

1. Es ist eine Karte, aus der man ersehen kann, wie lange eine Maschine schon gelaufen ist.
2. Es ist eine Karte, die den Weg zu den einzelnen Abteilungen des Betriebes beschreibt.
3. Es ist eine Karte, die alle für die Auftragsdurchführung erforderlichen Tätigkeiten in der richtigen Reihenfolge enthält.
4. Es ist eine Karte, in der alle Materialien für einen Auftrag zusammengestellt sind.
5. Es ist eine Karte, die Kundenaufträge aufschlüsselt.

Situation zur 176. Aufgabe

Als Mitarbeiter/in der Kleiderwerke Behrendt GmbH arbeiten Sie bei der Fertigungsplanung mit.

In Verbindung mit notwendigen Rationalisierungs- und Marketingmaßnahmen werden verschiedene Fertigungsverfahren für Herrensakkos diskutiert. Unter Berücksichtigung der folgenden ausgewählten Daten für einen Planungszeitraum sollen die Sakkos nach dem wirtschaftlichsten Verfahren angefertigt werden.

Fertigungsverfahren	I.	II.	III.
Fertigungs- und Absatzmenge (Stück)	4.000	5.000	6.000
Gesamte Fertigungszeit (Stunden)	4.000	4.400	4.500
Maschinenkosten (EUR je Stunde)	50	55	60
Lohnkosten (EUR je Stunde)	40	40	40
Verkaufserlös (EUR je Stück)	220	210	200

176. Aufgabe

Berechnen Sie die Wirtschaftlichkeitskennziffern für die verschiedenen Fertigungsverfahren und geben Sie die günstigste Kennziffer an!

Tragen Sie das Ergebnis unmittelbar in die Kästchen ein!

Kennziffer

Komma

177. Aufgabe

Was bedeutet bei einer Anlage der Begriff „Optimale Kapazität"?

1. Das technisch mögliche Produktionsvermögen
2. Das für eine Leistung erforderliche Minimum
3. Die Fähigkeit, alle in einem Zeitabschnitt produzierten Erzeugnisse auch abzusetzen
4. Die Produktionsmenge, bei der zu den geringsten Stückkosten produziert wird
5. Die Eignung einer Anlage für spezielle Aufgaben in der Produktion

178. Aufgabe

In der Werkszeitung der Auto AG liest der Auszubildende Emil Krause in der Mittagspause: „Der Beschäftigungsgrad unseres Betriebes lag im Vormonat bei 75%". Was bedeutet dies?

1. Es fehlen noch 25% an Arbeitern.
2. Die Gesamtkapazität der Auto AG wurde nur zu 75% ausgenutzt.
3. Nur 75% der Arbeiter und Angestellten erschienen im Vormonat zum Dienst.
4. Die Angestellten und Arbeiter waren nur zu 75% ausgelastet.
5. Von den hergestellten Kraftfahrzeugen konnten nur 75% verkauft werden.

179. Aufgabe

Welchen Nachteil hat folgende Organisationsform (= „Liniensystem")?

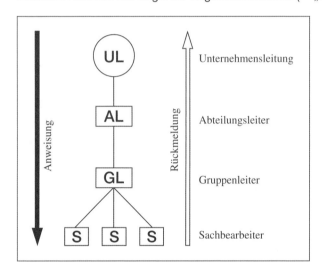

1. Mit der Rangstufe steigende Entscheidungsfälle und Verantwortungsfälle
2. Erfordert zahlreiche Stabsstellen
3. Unklarer Instanzen-(Dienst-)weg
4. Hat Kompetenzschwierigkeiten zur Folge
5. Erfordert häufige Koordinationsarbeiten

180. Aufgabe

Wenn eine Arbeitsablaufdarstellung zeitorientiert sein soll, wird häufig ein Balkendiagramm verwendet. Im Balkendiagramm wird der Zeitablauf von links nach rechts dargestellt. Der Ablauf eines Arbeitsvorganges wird durch einen waagerechten Balken gekennzeichnet, wobei die Länge des Balkens der Zeitdauer des dargestellten Vorgangs entspricht. Die einzelnen Vorgänge werden im Diagramm von oben nach unten aufgelistet.

Um den augenblicklichen Stand der Arbeiten festzustellen, kann eine Linie in das Symbol für den jeweiligen Vorgang (I–VI) eingezeichnet werden. Diese Linie zeigt dann den Teil der Arbeit, die abgeschlossen ist.

Zeit / Vorgang	1	2	3	4	5	6	7	8	9	10	11	12	13	14	15	16	17	18
I	▄	▄	▄	▄														
II					▄	▄	▄	▄	▄	▄								
III											▄	▄	▄					
IV			▄	▄	▄	▄	▄	▄										
V	▄	▄	▄	▄	▄													
VI	▄	▄	▄	▄	▄	▄	▄	▄										

Welche der folgenden Aussagen entspricht am Ende der achten Woche (Pfeil) den Angaben auf dem Balkendiagramm?

	Vorgang	Soll	Ist
1.	I	muss abgeschlossen sein	ist abgeschlossen
	II	sollte zu 2/3 erledigt sein nur	1/3 ist erledigt
	III	darf noch nicht begonnen werden	hat noch nicht begonnen
	IV	sollte zu 3/4 erledigt sein	ist zu 3/4 erledigt
	V	müsste beendet sein	ist noch nicht begonnen
	VI	müsste noch nicht beendet sein	ist bereits beendet

	Vorgang	Soll	Ist
2.	I	muss abgeschlossen sein	ist abgeschlossen
	II	sollte zu 2/3 erledigt sein	nur 1/3 ist erledigt
	III	darf noch nicht begonnen haben	hat noch nicht begonnen
	IV	sollte zu 3/4 erledigt sein	ist erst zur Hälfte erledigt
	V	müsste beendet sein	ist bereits beendet
	VI	müsste noch nicht beendet sein	ist bereits beendet

	Vorgang	Soll	Ist
3.	I	muss abgeschlossen sein	ist abgeschlossen
	II	sollte zu 2/3 erledigt sein	nur 1/3 ist erledigt
	III	darf noch nicht begonnen haben	hat bereits begonnen
	IV	sollte zu 3/4 erledigt sein	ist erst zur Hälfte erledigt
	V	müsste beendet sein	ist bereits beendet
	VI	müsste noch nicht beendet sein	ist bereits beendet

	Vorgang	Soll	Ist
4.	I	muss abgeschlossen sein	ist abgeschlossen
	II	sollte zu 2/3 erledigt sein	nur 1/3 ist erledigt
	III	darf noch nicht begonnen haben	hat noch nicht begonnen
	IV	sollte zu 3/4 erledigt sein	ist erst zur Hälfte erledigt
	V	müsste beendet sein	ist noch nicht begonnen
	VI	müsste noch nicht beendet sein	entspricht der Planung

181. Aufgabe

Welches Weisungssystem wird in folgender Abbildung dargestellt?

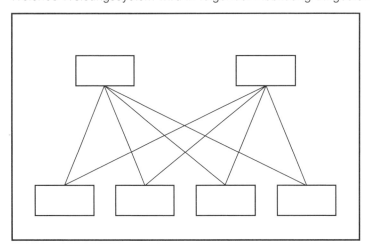

1. Einliniensystem
2. Matrixsystem
3. Funktionssystem
4. Stabliniensystem
5. Abteilungssystem

182. Aufgabe

Man legt Ihnen am Ende der siebten Woche das folgende Blockdiagramm vor. Die dick eingezeichneten unteren Balken stellen die Soll-Zeit für die Erledigung der Aufträge dar; die über dem Grundbalken eingezeichneten Balken zeigen den Stand der Erledigung. Welcher Auftrag ist erst zu 60% durchgeführt, obwohl er bereits beendet sein sollte?

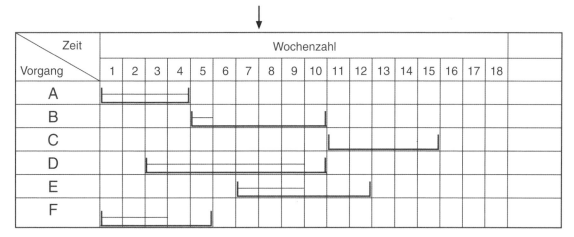

1. A
2. B
3. C
4. D
5. E
6. F

183. Aufgabe

Die Geschäftsleitung der Schneider GmbH will Maßnahmen beschließen, die dem Umweltschutz dienen. Welche Maßnahme kann insbesondere durch die Abteilung Leistungserstellung durchgeführt werden?

1. Sichere Lagerung der Lacke
2. Einkauf sortenreiner Kunststoffe
3. Verzicht auf aufwändiges, umweltbelastendes Verpackungsmaterial
4. Kauf von Gabelstaplern mit Elektromotoren
5. Einsatz von Fertigungsverfahren, die die Umwelt wenig belasten

184. Aufgabe

Welche Stelle hat die Aufsicht zur Überwachung der Bestimmungen zur Betriebssicherheit von technischen Anlagen und Maschinen?

1. Das Staatliche Amt für Arbeitsschutz und Sicherheitstechnik (Gewerbeaufsichtsamt)
2. Das Ordnungsamt
3. Die zuständige Industrie- und Handelskammer
4. Die Allgemeine Ortskrankenkasse
5. Der Technische Überwachungsverein (TÜV)

185. Aufgabe

Um Mitarbeiter auf die gemeinsame Arbeit in der Gruppe vorzubereiten, planen und organisieren Sie eine Gruppenarbeit.
Welchen Hinweis geben Sie den Gruppenmitgliedern, damit die Gruppenarbeit erfolgreich verlaufen kann?

1. Bleibe sachlich, ernst und rede nie von dir selber.
2. Ignoriere Konflikte in der Gruppe.
3. Fühle dich immer persönlich angesprochen und antworte mit Kurzreferaten.
4. Korrigiere Gesprächsteilnehmer sofort, wenn sie etwas Falsches sagen.
5. Greife in das Gruppengeschehen ein, erteile aber keine Ratschläge.

186. Aufgabe

Bei der Herstellung ähnlicher Produkte (Typ A, B, C) ermitteln Sie folgende Werte:

	Äquivalenzziffer	hergestellte Menge
Typ A	2	5 000
Typ B	1	3 000
Typ C	1,5	8 000

Die Gesamtherstellkosten betragen 14.080,00 EUR.
Wie hoch sind die Herstellkosten für 1 Stück Typ C?

Kaufmännische Steuerung und Kontrolle

5 Leistungsabrechnung unter Berücksichtigung des Controllings

- Buchhaltungsvorgänge
- Kosten- und Leistungsrechnung
- Erfolgsrechnung und Abschluss

187. Aufgabe

Situation

Es liegt Ihnen die Rechnung der Aachener Tuchwerke vom 18. April .. und die Bestellung der Kleiderwerke Walter Behrendt GmbH vor. Vereinbarungsgemäß erhalten sie auf die Bestellung 10% Rabatt. Als Zahlungsbedingung wurde vereinbart: „Zahlbar innerhalb 10 Tagen unter Abzug von 2% Skonto, innerhalb von 30 Tagen rein netto".

Abbildungen zur 187. Aufgabe

Kleiderwerke Walter Behrendt GmbH
Am Wetterhahn 25, 60437 Frankfurt

Aachener Tuchwerke AG
Postfach 1040
52340 Aachen

Telefon 069 653796-0
Telefax 069 653796-33
Postbank Frankfurt Kto. 471118-602 (BLZ 500 100 60)
Frankfurter Sparkasse Kto. 379213 (BLZ 500 502 01)

Ihr Angebot/Tag/Zeichen	Unsere Bestellung Nr./Zeichen	Ausführung/Lieferung bis Tag	Datum
15. März .. MF	1407 K	20. April ..	25. März ..

Bestellung

Lfd. Nr.	Gegenstand	Menge und Einheit	Einzelpreis EUR	Gesamtpreis EUR
1	Art. 6013 Anzugsstoffe	300 m	42,50 EUR	12.750,00 EUR
2	Art. 6015 Anzugsstoffe	230 m	58,00 EUR	13.340,00 EUR
3	Art. 7010 Anzugsstoffe	320 m	49,50 EUR	15.840,00 EUR
4	Art. 7020 Anzugsstoffe	350 m	47,00 EUR	16.450,00 EUR

Aachener Tuchwerke AG
Am Alten Bahndamm 70–75, 52072 Aachen

Tuchwerke AG, Postfach 1040, 52340 Aachen

Kleiderwerke
W. Behrendt GmbH
Am Wetterhahn 25
60437 Frankfurt

Telefon 0241 486312
Telefax 0241 486315
Postbank Köln Kto. 34162-302 (BLZ 370 100 50)
Deutsche Bank Aachen Kto. 736054 (BLZ 390 700 20)

RECHNUNG 105-3185
Diese Nr. bitte bei Zahlung angeben

Ihre Bestellung vom 25. März ..				Datum unserer Lieferung und Rechnung			
Ihre Bestellzeichen 1407/K					17 April ..		18. April ..
Best.-Nr.	Bezeichnung		Menge		Stückpreis		Warenwert
	Diverse Anzugsstoffe lt. Mustermappe		m				
1	Art.-Nr. 6013		300		42,50 EUR		12.750,00 EUR
2	Art.-Nr. 6015		320		58,00 EUR		18.560,00 EUR
3	Art.-Nr. 7010		320		49,50 EUR		15.840,00 EUR
4	Art.-Nr. 7020		350		47,50 EUR		16.625,00 EUR
	Die Ware bleibt bis zur vollständigen Bezahlung unser Eigentum.						
Warenwert ohne MwSt.	Rabatt %	Rabatt-wert	Versand-kosten	MwSt. pfl. Betrag	MwSt. %	Mehrwert-steuer	RECHNUNGSBETRAG
63.775,00 EUR	10	6.377,50 EUR	–	57.397,50 EUR	19	10.905,53 EUR	68.303,03 EUR

Unsere USt.-Id.-Nr.: DE 20777678, unsere St.-Nr.: 634/112/0352

187.1 Zunächst vergleichen Sie Ihre Bestellung mit der Rechnung.
Bringen Sie den Arbeitsablauf in die richtige Reihenfolge, indem Sie die Ziffern 1 bis 6 in die Kästchen eintragen!

Prüfung, ob der Gesamtpreis je berechnetem Anzugstoff richtig berechnet wurde	☐
Freigabe der Rechnung oder – sofern ein Fehler vorliegt – Reklamation bei den Aachener Tuchwerken	☐
Prüfung, ob die bestellten Anzugstoffe mit den in der Rechnung aufgeführten übereinstimmen	☐
Prüfung, ob der Warenwert ohne Mehrwertsteuer und ohne Rabattsatz richtig berechnet wurden	☐
Prüfung, ob die Einzelpreise der Bestellung mit den Einzelpreisen der Rechnung übereinstimmen	☐
Prüfung, ob Rabatt und Umsatzsteuer richtig berechnet wurden	☐

187.2 Bei der Prüfung entdecken Sie zwei Fehler. Welche zwei Feststellungen treffen zu?

1. Die Artikelnummern stimmen nicht überein.
2. Die bestellte Menge von Artikel 6015 stimmt nicht mit der Mengenangabe auf der Rechnung überein.
3. Der Gesamtpreis von Artikel 6013 stimmt nicht mit dem Gesamtpreis dieses Artikels auf der Rechnung überein. ▶ ☐
4. Der Stückpreis von Artikel 7020 stimmt nicht mit dem Stückpreis auf der Rechnung überein.
5. Die bestellte Menge von Artikel 7020 stimmt nicht mit der Menge von Artikel 7020 auf der Rechnung überein. ▶ ☐

187.3 Sie reklamieren die Rechnung bei den Aachener Tuchwerken. Per Fax wird Ihre Reklamation als zutreffend akzeptiert.

Berechnen Sie den richtigen Rechnungsbetrag und tragen Sie das Ergebnis unmittelbar in die Kästchen ein!

187.4 Aufgrund der guten Geschäftsbeziehungen und der falsch erstellten Rechnung gewähren die Aachener Tuchwerke einen Nachlass von 2 % auf den Nettopreis.
Buchen Sie den Nachlass, wenn die Eingangsrechnung auf Ziel gebucht wurde (Nettobuchung).
Kontieren Sie, indem Sie die Kennziffern der richtigen Konten – getrennt nach Soll und Haben – auf das T-Konto eintragen!

1. Nachlässe Rohstoffe (2002)
2. Nachlässe Hilfsstoffe (2022)
3. Forderungen aus Lieferungen und Leistungen (240)
4. Vorsteuer (260)
5. Guthaben bei Kreditinstituten (280)
6. Verbindlichkeiten aus Lieferungen und Leistungen (440)
7. Umsatzsteuer (480)

187.5 Um Skonto ausnutzen zu können, muss ein Kontokorrentkredit über 30.000,00 EUR zu 12 % bei der Frankfurter Sparkasse in Anspruch genommen werden.

Berechnen Sie die Einsparung in Euro unter Berücksichtigung des korrigierten Rechnungsbetrags (Aufg. 187.3), des nachträglich gewährten Nachlasses von 2 % und der Finanzierungskosten!
(Ergebnis auf ganze Euro abrunden)

187.6 Welchem Jahreszinssatz entspricht der Skontosatz?

187.7 Der Kontokorrent-Kredit über 30.000,00 EUR bei der Frankfurter Sparkasse wird in Anspruch genommen. Der Rest des Rechnungsbetrags wird per Scheck bezahlt (Ausstellungsdatum 28.04...).
Stellen Sie fest, wann alle Schuld bei der Scheckzahlung erfüllt ist!

1. Am 28.04...
2. Acht Tage nach Ausstellungsdatum
3. An dem Tag, an dem die Aachener Tuchfabrik den Scheck bei ihrer Bank einreicht.
4. An dem Tag, an dem das Konto der Behrendt GmbH belastet wird. ▶ ☐
5. Acht Tage nach Einlösung des Schecks

187.8 Der Scheck wurde aus Versehen falsch ausgefüllt. Es wurden 3.000,00 EUR zu wenig gezahlt. Aufgrund der vereinbarten Zahlungsbedingungen und des automatisierten Mahnwesens der Aachener Tuchwerke wird die Behrendt GmbH zu Recht für 20 Tage mit 9 % Verzugszinsen und 12,00 EUR Mahnkosten belastet und ein gerichtliches Mahnverfahren angedroht.

Berechnen Sie den Betrag, der jetzt insgesamt noch zu zahlen ist!

5 Leistungsabrechnung unter Berücksichtigung des Controllings

188. Aufgabe

Sie sind Mitarbeiter/in in der Abteilung Kosten- und Leistungsrechnung der Behrendt GmbH. Zur Bearbeitung Ihrer Aufgaben liegen Ihnen folgende Arbeitsunterlagen und Daten vor:

Cord-Hosen	Stoffgruppe A	Stoffgruppe B	Stoffgruppe C	insgesamt
Verkaufserlöse je Stück	50,00	80,00	120,00	
Absatzmenge	500	700	400	
Variable Kosten je Stück	28,00	35,00	55,00	
Erlöse insgesamt	25.000,00	56.000,00	48.000,00	129.000,00
Variable Kosten	14.000,00	24.500,00	22.000,00	60.500,00
Deckungsbeitrag	11.000,00		26.000,00	68.500,00
Fixkosten				38.000,00

Daten für die Selbstkostenberechnung einer Cord-Hose Stoffgruppe B:

Fertigungsmaterial	= 20,00 EUR
Fertigungslöhne	= 18,00 EUR
Materialgemeinkosten	= 25 %
Fertigungsgemeinkosten	= 50 %
Verwaltungs- und Vertriebsgemeinkosten	= 20 %

188.1 Berechnen Sie die Selbstkosten für eine Cord-Hose der Stoffgruppe B!

188.2 Wie viel Euro beträgt die Preisuntergrenze für eine Cord-Hose der Stoffgruppe B?

188.3 Berechnen Sie den Deckungsbeitrag für 700 Cord-Hosen der Stoffgruppe B!

188.4 Mit wie viel Euro Gewinn oder Verlust für eine Cord-Hose der Stoffgruppe B arbeitet die Behrendt GmbH? (Barverkaufspreis = Marktpreis)
Setzen Sie vor den Betrag in Euro
die Kennziffer 1 für Gewinn,
die Kennziffer 2 für Verlust!

188.5 Wie viel Euro beträgt der höchste Deckungsbeitrag für eine Cord-Hose aus diesem Sortiment?

188.6 Bei der Fertigung einer qualitativ besonders hochwertigen Cord-Hose, „Typ Herbi", die neu in das Produktionsprogramm aufgenommen wurde, ergibt sich der abgebildete Gesamtkostenverlauf.
Stellen Sie anhand der abgebildeten Kostenkurve über den Gesamtkostenverlauf fest, bei welcher Fertigungsmenge die Stückkosten für eine Hose am niedrigsten sind!

1. Bei einer Fertigungsmenge von 200 Stück
2. Bei einer Fertigungsmenge von 400 Stück
3. Bei einer Fertigungsmenge von 500 Stück
4. Bei einer Fertigungsmenge von 600 Stück
5. Bei einer Fertigungsmenge von 700 Stück

Abbildung zur Aufgabe 188.6

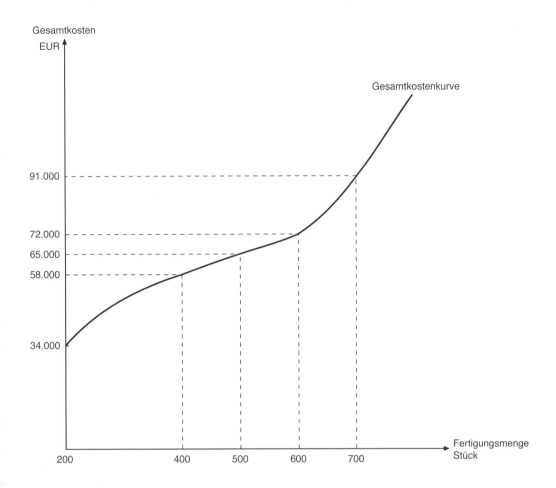

Gesamtkostenverlauf bei der Anfertigung von Cord-Hosen „Typ Herbi"

188.7 Die seitherige Fertigungsmenge von Cord-Hosen soll geändert werden.
Wie wirkt sich das auf die variablen und fixen Kosten für **eine** Cord-Hose unter sonst gleichen Beschaffungs- und Produktionsbedingungen aus?

1. Bei steigender Fertigungsmenge steigen die Fixkosten, die variablen Kosten sinken.
2. Bei sinkender Fertigungsmenge fallen die Fixkosten, die variablen Kosten bleiben gleich.
3. Bei steigender Fertigungsmenge sinken die Fixkosten, die variablen Kosten steigen.
4. Bei sinkender Fertigungsmenge steigen die Fixkosten, die variablen Kosten fallen.
5. Bei steigender Fertigungsmenge fallen die Fixkosten, die variablen Kosten bleiben gleich.

188.8 Nachdem Sie seit Wochen bei Ihrer Arbeit Konzentrationsschwierigkeiten haben und Ihre Augen schnell ermüden, vermuten Sie, dass Ihr Bildschirmarbeitsplatz nicht den Vorschriften entspricht.
Bei welcher Institution werden Sie Auskunft einholen, da diese für die Aufstellung von Vorschriften zur Verhütung von Berufskrankheiten zuständig ist?

1. Arbeitgeberverband
2. Gewerkschaft
3. Handwerkskammer
4. Gesundheitsamt
5. Berufsgenossenschaft

5 Leistungsabrechnung unter Berücksichtigung des Controllings

189. Aufgabe

Sie sind Mitarbeiter/in in der Abteilung Kosten- und Leistungsrechnung der Behrendt GmbH. Sie haben den abgebildeten vereinfachten Betriebsabrechnungsbogen (BAB) für eine Abrechnungsperiode erstellt, um eine erste Information über die insgesamt angefallenen Einzel- und Gemeinkosten und ihre Verteilung auf die Hauptkostenstellen zu erhalten.

		Hauptkostenstellen			
	Gemeinkosten insgesamt	Material	Fertigung	Verwaltung	Vertrieb
Hilfs- und Betriebsstoffe	400.000	300.000	30.000	50.000	20.000
Hilfslöhne	250.000	45.000	180.000	15.000	10.000
Gehälter	500.000	25.000	100.000	295.000	80.000
Sozialabgaben	450.000	15.000	235.000	150.000	50.000
Abschreibungen	500.000	30.000	310.000	135.000	25.000
Büro- und Werbekosten	200.000	15.000	30.000	85.000	70.000
Versicherungen, Steuern	100.000	15.000	50.000	30.000	5.000
Gemeinkosten	2.400.000	445.000	935.000	760.000	260.000
Einzelkosten Materialeinzelkosten Fertigungslöhne		3.200.000	2.200.000		
Gemeinkostenzuschlagssätze		13,9 %	42,5 %	?	

189.1 In der Zusammenstellung der Aufgaben des BAB ist ein Fehler enthalten. Prüfen Sie, welche Feststellung nicht zutrifft!

1. Verteilung der Gemeinkosten auf die Kostenstellen
2. Ermittlung der Ist-Gemeinkostenzuschlagssätze
3. Ermittlung von Kostenüber- bzw. Kostenunterdeckungen
4. Ermittlung des Umsatzergebnisses für jede Kostenstelle
5. Kontrolle der Kostenentwicklung in den einzelnen Kostenstellen

189.2 Bringen Sie die folgenden Schritte bei der Aufstellung eines Betriebsabrechnungsbogens (BAB) in die richtige Reihenfolge, indem Sie die Ziffern 1 bis 6 in die Kästchen eintragen.

Verteilung der Gemeinkosten nach vorgegebenen Schlüsseln

Festlegung der Verteilungsschlüssel für die Gemeinkosten

Umlage der „Allgemeinen Kostenstelle" auf Fertigungshilfsstellen und Hauptkostenstellen

Zur Kontrolle Vergleich der Summe der Aufwendungen mit der Summe der Kosten der Hauptkostenstellen

Addition der Kosten der Hauptkostenstellen (Fertigung, Material, Verwaltung, Vertrieb)

Umlage der Kosten der Fertigungshilfsstellen auf die Hauptkostenstellen

189.3 Welche Kosten müssen – lt. vorliegendem BAB – nicht nach einem Umlageschlüssel verteilt werden?

1. Hilfs- und Betriebsstoffe
2. Fertigungsmaterial
3. Hilfslöhne
4. Gehälter
5. Sozialabgaben
6. Abschreibungen

189.4 Sie haben für die Verwaltungs- und Vertriebsgemeinkosten mit einem Gesamtzuschlag kalkuliert.

Wie viel Prozent beträgt der gesamte Verwaltungs- und Vertriebsgemeinkostenzuschlag, wenn bei der Ermittlung der Herstellkosten des Umsatzes ein Minderbestand von 2.000,00 EUR bei den unfertigen Erzeugnissen und ein Mehrbestand von 30.000,00 EUR bei den Fertigerzeugnissen zu berücksichtigen ist?

189.5 In der Kalkulation rechnen Sie mit vollen Prozentsätzen für die Gemeinkostenzuschläge (Zuschlagsätze aus BAB aufrunden!).

Wie viel Euro betragen demnach die Selbstkosten für eine Hose aus Schurwollstoff, wenn 40,00 EUR Materialkosten und 30,00 EUR Fertigungslöhne zu berücksichtigen sind (Ergebnis auf volle EUR aufrunden)?

189.6 Welche Kosten rechnen Sie den Materialgemeinkosten zu?

1. Energieverbrauch für die Fertigung
2. Abschreibungen auf Nähautomaten
3. Abschreibungen auf Zuschneidetische
4. Versicherungsprämien für Lagerung der Kleiderstoffe
5. Instandhaltungskosten für Nähmaschinen

189.7 Mithilfe der Zuschlagssätze aus dem BAB sollen Sie die Selbstkosten für eine Cord-Hose ermitteln. Bringen Sie für die Kalkulation der Selbstkosten folgende Positionen in die richtige Reihenfolge, indem Sie die Ziffern 1 bis 9 in die Kästchen eintragen!

Fertigungsmaterial

Fertigungslöhne

Selbstkosten

Verwaltungs- und Vertriebsgemeinkosten

Materialgemeinkosten

Fertigungsgemeinkosten

Herstellkosten

Sondereinzelkosten des Vertriebs

Sondereinzelkosten der Fertigung

189.8 Prüfen Sie, in welchen beiden Hauptkostenstellenbereichen die höchsten Kosten für Versicherungen und Steuern anfallen!

1. Fertigung und Vertrieb
2. Material und Vertrieb
3. Verwaltung und Vertrieb
4. Fertigung und Material
5. Fertigung und Verwaltung

5 Leistungsabrechnung unter Berücksichtigung des Controllings

190. Aufgabe

Situation

Als Mitarbeiter/in im Rechnungswesen der Behrendt GmbH haben Sie folgende Aufgaben u. a. mithilfe der abgebildeten Unterlagen zu erledigen.

Abbildung 1 zur 190. Aufgabe

Betriebsabrechnung				
	Material	Fertigung	Verwaltung	Vertrieb
Istgemeinkosten	489.000	1.258.000	870.000	300.000
Einzelkosten	3.600.000	2.500.000		
Normalgemeinkosten: Zuschlagsatz	14 %	43 %	16 %	
Normalgemeinkosten	504.000	1.075.000		
Über-Unterdeckung	+ 15.000	− 183.000		

Abbildung 2 zur 190. Aufgabe

Inventurplan (Auszug)

1 Termin
   Freitag (30. Dez.) und Samstag (31. Dez.)

2 Allgemeine Inventuranweisungen

2.1 Alle Bestände sind körperlich aufzunehmen und nur auf den EDV-Belegen mit schwarzem Kugelschreiber einzutragen

2.2 Roh-, Hilfs- und Betriebsstoffe und Handelswaren dürfen während der Inventur nicht entnommen und nicht eingelagert werden

2.3 …

Abbildung 3 zur 190. Aufgabe

	Ist-kosten	Normal-kosten	Über- bzw. Unter-deckung		Kostenträger	
					Erzeugnis I	Erzeugnis II
Fertigungsmaterial	8.100	8.100			3.900	4.200
Materialgemeinkosten	500	550	+	50	200	350
Fertigungslöhne	10.250	10.250			4.800	5.450
Fertigungsgemeinkosten	12.100	11.350	./.	750	5.250	6.100
Herstellkosten der Fertigung	30.950	30.250	./.	700	14.150	16.100
Bestandsmehrung an Fertigerzeugnissen Bestandsminderung an unfertigen Erzeugnissen	5.600	5.600			3.800	1.800
Herstellkosten des Umsatzes	34.900	34.200	./.	700	17.000	17.200
Verwaltungsgemeinkosten	2.050	2.250	+	200	1.200	1.050
Vertriebsgemeinkosten	920	990	+	70	500	490
Selbstkosten	37.870	37.440			18.700	18.740
Verkaufserlöse	48.930	48.930			25.900	23.030
Umsatzergebnis Kostenüber- bzw. Kostenunterdeckung Betriebsergebnis						

5 Leistungsabrechnung unter Berücksichtigung des Controllings

190.1 Wie hoch ist lt. Abbildung 3 die Bestandsmehrung an Fertigerzeugnissen?

190.2 Wie hoch ist lt. Abbildung 3 das Umsatzergebnis insgesamt?

190.3 Im vorliegenden Beispiel beträgt die

1. Kostenüberdeckung   700,00 EUR
2. Kostenüberdeckung   430,00 EUR
3. Kostenunterdeckung   430,00 EUR
4. Kostenunterdeckung   700,00 EUR
5. Kostenunterdeckung   970,00 EUR

190.4 Wie hoch ist lt. Abbildung 3 das Betriebsergebnis insgesamt?

190.5 Wie hoch sind lt. Abbildung 3 die Bestandsmehrungen an Fertigerzeugnissen bei Erzeugnis II?

190.6 Am Ende einer Abrechnungsperiode sollen Sie aufgrund der in Abbildung 1 angegebenen Daten der Betriebsabrechnung die Über- und Unterdeckungen bei den Hauptkostenstellen ermitteln.

Die Mehrbestände der fertigen und unfertigen Erzeugnisse betragen insgesamt 279.000 EUR.

Wie viel Euro beträgt die Über- bzw. Unterdeckung der Verwaltungs- und Vertriebsgemeinkosten?

190.7 Zum Ende des Geschäftsjahres soll in der Behrendt GmbH die Inventur durchgeführt werden. Dafür liegt den Mitarbeitern der in der Anlage abgebildete Auszug aus dem Inventurplan vor. (Abbildung 2)

Welche Inventur wird durchgeführt?

1. Buchinventur
2. Verlegte Inventur
3. Stichtagsinventur
4. Permanente Inventur
5. Stichprobeninventur

190.8 In der Behrendt GmbH sollen Sicherungsmaßnahmen getroffen werden, die einen unberechtigten Zugriff auf Daten verhindern.
Prüfen Sie, welche Sicherung durch die Hardware getroffen werden kann!

1. Schreibschutz für magnetische Datenträger
2. Zugriffsberechtigung des Benutzers durch ein Code-Wort
3. Sicherungskopie von allen Originalprogrammen
4. Protokollierung der Arbeit am Bildschirm mit Angabe des Benutzers
5. Erstellung von Sicherungskopien der Disketten

190.9 Für die Zusammenstellung der neuen Preisliste der Behrendt GmbH müssen Sie den Verkaufspreis (ohne Mehrwertsteuer) für einen hochwertigen Herrenmantel berechnen, dessen Herstellkosten 300,00 EUR betragen.

Mit wie viel Euro wird der Mantel in die Preisliste für Wiederverkäufer genommen, wenn noch ein Verwaltungs- und Vertriebsgemeinkostenzuschlag von 16%, ein Gewinnzuschlag von 25% und 3% Skonto zu berücksichtigen sind?

5 Leistungsabrechnung unter Berücksichtigung des Controllings

191. Aufgabe

Die Kosten- und Leistungsrechnung der Behrendt GmbH gliedert sich in verschiedene Teilbereiche.
Welchem Teilbereich ist der in der Anlage abgebildete Beleg zuzuordnen?

1. Der Kostenstellenrechnung
2. Der Kostenträgerzeitrechnung
3. Der Kostenträgerstückrechnung
4. Der Deckungsbeitragsrechnung
5. Der Kostenartenrechnung

▶ ☐

Abbildung zur 191. Aufgabe

Nachkalkulation für eine Cord-Hose	EUR
Fertigungsmaterial Materialgemeinkosten Fertigungslöhne Fertigungsgemeinkosten	
Herstellkosten	

(Ausschnitt)

192. Aufgabe

Angenommen, durch Rationalisierungsmaßnahmen bei der Behrendt GmbH könnten die Lohnkosten um etwa 20% auf 200.000,00 EUR gesenkt werden.
Durch die notwendigen Investitionen würden die Abschreibungen um etwa 25% auf 100.000,00 EUR steigen.

Berechnen Sie, wie viel TEUR die Kostensenkung aufgrund der angegebenen Daten ausmachen würden.

TEUR ☐

193. Aufgabe

Die Behrendt GmbH will einen neuen Herrensakko „Business" am Markt einführen.
Unter Berücksichtigung der Fertigungskapazität und der Absatzmöglichkeiten ist für den Planungszeitraum die Anfertigung von 1.000 Sakkos vorgesehen.

Für die weitere Planung sind noch folgende Daten zu berücksichtigen:
Variable Kosten je Stück   140 EUR
Fixe Kosten im Planungszeitraum   40.000 EUR

Wie viel Euro beträgt der notwendige Verkaufserlös je Herrensakko, wenn angenommen wird, dass im Planungszeitraum alle Sakkos verkauft werden können und ein Gewinn von 60.000 EUR erzielt werden soll?

EUR ☐

Situation zur 194. und 195. Aufgabe

Ein Kunde der Behrendt GmbH zahlt eine am 10. Juni .. fällige Rechnung über 16.800,00 EUR einschließlich Umsatzsteuer nach rechtzeitiger Mahnung erst am 28. Juli.

194. Aufgabe

Wie viel Euro Verzugszinsen können Sie ihm einschließlich der Umsatzsteuer berechnen, wenn in den Allgemeinen Geschäftsbedingungen bei Zahlungsverzug 0,5% Verzugszinsen pro Monat vereinbart sind?

Tragen Sie das Ergebnis unmittelbar in die Kästchen ein!

EUR ↓ Komma ↓ Ct. ☐

195. Aufgabe

Wann würde diese Forderung verjähren?

1. Am 10. Juni des folgenden Jahres
2. Am 31. Dezember des folgenden Jahres
3. Am 31. Dezember nach 2 Jahren
4. Am 31. Dezember nach 3 Jahren
5. Am 10. Juni nach 30 Jahren

Situation zur 196. und 197. Aufgabe

Die Geschäftsleitung der Behrendt GmbH will Modernisierungsinvestitionen vornehmen. Als Mitarbeiter/-in in der Finanzbuchhaltung nehmen Sie an den Gesprächen über die geplanten Investitionen und den Finanzbedarf teil. Sie machen den Vorschlag, die Anschaffung von neuen Zuschneidemaschinen und Laufbändern u.a. durch Verkürzung der Kapitalbindungsdauer im Unternehmen zu finanzieren.

196. Aufgabe

Wie wird diese Finanzierungsart bezeichnet?

1. Außenfinanzierung durch Kredite (Fremdfinanzierung)
2. Innenfinanzierung durch Rücklagen (Eigenfinanzierung)
3. Innenfinanzierung durch Rückstellungen (Fremdfinanzierung)
4. Außenfinanzierung durch Einlagen (Eigenfinanzierung)
5. Innenfinanzierung durch Freisetzung (Eigenfinanzierung)

197. Aufgabe

Da diese Möglichkeit zur Finanzierung nicht ausreicht, will sich die Geschäftsleitung um Investitionskredite für die Behrendt GmbH bemühen.
Welche Sicherheit wird ein Kreditgeber grundsätzlich nicht annehmen?

1. Bestellung einer Grundschuld auf ein Betriebsgrundstück
2. Bestellung einer Verkehrshypothek auf die Eigentumswohnung der Ehefrau eines GmbH-Gesellschafters
3. Sicherungsübereignung der neuen Maschinen
4. Stille Zession von Forderungen der Behrendt GmbH mit dem Vorbehalt der Umwandlung in eine offene Zession
5. Verpfändung von Wertpapieren der Behrendt GmbH

198. Aufgabe

Mehrere Mitarbeiter des Rechnungswesens unterhalten sich über die Bewertungsverfahren: LIFO (last in – first out), FIFO (first in – first out) und Bewertung zum gewogenen Durchschnittspreis. Prüfen Sie, welche Feststellung zutrifft!

1. Bei der Bewertung nach LIFO habe ich immer das Material zum Niederstwert in der Bilanz stehen.
2. Bei der Bewertung nach FIFO habe ich immer das Material zum höchsten Wert in der Bilanz stehen.
3. Bei der Bewertung nach LIFO habe ich bei steigenden Preisen das Material zum Niederstwert in der Bilanz stehen.
4. Bei der Bewertung nach LIFO habe ich bei sinkenden Preisen das Material zum Niederstwert in der Bilanz stehen.
5. Nur die Bewertung zum gewogenen Durchschnittspreis ist als Bilanzansatz handelsrechtlich erlaubt.

5 Leistungsabrechnung unter Berücksichtigung des Controllings

199. Aufgabe

Der „Kontenrahmen" ist bekanntlich der Organisationsplan der Buchführung. Prüfen Sie, welche Feststellung zutrifft!

1. Es gibt vorerst nur einen Kontenrahmen für den Groß- und Außenhandel und einen Gemeinschaftskontenrahmen für die Industrie.
2. Jeder Betrieb muss alle Konten „seines" Kontenrahmens führen.
3. Jeder Betrieb kann nach dem Kontenrahmen seinen betriebsbezogenen Kontenplan entwickeln.
4. Eine genaue Kalkulation hat nichts mit dem Kontenrahmen zu tun, sondern nur mit einer einwandfreien Lagerbuchführung.
5. Vollkaufleute müssen alle Konten der für ihren Wirtschaftszweig infrage kommenden Kontenrahmen führen, da für sie Buchführungspflicht besteht.

200. Aufgabe

Eine Maschine wird mit 20% degressiv abgeschrieben. Ihr Buchwert beträgt am Ende des zweiten Jahres (nach der Abschreibung) 12.800,00 EUR. Wie hoch war der Anschaffungspreis?

201. Aufgabe

Prüfen Sie, welche Feststellung über die „Bilanzmäßige Abschreibung" richtig ist!

1. Sie ist immer degressiv.
2. Sie ist ein Bestandteil der Kosten- und Leistungsrechnung.
3. Sie muss gegenüber dem Kosten- und Leistungsbereich abgegrenzt werden.
4. Sie lässt nur die Buchwerte erkennen.
5. Sie geht in die Kalkulation ein.

202. Aufgabe

Um welchen Geschäftsvorfall handelt es sich bei der Buchungsaufgabe laut Beleg?

```
                                            Gutschrift-Nr. grün

                                            K.K.-Nr. rot

Konto-Nr.   2000

Konto-Nr.   602 | Kostenträger xyzz
an
            20 kg Kupfer à 4,20 EUR = 84,- EUR


den  20.6.       gen.              Müller
                                   (Unterschrift)
```

1. Um eine Entnahme von Fertigungsmaterial
2. Um eine Umbuchung von Kostenträger zu Kostenträger
3. Um eine Entnahme von Betriebsstoffen
4. Um eine Rückgabe von Betriebsstoffen an das Lager
5. Um eine Rückgabe von Fertigungsmaterial an das Lager

5 Leistungsabrechnung unter Berücksichtigung des Controllings

203. Aufgabe

Welche Aufgabe hat die Kontenklasse 7 des IKR?

1. Sie dient der Erfassung der Halb- und Fertigfabrikate.
2. Sie dient der Erfassung aller Aufwendungen.
3. Sie dient der Erfassung der Bestandsveränderungen.
4. Sie dient der Erfassung von Zinsen, Steuern und a.o. Aufwendungen.
5. Sie dient der Erfassung von Zinserträgen.

204. Aufgabe

Wie bucht die Bau GmbH den folgenden Beleg?

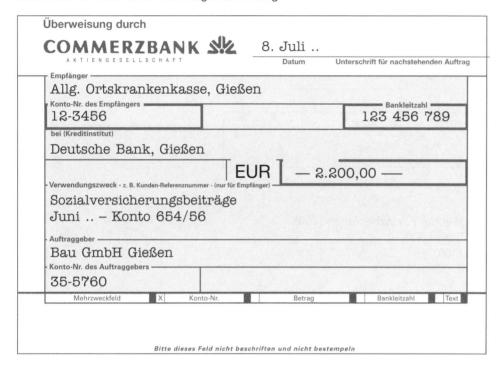

1. Guthaben bei Kreditinstituten (280)
2. Sonstige Rückstellungen für Aufwendungen (399)
3. Verbindlichkeiten gegenüber Sozialversicherungsträgern (484)
4. Gehälter (630)
5. Arbeitgeberanteil zur Sozialversicherung (641)
6. Sonstige betriebliche Steuern (709)

Soll Haben

205. Aufgabe

Wie bucht die Elektro-Müller KG den folgenden Beleg?

```
Überweisung durch
COMMERZBANK                8. Mai ..
AKTIENGESELLSCHAFT         Datum    Unterschrift für nachstehenden Auftrag
Empfänger
Finanzamt Frankfurt/M. Taunustor
Konto-Nr. des Empfängers                        Bankleitzahl
513 314                                         500 000 00
bei (Kreditinstitut)
LZB Frankfurt
                              EUR    — 858,00 —
Verwendungszweck
Lohn- und Kirchensteuer April ..
Auftraggeber
Elektro-Müller KG Frankfurt/M.
Konto-Nr. des Auftraggebers
515 784
```

1. Guthaben bei Kreditinstituten (280)
2. Postbank (285)
3. Sonstige Verbindlichkeiten gegenüber Finanzbehörden (483)
4. Steuern von Einkommen und Ertrag (77)
5. Sonstige betriebliche Steuern (709)
6. Periodenfremde Aufwendungen (699)

Soll Haben

206. Aufgabe

Wie bucht die Elektro-Müller KG den folgenden Beleg?

```
Überweisungsauftrag an
Postbank                   10. April ..
Frankfurt                  Datum    Unterschrift für nachstehenden Auftrag
Empfänger
Finanzamt Frankfurt/M. Taunustor
Konto-Nr. des Empfängers                        Bankleitzahl
183 654                                         500 100 60
bei (Kreditinstitut)
Postbank Frankfurt/M.
                              EUR    — 695,00 —
Verwendungszweck
Umsatzsteuer März ..
Auftraggeber
Elektro-Müller KG, Offenbach
Konto-Nr. des Auftraggebers
174 443
```

1. Guthaben bei Kreditinstituten (280)
2. Postbank (285)
3. Vorsteuer (260)
4. Umsatzsteuer (480)
5. Sonstige Verbindlichkeiten gegenüber Finanzbehörden (483)
6. Steuern von Einkommen und Ertrag (77)

Soll Haben

5 Leistungsabrechnung unter Berücksichtigung des Controllings

207. Aufgabe

Wie bucht die Bau GmbH den folgenden Beleg?

Überweisung auftrag an
Postbank Frankfurt — 15. Jan. ..
Empfänger: Zentrale Finanzkasse, Köln
Konto-Nr. des Empfängers: 650 426 — Bankleitzahl: 370 100 50
bei (Kreditinstitut): Deutsche Bank, Gießen
EUR — 704,00 —
Verwendungszweck: Grundsteuer
Auftraggeber: Bau GmbH, Köln
Konto-Nr. des Auftraggebers: 283278-702

1. Kasse (288)
2. Postbank (285)
3. Sonstige Forderungen an Finanzbehörden (263)
4. Arbeitgeberanteil zur Sozialversicherung (640)
5. Sonstige betriebliche Steuern (709)
6. Grundsteuer (702)

Soll | Haben

208. Aufgabe

Wie bucht die Maschinenbau GmbH den folgenden Beleg?

COMMERZBANK AKTIENGESELLSCHAFT — 8. Aug. .. Krammer
Empfänger: Stadtkasse Offenbach
Konto-Nr. des Empfängers: 25-5674 — Bankleitzahl: 123 987 65
bei (Kreditinstitut): Stadtsparkasse Offenbach
EUR — 946,00 —
Verwendungszweck: Gewerbesteuer - Steuer-Nr. 5692
Auftraggeber: Maschinenbau GmbH, Offenbach
Konto-Nr. des Auftraggebers: 46378

1. Kasse (288)
2. Guthaben bei Kreditinstituten (280)
3. Steuerrückstellungen (380)
4. Gewerbeertragsteuer (770)
5. Sonstige betriebliche Steuern (709)
6. Außerordentliche Aufwendungen (760)

Soll | Haben

5 Leistungsabrechnung unter Berücksichtigung des Controllings

209. Aufgabe

Wie ist zu buchen, wenn ein Postbankkunde bei der Postbank mit einem Postbarscheck Geld abhebt?

1. Kasse (288)
2. Postbank (285)
3. Guthaben bei Kreditinstituten (280)
4. Forderungen aus Lieferungen und Leistungen (240)
5. Verbindlichkeiten aus Lieferungen und Leistungen (440)
6. Außerordentliche Aufwendungen (760)

Soll | Haben

210. Aufgabe

Wie ist die nachstehende Wechselabrechnung unserer Bank zu kontieren?

Wechselbetrag	Tage	Disk.Satz %	Zinsen	Prov.Satz %	Disk.Satz	Auslagen	Einz. Spesen	Nettobetrag	Wert
18.000,00	42	8	196,00			27,00		17.777,00	3. April..
								17.777,00	3. April..

Konto-Nr. 721/8623
Kontrolle: We
DEUTSCHE BANK AG
AKTIENGESELLSCHAFT
FILIALE FRANKFURT

1. Wechselforderungen aus Lieferungen und Leistungen (Besitzwechsel) (245)
2. Guthaben bei Kreditinstituten (280)
3. Vorsteuer (260)
4. Schuldwechsel (450)
5. Umsatzsteuer (480)
6. Diskontaufwendungen (753)
7. Sonstige zinsähnliche Aufwendungen (759)

Soll | Haben

211. Aufgabe

Die Bau GmbH liefert Waren an Karl Richter, Großhandel, in Neuhausen. Die Lieferbedingungen lauten: „frei Neuhausen". Wie bucht die Bau GmbH den folgenden Beleg?

```
Deutsche Post AG
63263 Neu-Isenburg
82061990  5449  03.05.04

*18,70 EUR

Frachtprodukte National

Das Entgelt ist umsatzsteuerfrei.

Vielen Dank für Ihren Besuch.
Ihre Deutsche Post AG
```

1. Nebenkasse (289)
2. Bezugskosten (2001)
3. Forderungen aus Lieferungen und Leistungen (240)
4. Verbindlichkeiten aus Lieferungen und Leistungen (440)
5. Erlösberichtigungen (5001)
6. Postgebühren (682)

Soll | Haben

212. Aufgabe

Wie bucht die Metallwaren GmbH den folgenden Beleg (Ausschnitt) bei Barzahlung (Bruttobuchung)?

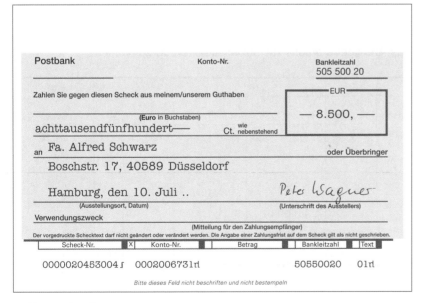

1. Nebenkasse (289)
2. Rohstoffe (200)
3. Bezugskosten (2001)
4. Hilfsstoffe (202)
5. Gebühren (673)
6. Außerordentliche Aufwendungen (760)

Soll ☐ Haben ☐

213. Aufgabe

Wie bucht Wagner den folgenden Beleg?

1. Kasse (288)
2. Postbank (285)
3. Guthaben bei Kreditinstituten (280)
4. Forderungen aus Lieferungen und Leistungen (240)
5. Verbindlichkeiten aus Lieferungen und Leistungen (440)
6. Umsatzerlöse für eigene Erzeugnisse (500)

Soll ☐ Haben ☐

214. Aufgabe

Wie ist aufgrund des folgenden Beleges bei Vogelsang zu buchen?

Firma
Konrad Reich
Platz 1
75242 Neuhausen

11.01. ..   F/65   Verk./321   18.01. ..

Unsere Lieferung vom 07.01. ../LS 568

Wir bedauern die von Ihnen mit Recht gerügten Mängel und sind mit Ihrem Vorschlag einverstanden, zum Ausgleich einen Preisnachlass von 20 %, das sind

375,00 EUR

zu gewähren ...

Mit freundlichen Grüßen

WALTER VOGELSANG

---

1. Umsatzerlöse und Vorsteuer an Verbindlichkeiten
2. Verbindlichkeiten an Umsatzerlöse und Vorsteuer
3. Erlösberichtigungen an Forderungen und Umsatzsteuer
4. Erlösberichtigungen und Umsatzsteuer an Forderungen
5. Erlösberichtigungen und Vorsteuer an Forderungen

215. Aufgabe

Wie ist der folgende Beleg einschließlich des Arbeitgeberanteils zur Sozialversicherung zu buchen?

			Brutto									Netto
Gesamt-Vt	Ist-Zeit	Pr RF	Prämien-Lohnant.	Gesamt-Brutto	Steuerpfl. Brutto	SV-Pfl. Brutto	St.-Kl.	LSt.	Solz.	KSt.	Soz.-Vers.	Lohn-Art	Betrag
	173,25		220,62	3 135,38	3 135,38	3 135,38	V/0	893,83	49,16	–	666,19	810	1 526,20

Monat: November
Zahlung: Postbanküberweisung erfolgt

1. Kasse (288)
2. Postbank (285)
3. Verbindlichkeiten gegenüber Sozialversicherungsträgern (484)
4. Sonstige Verbindlichkeiten gegenüber Finanzbehörden (483)
5. Löhne für geleistete Arbeitszeit (620)
6. Arbeitgeberanteile zur Sozialversicherung (Lohnbereich) (640)

216. Aufgabe

Wie bucht die Elektro AG die folgende Wechselabrechnung ihrer Bank (Bruttobuchung)?

Einreicher	Elektro AG München					Verfalltag 21. Feb.	
auf	zahlbar bei München, Bay. Hyp. & Wechselbank			Aussteller Einreicher			
Konto-Nr. 75600	Wert 23. Nov.	Abrechnungstag 22. Nov.	Tage 91	% 9	Wechsel-Nr.	Obligo-Nr. 2048	
Netto-Betrag 14.658,75		Domiz.-Prov.	Spesen		Diskont 341,25	Wechsel-Betrag 15.000,00	
Bezogener Rolf Röhre Rundfunkgeschäft Bad Tölz			Für obigen Wechsel haben wir Sie E.v. mit dem Netto-Betrag erkannt. Rückbuchungen vorbehalten, falls die noch laufenden Auskünfte unseren Anforderungen nicht entsprechen. **Städtische Sparkasse**				

1. Wechselforderungen aus Lieferungen und Leistungen (Besitzwechsel) (245)
2. Kasse (288)
3. Guthaben bei Kreditinstituten (280)
4. Vorsteuer (260)
5. Umsatzsteuer (480)
6. Diskontaufwendungen (753)

217. Aufgabe

Wie bucht die Buchverlag Müller KG den folgenden Beleg (Nettobuchung)?

Überweisung durch COMMERZBANK AKTIENGESELLSCHAFT

306264 Gutschrift

Empfänger: Buchverlag Müller KG, Gießen
Konto-Nr. des Empfängers: 32479   Bankleitzahl: 513 500 25
bei (Kreditinstitut): Stadtsparkasse Gießen

EUR — 3.492,00 —

Verwendungszweck:
Rechnung 312   3.600,00 EUR
v. 28. April   ./. 3% Skonto 108,00 EUR

Auftraggeber: Buchhandlung Rolf Krause, Bad Homburg
Konto-Nr. des Auftraggebers: 621345   51

1. Guthaben bei Kreditinstituten (280)
2. Nachlässe (2002)
3. Forderungen aus Lieferungen und Leistungen (240)
4. Vorsteuer (260)
5. Umsatzsteuer (480)
6. Erlösberichtigungen (5001)

5 Leistungsabrechnung unter Berücksichtigung des Controllings

218. Aufgabe

Wie ist der folgende Beleg zu buchen?

1. Nebenkasse (289)
2. Postbank (285)
3. Bezugskosten (2001)
4. Vorsteuer (260)
5. Umsatzsteuer (480)
6. Postgebühren (682)

---

219. Aufgabe

Sie sollen den folgenden Beleg buchen. Wie lautet der Buchungssatz (Bruttobuchung)?

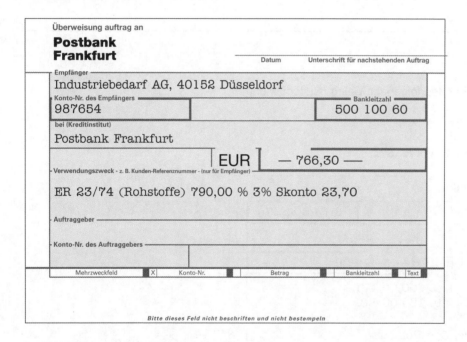

1. Verbindlichkeiten aus Lieferungen
   und Leistungen (440)   766,30
   und Erlösberichtigungen (5001)   23,70   an Postbank (285)   790,00
2. Verbindlichkeiten aus Lieferungen
   und Leistungen (440)   790,00   an Postbank (285)   766,30
                                                 und Nachlässe (2002)   23,70
3. Verbindlichkeiten aus Lieferungen
   und Leistungen (440)   790,00   an Postbank (285)   766,30
                                                 und Erlösberichtigungen (5001)   23,70
4. Verbindlichkeiten aus Lieferungen
   und Leistungen (440)   790,00   an Postbank (285)   766,30
                                                 und Nachlässe (2002)   20,97
                                                 und Vorsteuer (260)   2,73

220. Aufgabe

Wie bucht der Einzahler (Druck KG) folgenden Beleg (Bruttobuchung)?

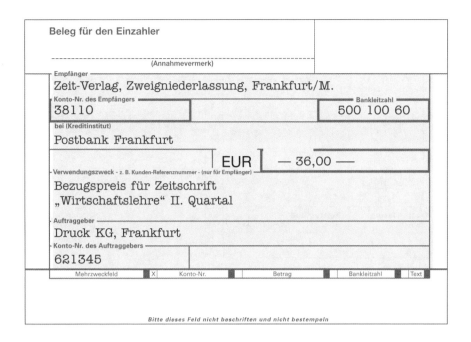

1. Kasse (288)
2. Postbank (285)
3. Guthaben bei Kreditinstituten (280)
4. Aufwendungen für Unterstützung (649)
5. Zeitungen und Fachliteratur (681)
6. Gebühren (673)

Soll Haben

221. Aufgabe

Wie ist die folgende Kontoabrechnung vom Kontoinhaber zu buchen?

1. Guthaben bei Kreditinstituten (280)
2. Zinserträge (571)
3. Diskonterträge (573)
4. Kosten des Geldverkehrs (675)
5. Zinsaufwendungen (751)

Soll Haben

5 Leistungsabrechnung unter Berücksichtigung des Controllings

222. Aufgabe

Wie bucht der Kontoinhaber den folgenden Kontoauszug?

```
Tagesauszug

BAYERISCHE
HAUSBANK

Konto-Nummer: 34/482157
Saldo vom 22.11.
Vortrag: 294.004,03

Text            PN    Wert         Soll      Haben
Scheckheft            26. 11.      4,00

Industriebau AG
Landsberger Straße 517
81241 München

Auszug-Nummer: 3694
Buch.-Datum: 26. Nov...
Kontostand: 294.000,03
```

1. Kasse (288)
2. Guthaben bei Kreditinstituten (280)
3. Vorsteuer (260)
4. Kosten des Geldverkehrs (675)
5. Büromaterial (680)
6. Außerordentliche Aufwendungen (760)

Soll | Haben
□ | □

Situation zur 223. bis 226. Aufgabe

Sie sind Mitarbeiter der Druckerei Scheu, 60242 Frankfurt/Main. Buchen Sie die folgenden Belege und Geschäftsfälle, indem Sie die Kennziffern der richtigen Konten bzw. Lösungen in die Kästchen eintragen!

223. Aufgabe

```
SPEDITION - LAGERUNG
SCHWERTRANSPORTE

Speditions OHG, Am Hauptgüterbahnhof 15, 60327 Frankfurt/M.

Druckerei
Scheu
Frankfurt/Main                          Am Hauptgüterbahnhof
                                        60327 FRANKFURT AM MAIN

                    Bezahlt
                    bar!                        per
RECHNUNG NR. 755                 Datum:  3. Okt...   30. Sept...

                                 Fracht | Rolle | Gesamt
Lagerabrechnung per 30. Sept...
Lagermiete Juli - September
pro Monat 180,00 EUR                                 540,00

                                                     540,00
                                 19% Umsatzsteuer    102,60
Zahlungsweise sofort rein netto ohne jeden Abzug.
Anlagen                          Rechnungsbetrag     642,60
```

1. Kasse (288)
2. Postbank (285)
3. Guthaben bei Kreditinstituten (280)
4. Vorsteuer (260)
5. Verbindlichkeiten aus Lieferungen und Leistungen (440)
6. Umsatzsteuer (480)
7. Miete, Pachten (670)
8. Leasing (671)

Soll | Haben
□ | □
□ | □

5 Leistungsabrechnung unter Berücksichtigung des Controllings

224. Aufgabe

Die Druckerei Scheu überweist die einbehaltenen Steuern (Lohnsteuer, Solidaritätszuschlag, Kirchensteuer) durch die Postbank.

1. Postbank (285)
2. Guthaben bei Kreditinstituten (280)
3. Steuerrückstellungen (380)
4. Verbindlichkeiten aus Lieferungen und Leistungen (440)
5. Sonstige Verbindlichkeiten gegenüber Finanzbehörden (483)
6. Löhne (620)
7. Sonstige betriebliche Steuern (709)
8. Steuern vom Einkommen und Ertrag (77)

Soll Haben

225. Aufgabe

Der Inhaber der Druckerei Scheu hat mit einem über eine Leasing-Gesellschaft gemieteten Wagen einen selbstverschuldeten Unfall verursacht.

V.A.G. Leasing GmbH – Debitoren –
38180 Wolfsburg
BEZAHLT über Ffm.-Sparkasse
Kunden-Nr.: 9002063 43
Telefon Nr.: (05361) 22 – 2134
Beleg Nr.: D 9 5 5 7 9 6
Wolfsburg, den 27. Sept. ...
Bankverbindung: Commerzbank AG, Wolfsburg
Kt. 6840003 (BLZ 26941053)

Druckerei Scheu
60242 Frankfurt (Main)

Belastung EUR

für Fahrzeugschaden vom: 3. Aug. ...
Fahrzeug-Nr.: F – U 7220, F 85807
Schadenersatzanspruch aus der Selbstbeteiligung
Netto-Betrag: 650 00
der Fahrzeug-Vollversicherung in Höhe von
Anlage: Reparaturkostenrechnung

OTTO GLÖCKLER AUTOMOBIL-VERKAUFS-GMBH · VOLKSWAGEN-AUDI-HÄNDLER
O. Glöckler, Mainzer Landstr. 380–410, 60326 Frankfurt (M)

RECHNUNG Nr.: B 79001
An Leasing GmbH VW-Werk 38180 Wolfsburg
DATUM (= Tag der Lieferung) 24. Aug. ...
Bei Zahlung und Rückfragen bitte Rechnungsnummer angeben!
BLATT NR. 3
Kunden-Nr.: Auftrags-Nr.:
Bankverbindung: BHF Bank Frankfurt Nr. 461-4 (BLZ 500 202 000)
Fahrgestell-Nr.: Annahm.-Datum km-Stand Betrag:

Betriebs-Nummer	Typ/Modell	Zulass-Datum			
142/44083			ÜBERTRAG		2 325,96
241 B37 404		1	SCHIENE		58,85
361 B67 425		8	DICHTUNG		1,52
5TA NGE		1	LÖTZINN		3,33

| Arbeitslohn | Material/Fahrzeug | USt | | | Gesamtbetrag: |
| 1 695,91 | 693,75 | 454,04 | | | 2 843,70 EUR |

a Buchung

1. Kasse (288)
2. Postbank (285)
3. Guthaben bei Kreditinstituten (280)
4. Verbindlichkeiten aus Lieferungen und Leistungen (440)
5. Außerplanmäßige Abschreibungen auf Sachanlagen (655)
6. Mieten, Pachten (670)
7. Leasing (671)
8. Versicherungsbeiträge (690)
9. Verluste aus Schadensfällen (693)

Soll Haben

b Buchungsbetrag

1. 382,34 EUR
2. 650,00 EUR
3. 693,75 EUR
4. 1.695,91 EUR
5. 2.772,00 EUR

5 Leistungsabrechnung unter Berücksichtigung des Controllings

226. Aufgabe

```
V. A. G. Leasing GmbH                              V. A. G.
                                                   Tel. 05361 222134
DRUCKEREI              BEZAHLT                     DEBITORENBUCHHALTUNG
SCHEU                  POSTBANK - Ffm              KUNDEN-NUMMER 900206343
                                                   RECHNUNG 018890 VOM 1. OKT...
61367 FRANKFURT AM MAIN

RATEN FUER LEASING-FAHRZEUGE - MONAT OKTOBER..

SCHL.  AMTL.KENNZ.  FAHRZ.-    MODELL-NUMMER   VERTRAGS-     REST-           EUR
                    NUMMER     FAHRGEST.-NR.   DAUER         MONATE

2      F-LL 7220    085807     0231211         12. JAN...    14              437,00
                               2372079237      11. JAN...    ZWISCHEN SUMME  437,00
                                                             UMSATZSTEUER     83,03
                                                             ZU ZAHLENDER BETRAG 520,03

FZ-BESTAND LT. RE. 96597 VOM 1. SEPT... = 1   BESTAND NEU =        1
```

1. Kasse (288)
2. Postbank (285)
3. Guthaben bei Kreditinstituten (280)
4. Vorsteuer (260)
5. Verbindlichkeiten aus Lieferungen und Leistungen (440)
6. Umsatzsteuer (480)
7. Mieten, Pachten (670)
8. Leasing (671)
9. Verluste aus Schadensfällen (693)

Soll Haben
☐   ☐

☐   ☐

227. Aufgabe

Auf dem Bankkonto sind noch folgende Beträge zu buchen:

Anfangsbestand (Guthaben)	40.000,00 EUR
Zinslastschrift	200,00 EUR
Überweisung von Kunden	10.000,00 EUR
Einlösung unseres Akzeptes	7.000,00 EUR
Einziehung eines Besitzwechsels	2.000,00 EUR
Spesen hierfür	8,00 EUR
Überweisung an Lieferer	15.000,00 EUR

Wie viel Euro beträgt der Saldo?

S   Bank   H

EUR | Komma | Ct.

228. Aufgabe

Welche Bedeutung hat die zeitliche Abgrenzung der Jahresergebnisrechnung?

1. Die im Geschäft entstandenen Aufwendungen und Erträge werden gegenübergestellt.
2. Die Ergebniskonten müssen beim Abschluss als Saldo die auf das abgelaufene Geschäftsjahr entfallenen Aufwendungen bzw. Erträge ausweisen.
3. Im alten Geschäftsjahr geleistete Zahlungen, die als Aufwand dem neuen Jahr zuzurechnen sind, müssen bereits im alten Jahr als Aufwand erfasst werden.
4. Im neuen Geschäftsjahr noch zu erhaltende Zahlungen, die als Erträge dem alten Geschäftsjahr zuzurechnen sind, dürfen erst im neuen Jahr als Ertrag gebucht werden.
5. Sie hat keine Bedeutung für die Jahresergebnisrechnung.

229. Aufgabe

Wie bucht die Bau GmbH aufgrund des folgenden Beleges (Adressier-Anlage war vollständig abgeschrieben und bereits ausgebucht!)?

Quittung

Nr.
netto EUR 45 Ct. 00
+ % MWSt. netto EUR 8 Ct. 55
gesamt EUR 53 Ct. 55

Gesamtbetrag EUR in Worten — Zweihundertfünfzig —
Cent wie oben

von Altmetallhandel T. Eisen, Darmstadt
für Adressieranlage (Schrott)
dankend erhalten Ort Darmstadt Datum 25. April

Buchungsvermerke

Stempel/Unterschrift des Empfängers
Bau GmbH
Meier

1. Büromaschinen, Organisationsmittel und Kommunikationsanlagen (086)
2. Kasse (288)
3. Vorsteuer (260)
4. Umsatzsteuer (480)
5. Umsatzerlöse für Waren (510)
6. Erträge aus dem Abgang von Vermögensgegenständen (546)
7. Erträge aus Werterhöhungen von Gegenständen des Anlagevermögens (544)
8. Verluste aus dem Abgang von Vermögensgegenständen (696)

Soll | Haben
☐ | ☐
☐ | ☐

230. Aufgabe

Ordnen Sie zu, indem Sie die Kennziffern von zwei der insgesamt sechs Konten/Posten in die Kästchen bei der Gliederung der Gewinn- und Verlustrechnung nach dem „Bilanzrichtlinien-Gesetz" eintragen!

Konten/Posten

1. Allgemeine Verwaltungskosten
2. Sonderposten mit Rücklageanteil
3. Sonstige Vermögensgegenstände
4. Personalaufwand
5. Fertige Erzeugnisse und Waren
6. Andere Gewinnrücklagen

Gliederung der Gewinn- und Verlustrechnung nach dem Bilanzrichtlinien-Gesetz

Gesamtkostenverfahren ☐

Umsatzkostenverfahren ☐

5 Leistungsabrechnung unter Berücksichtigung des Controllings

231. Aufgabe

Verkauf einer gebrauchten Drehmaschine für 20.000,00 EUR + Mehrwertsteuer gegen Bankscheck: Restbuchwert der Drehmaschine 28.000,00 EUR.

a) Verkaufsbuchung:

1. Anlagen und Maschinen der mechanischen Materialbearbeitung, -verarbeitung und -umwandlung (072)
2. Guthaben bei Kreditinstituten (280)
3. Umsatzsteuer (480)
4. Sonstige Erlöse (541)
5. Verluste aus dem Abgang von Vermögensgegenständen (696)

b) Ausbuchung des Restbuchwertes:

1. Anlagen und Maschinen der mechanischen Materialbearbeitung, -verarbeitung und -umwandlung (072)
2. Guthaben bei Kreditinstituten (280)
3. Umsatzsteuer (480)
4. Sonstige Erlöse (541)
5. Verluste aus dem Abgang von Vermögensgegenständen (696)

232. Aufgabe

Eine Lieferantenrechnung für Rohstoffe einschließlich USt. wird unter Abzug von 3% Skonto per Bank überwiesen (Nettobuchung).

1. Guthaben bei Kreditinstituten (280)
2. Nachlässe (2002)
3. Forderungen aus Lieferungen und Leistungen (240)
4. Vorsteuer (260)
5. Verbindlichkeiten aus Lieferungen und Leistungen (440)
6. Umsatzsteuer (480)
7. Erlösberichtigungen (5001)

233. Aufgabe

Eine Kassendifferenz (es sind 50,00 EUR zu wenig in der Kasse) muss gebucht werden. Der Fehlbetrag kann nicht geklärt werden. Der Kassenführer muss für Fehlbeträge nicht aufkommen.

1. Kasse (288)
2. Sonstige Rückstellungen für drohende Verluste aus schwebenden Geschäften (397)
3. Erträge aus der Herabsetzung von Rückstellungen (548)
4. Verluste aus dem Abgang von Vermögensgegenständen (696)
5. Verluste aus Schadensfällen (693)
6. Außerordentliche Aufwendungen (760)

234. Aufgabe

Am 31. Dezember .. sind Löhne und die zugehörigen Sozialaufwendungen noch nicht bezahlt. Nehmen Sie die Buchung vor.

1. Übrige sonstige Forderungen (269)
2. Aktive Jahresabgrenzung (290)
3. Verbindlichkeiten gegenüber Mitarbeitern (485)
4. Verbindlichkeiten gegenüber Sozialversicherungsträgern (484)
5. Übrige sonstige Verbindlichkeiten (489)
6. Passive Jahresabgrenzung (490)
7. Löhne für geleistete Arbeitszeit (620)
8. Arbeitgeberanteile zur Sozialversicherung (Lohnbereich) (640)

235. Aufgabe

Wir erhielten am 01. 11. für die Monate November, Dezember und Januar für eine Forderung eine Zinsvorauszahlung von 150,00 EUR. Wie ist am 31. 12. abzugrenzen?

1. Übrige sonstige Forderungen (269)
2. Aktive Jahresabgrenzung (290)
3. Übrige sonstige Verbindlichkeiten (489)
4. Passive Jahresabgrenzung (490)
5. Zinserträge (571)
6. Zinsaufwendungen (751)

Soll | Haben

236. Aufgabe

Unser Vertreter hat lt. Abrechnung für den Monat Dezember noch 1.345,00 EUR zu erhalten, die im Januar überwiesen werden. Wie ist am 31. 12. zu buchen?

1. Übrige sonstige Forderungen (269)
2. Aktive Jahresabgrenzung (290)
3. Übrige sonstige Verbindlichkeiten (489)
4. Passive Jahresabgrenzung (490)
5. Übrige sonstige Personalaufwendungen (669)
6. Vertriebsprovisionen (615)

Soll | Haben

237. Aufgabe

Hypothekenzinsen (Geschäftsgrundstück) werden nachträglich halbjährlich durch Postüberweisung gezahlt. Nächster Fälligkeitstermin für unsere Zahlung: 28. Februar nächsten Jahres = 600,00 EUR.
Wie lautet die Buchung bei Kontoabschluss (31. 12.), und welcher EUR-Betrag muss gebucht werden?

1. Zinsaufwendungen (751) an Übrige sonstige Verbindlichkeiten (489) 400,00 EUR
2. Übrige sonstige Forderungen (269) an Nebenerlöse aus Vermietung und Verpachtung (5401) 400,00 EUR
3. Zinserträge (571) an Übrige sonstige Verbindlichkeiten (489) 200,00 EUR
4. Aktive Jahresabgrenzung (290) an Zinsaufwendungen (751) 200,00 EUR
5. Zinsaufwendungen (751) an Passive Jahresabgrenzung (490) 400,00 EUR ▶

238. Aufgabe

Die Kraftfahrzeugversicherung von 480,00 EUR wurde am 1. Oktober d. J. für ein Jahr im Voraus beglichen.
Wie lautet die Buchung bei Kontenabschluss (31. 12.), und welcher EUR-Betrag muss gebucht werden?

1. Versicherungsbeiträge (690) an Passive Jahresabgrenzung (490) 120,00 EUR
2. Aktive Jahresabgrenzung (290) an Versicherungsbeiträge (690) 360,00 EUR
3. Übrige sonstige Forderungen (269) an Versicherungsbeiträge (690) 360,00 EUR
4. Aktive Jahresabgrenzung (290) an Versicherungsbeiträge (690) 120,00 EUR
5. Aktive Jahresabgrenzung (290) an Versicherungsbeiträge (690) 480,00 EUR ▶
6. Übrige sonstige Forderungen (269) an Versicherungsbeiträge (690) 120,00 EUR

5 Leistungsabrechnung unter Berücksichtigung des Controllings

239.–241. Aufgabe

Buchen Sie auf den folgenden Konten:

1. 25% Abschreibung (direkt) auf „Fuhrpark" vom Restwert
2. 16 2/3% Abschreibung (indirekt) auf „Büromöbel und sonstige Geschäftsausstattung" vom Anschaffungswert 20.646,00 EUR
3. 2% Abschreibung (indirekt) auf „Verwaltungsgebäude" vom Anschaffungswert 800.000,00 EUR

Soll	Verwaltungsgebäude (054)	Haben
80 EBK	800.000,00	

Soll	Fuhrpark (084)		Haben
80 EBK	44.000,00	150	4.000,00
16	8.000,00		

Soll	Büromöbel und sonstige Geschäftsausstattung (087)	Haben
80 EBK	20.646,00	

Soll	Wertberichtigungen zu Sachanlagen (361)	Haben
		80 EBK 360.000,00

Soll	Abschreibung auf Sachanlagen (652)	Haben

239. Aufgabe

Welcher Saldo steht nach der Abschreibung auf dem Konto „Büromöbel und sonstige Geschäftsausstattung"?

240. Aufgabe

Wie viel Euro beträgt der Saldo auf dem Konto „Abschreibungen auf Sachanlagen"?

241. Aufgabe

Wie viel Euro beträgt der Saldo auf dem Konto „Wertberichtigungen zu Sachanlagen"?

242. Aufgabe

Die Konten „Vorsteuer" und „Umsatzsteuer" enthalten folgende Beträge:

Soll	Vorsteuer (260)	Haben
4.800,00		600,00

Soll	Umsatzsteuer (480)	Haben
700,00		6.500,00

Wie viel Euro beträgt die Zahllast nach der Umbuchung?

243. Aufgabe

Das Konto „Vorsteuer" weist in einem Abrechnungszeitraum die nachstehenden Beträge auf. Der Steuersatz beträgt 19%.

Soll	Vorsteuer (260)	Haben
55.000,00		
15.000,00		
8.000,00		

Über welchen Gesamt-Bruttobetrag lauteten die betreffenden Eingangsrechnungen?

244. Aufgabe

Die Selbstkosten zur Herstellung einer Werkzeugmaschine betragen 160.000,00 EUR. Für wie viel Schweizer Franken (CHF) kann der deutsche Hersteller die Maschine auf einer Industriemesse in Basel anbieten, wenn noch 12,5% Gewinn einkalkuliert werden?
(Kurs: 1 EUR = 1,47370 CHF; Ergebnis auf volle CHF aufrunden)

CHF

245. Aufgabe

Wir liefern einem Kunden Waren für 25.000,00 EUR mit Rechnung vom 20. 06., die Zahlungsbedingungen lauten: 30 Tage netto nach R-Datum. Am 10. 07. schickt uns der Kunde zum teilweisen Ausgleich einen Drei-Monatswechsel, ausgestellt am 31. 05. über 20.000,00 EUR. Wir lassen den Wechsel am 15. 07. diskontieren.

Wie viele Diskonttage können wir dem Kunden berechnen?

Tage

246. Aufgabe

Prüfen Sie, welche Feststellung zum Factoring richtig ist!

1. Beim Factoring werden Forderungen zur Sicherung eines Kredites an eine Leasing-Gesellschaft abgetreten.
2. Durch das Factoring können Lieferantenrechnungen nicht vor Fälligkeit bezahlt werden (keine Skontoausnutzung).
3. Die eingesparten Kosten für das Fakturier- und Mahnwesen sind in jedem Fall höher als die Zins- und Provisionskosten für die Factoring-Bank.
4. Der Factor-Kunde verbessert seine Liquidität und wälzt das Kreditrisiko auf die Factoring-Bank ab.
5. Die Kundenkontakte werden durch das Factoring nicht berührt.

247. Aufgabe

Welchen Einfluss hat das außergerichtliche Mahnverfahren auf die Verjährung einer Forderung?

1. Die Forderung verjährt erst nach 30 Jahren.
2. Das Verfahren hat keinen Einfluss auf den Ablauf der Verjährung.
3. Die Verjährung wird unterbrochen.
4. Die Forderung verjährt erst nach 10 Jahren.
5. Die Verjährungsfrist wird von 2 Jahren auf 4 Jahre verlängert.

248. Aufgabe

Wir haben eine Maschine aus den USA für 18.000,00 $ gekauft und bezahlen den Rechnungsbetrag durch Banküberweisung; die Bank berechnet einen Kurs von 0,95150 und eine Provision von 1/2‰.

Mit wie viel Euro belastet uns die Bank?

249. Aufgabe

Prüfen Sie, welche Feststellung zum „Lagebericht" nach dem Bilanzrichtliniengesetz zutreffend ist!

1. Der Geschäftsbericht nach Aktienrecht wurde beibehalten und durch einen „Anhang" und einen „Lagebericht" ergänzt.
2. Der Geschäftsbericht ist neben Anhang und Lagebericht weiter zu veröffentlichen.
3. Der Anhang erläutert die Zahlen der Ergebnisrechnung.
4. Der Lagebericht stellt den Geschäftsverlauf dar und geht auf Vorgänge von besonderer Bedeutung und die voraussichtliche Entwicklung der Gesellschaft ein.
5. Der Lagebericht erläutert die Zahlen der Bilanz.

250. Aufgabe

Für die Größenklasseneinteilung in kleine, mittelgroße und große Kapitalgesellschaften gibt es drei Kriterien: Umsatz, Bilanzsumme und durchschnittliche Zahl der Arbeitnehmer.
Prüfen Sie, welche Feststellung zutrifft!

1. Alle drei Merkmale müssen erfüllt sein.
2. Zwei von drei Merkmalen müssen erfüllt sein.
3. Eines der drei Merkmale muss erfüllt sein.
4. Bei Börsenzulassung einer Aktiengesellschaft gilt die Kapitalgesellschaft stets als „kleine Kapitalgesellschaft".
5. Eine kleine Kapitalgesellschaft muss mindestens 30 Beschäftigte haben.

251. Aufgabe

Prüfen Sie, welche Feststellung über die Offenlegungspflicht (Publizitätspflicht) zutreffend ist!

1. Alle Kapitalgesellschaften müssen ihren Jahresabschluss im Bundesanzeiger veröffentlichen.
2. Mittelgroße und große Kapitalgesellschaften müssen ihren Jahresabschluss im Bundesanzeiger veröffentlichen.
3. Kleine und mittelgroße Kapitalgesellschaften müssen ihren Jahresabschluss nur beim Handelsregister einreichen.
4. GmbHs sind grundsätzlich von der Offenlegungspflicht befreit.
5. Die GmbH & Co. KG gilt als Kapitalgesellschaft.

252. Aufgabe

Am 10. 06. werden folgende Wechsel unter Abzug von 4 1/2% Diskont abgerechnet

840,00 EUR, fällig am 30. 06.
1.260,80 EUR, fällig am 15. 07.
2.620,40 EUR, fällig am 31. 07.

Über welchen Betrag lautet die Gutschrift der Bank?

Anmerkung: Diskontzahlen werden nach kaufmännischem Grundsatz auf- bzw. abgerundet.

253. Aufgabe

Auf einem Geschäftshaus im Werte von 250.000,00 EUR ruht eine 6%-Hypothek von 70.000,00 EUR. Die jährlichen Kosten mit Ausnahme der Hypothekenzinsen betragen 3.000,00 EUR.

Wie viel Miete muss der Eigentümer monatlich für das Haus einnehmen, wenn sich sein Eigenkapital mit 8% verzinsen soll?

254. Aufgabe

Das Eigenkapital einer Unternehmung ist in der Bilanz mit 153.468,00 EUR ausgewiesen. Dieser Betrag entspricht 42% aller Passiva. Das Umlaufvermögen der Unternehmung macht 37% der Bilanzsumme aus.

Wie viel Euro beträgt das Anlagevermögen?

255. Aufgabe

Ein Lagergebäude kostet 93.000,00 EUR. Die Reparaturen betragen monatlich 87,50 EUR. An Steuern und Gebühren sind jährlich 1.400,00 EUR zu bezahlen. Das Gebäude ist mit einer ersten Hypothek von 30.000,00 EUR zu 7% und einer zweiten Hypothek von 23.000,00 EUR zu 8% belastet.

Wie verzinst sich das eingesetzte Eigenkapital, wenn die monatlichen Mieteinnahmen 700,00 EUR betragen?

5 Leistungsabrechnung unter Berücksichtigung des Controllings

Situation zur 256. und 257. Aufgabe

Eine neue Maschine wird zu Beginn des Jahres für 100.000,00 EUR angeschafft. Die hierbei durchgeführte Wirtschaftlichkeitsrechnung weist folgende Positionen aus:

Mehrkosten (jährlich):

Abschreibungen	10.000,00 EUR
Versicherung und Steuern	1.000,00 EUR
andere Kosten	4.000,00 EUR

Einsparungen (jährlich):

Personalkosten	60.000,00 EUR
Einsatzstoffe	5.000,00 EUR
Hilfsstoffe	2.000,00 EUR
Reparaturkosten	3.000,00 EUR

256. Aufgabe

Berechnen Sie die Rendite dieser Investition im Anschaffungsjahr.

257. Aufgabe

Wie lange dauert es, bis das für die Investition eingesetzte Kapital zurückgeflossen ist? (Auf ganze Zahl aufrunden!)

Situation zur 258. bis 260. Aufgabe

In der Buchhaltung der Kleiderwerke W. Behrendt GmbH haben Sie am Ende des Geschäftsjahres folgende Fragen zu klären.

258. Aufgabe

Welche Feststellung über die bilanzmäßige Abschreibung trifft zu?
1. Die lineare Abschreibung ist steuerlich immer günstiger als die degressive Abschreibung.
2. Die degressive Abschreibung arbeitet mit jährlich steigenden Abschreibungsbeträgen.
3. Die Abschreibungen verringern den Jahresüberschuss.
4. Die Nutzungsdauer der Anlagegüter und die Höhe der Abschreibungssätze können von der Behrendt GmbH nach eigenem Ermessen festgelegt werden.
5. Ein Wechsel von linearer zu degressiver Abschreibung ist jederzeit möglich.

259. Aufgabe

Welche Aufgabe hat das Niederstwertprinzip?
1. Es soll die richtige Ermittlung des Gewinns für die Steuerbilanz gewährleisten.
2. Es soll die Gewinne der einzelnen Geschäftsjahre der richtigen Abrechnungsperiode zuordnen.
3. Es soll den Ausweis nicht realisierter Gewinne verhindern.
4. Es soll immer die Bewertung zu Börsen- oder Marktpreisen sicherstellen.
5. Es soll immer die Bewertung zu Anschaffungskosten sicherstellen.

260. Aufgabe

Am Bilanzstichtag rechnet die Geschäftsleitung der Behrendt GmbH für einen laufenden Prozess mit ca. 10.000,00 EUR Kosten.
Wie ist am Bilanzstichtag zu buchen?
Tragen Sie die Kennziffern der richtigen Konten in die Kästchen ein!
1. Aktive Jahresabgrenzung (290)
2. Sonstige Rückstellungen für Aufwendungen (399)
3. Übrige sonstige Verbindlichkeiten (489)
4. Passive Jahresabgrenzung (490)
5. Rechts- und Beratungskosten (677)
6. Außerordentliche Aufwendungen (760)

261. Aufgabe

Die Hauptversammlung einer AG beschließt, den Bilanzgewinn in Höhe von 16.650.000,00 EUR als Dividende auszuschütten – das sind 9,25 EUR auf je 50,00 EUR Aktienwert oder 18,5% auf das gezeichnete Kapital.

Wie hoch ist das gezeichnete Kapital?

262. Aufgabe

Im Bereich Rechnungswesen wird durch zusätzliche EDV-Investitionen in Höhe von 210000,00 EUR die Zahl der Mitarbeiter von sechs auf vier verringert. Die monatlichen Aufwendungen je Mitarbeiter betragen 7000,00 EUR.

Berechnen Sie, nach welcher Zeit die Investitionskosten durch die Einsparungen bei den Personalkosten ausgeglichen sind.

263. Aufgabe

Wie ändern sich durch eine Erhöhung des Umsatzsteuersatzes um 3% die Selbstkosten eines Erzeugnisses?

1. Ebenfalls um 3%
2. Nicht, da die Umsatzsteuer kein Kostenfaktor ist
3. Je nach Ermessen des einzelnen Betriebes
4. Nur bei Senkung der Umsatzsteuer würde eine Änderung eintreten.
5. Um mehr als 3%, da der Betrieb 3% mehr Steuern bezahlen muss und alles 3% teurer einkaufen muss

264. Aufgabe

Bei der Herstellung ähnlicher Erzeugnisse ermitteln Sie folgende Werte:

	Äquivalenzziffer	hergest. Menge
Erzeugnis I	2	5.000
Erzeugnis II	1	3.000
Erzeugnis III	1,5	8.000
Gesamtkosten für die drei Erzeugnisse		960.000,00 EUR

Wie hoch sind die Herstellungskosten für ein Stück Erzeugnis III?

265. Aufgabe

Die Herstellkosten eines Erzeugnisses belaufen sich auf 690,00 EUR. Die Verwaltungs- und Vertriebsgemeinkosten betragen insgesamt 16 2/3%. Der Gewinn wird mit 12 1/2% angesetzt. Außerdem sind 2% Skonto einzukalkulieren.

Zu welchem Preis kann der Industriebetrieb anbieten (ohne Umsatzsteuer)?

266. Aufgabe

Laut Vorkalkulation betragen die Fertigungslöhne 12.000,00 EUR und die Fertigungsgemeinkosten 30.000,00 EUR.

Berechnen Sie den Fertigungsgemeinkostenzuschlag.

267. Aufgabe

In der Vorkalkulation wurde mit 21.900,00 EUR Fertigungsmaterial gerechnet. Bei der Abwicklung des Auftrages wurde für 21.300,00 EUR Fertigungsmaterial verbraucht.

Wie hoch ist die Abweichung bei den Material-Gemeinkosten, wenn mit einem Materialgemeinkostenzuschlag von 6 2/3% gearbeitet wurde?

Kosten- und Leistungsrechnung

268. Aufgabe

In einem Tarifabkommen mit der Gewerkschaft wurde eine Arbeitszeitverkürzung bei vollem Lohnausgleich vereinbart. Wie wirkt sich das auf die Stückkosten in der Fertigung aus?

1. Die Stückkosten ändern sich nicht, weil ja nur weniger gearbeitet wird.
2. Die Stückkosten gehen zurück, weil ja jetzt weniger gearbeitet wird.
3. Die Stückkosten bleiben gleich, weil sich die Kopfzahl der Belegschaft in der Fertigung dadurch nicht ändert.
4. Die Stückkosten erhöhen sich, weil sich der Stundenlohn (bzw. Akkordrichtsatz) erhöht.
5. Die Stückkosten bleiben gleich, weil sich der Stundenlohn (bzw. Akkordrichtsatz) nicht ändert.

▶ ☐

269. Aufgabe

Ordnen Sie zu, indem Sie die Kennziffern der drei Fertigungsbetriebe in die Kästchen bei den zugehörigen Kalkulationsarten eintragen!

Fertigungsbetrieb

1. Der Betrieb stellt in Einzel- und Serienfertigung verschiedene Erzeugnisse her.
2. Der Betrieb stellt nur ein einheitliches Erzeugnis her.
3. Der Betrieb stellt zwar verschiedene, aber artgleiche Erzeugnisse her, die auf denselben Fertigungseinrichtungen erzeugt werden.

Kalkulationsart

Divisionskalkulation ☐

Äquivalenzziffernkalkulation ☐

Zuschlagskalkulation ☐

270. Aufgabe

Welcher Erzeugnisbereich eines Industriebetriebs arbeitet am wirtschaftlichsten?

1. Bereich A:
   Gesamtkosten   300.000,00 EUR
   Verkaufserlöse 360.000,00 EUR
2. Bereich B:
   Gesamtkosten   80.000,00 EUR
   Verkaufserlöse 100.000,00 EUR
3. Bereich C:
   Gesamtkosten   40.000,00 EUR
   Verkaufserlöse   52.000,00 EUR
4. Bereich D:
   Gesamtkosten   50.000,00 EUR
   Verkaufserlöse   62.000,00 EUR
5. Bereich E:
   Gesamtkosten   150.000,00 EUR
   Verkaufserlöse 192.000,00 EUR

▶ ☐

271. Aufgabe

Wir beziehen folgende Rohstoffe:

A 3.600 kg   9.000,00 EUR
B 4.800 kg   15.000,00 EUR

Die Bezugskosten betragen: Fracht: 1.400,00 EUR
                            Versicherung: 840,00 EUR

Diese sind nach dem Gewicht (Fracht) und nach dem Wert (Versicherung) zu verteilen.
Mit wie viel Euro ist der Rohstoff B in die Kalkulation einzusetzen?

Kosten- und Leistungsrechnung

272. Aufgabe

Prüfen Sie, welche Feststellung über Stückkosten richtig ist!

1. Die Degression der Stückkosten setzt sich bei zunehmender Beschäftigung unbegrenzt fort.
2. Die Fixkostenbelastung je Stück nimmt bei zunehmender Beschäftigung ab.
3. Die Höhe der Stückkosten hängt nicht vom Beschäftigungsgrad ab.
4. Bei zunehmender Beschäftigung bleiben die Fixkosten je Stück gleich, bei abnehmender Beschäftigung sinken sie.
5. Bei abnehmender Beschäftigung bleiben die Fixkosten je Stück gleich.

Situation zur 273. und 274. Aufgabe

In einer Fabrikationsstätte werden in drei aufeinander folgenden Produktionsabschnitten 30.000, 60.000 und 80.000 Geräteteile gefertigt.
Die Kosten im ersten Jahr betrugen 45.000,00 EUR, im zweiten Jahr 100.000,00 EUR und im dritten Jahr 150.000,00 EUR.

273. Aufgabe

Welche der Linien in folgender Grafik stellt die Gesamt-Kostenlinie dar, die sich aus den genannten Zahlen ergibt?

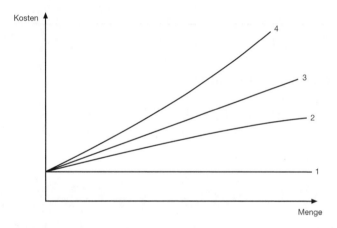

1. Linie 1
2. Linie 2
3. Linie 3
4. Linie 4

---

274. Aufgabe

Um welchen der folgenden Kostenverläufe handelt es sich in diesem Fall?

1. Fixe Gesamtkosten und degressive Stückkosten
2. Proportionale Gesamtkosten und progressive Stückkosten
3. Überproportionale Gesamtkosten und konstante Stückkosten
4. Unterproportionale Gesamtkosten und degressive Stückkosten
5. Überproportionale Gesamtkosten und progressive Stückkosten

Kosten- und Leistungsrechnung

275. Aufgabe

In einer Umsatzplanung finden Sie folgende Planzahlen:

Produkt A:	Erlös je kg	10,00 EUR
	Deckungsbeitrag je kg	6,50 EUR
	absetzbare Menge	10.000 kg pro Jahr
Produkt B:	Erlös je kg	7,00 EUR
	Deckungsbeitrag je kg	4,00 EUR
	absetzbare Menge	25.000 kg pro Jahr
Produkt C:	Erlös je kg	12,00 EUR
	Deckungsbeitrag je kg	9,00 EUR
	absetzbare Menge	8.000 kg pro Jahr
Produkt D:	Erlös je kg	8,50 EUR
	Deckungsbeitrag je kg	5,50 EUR
	absetzbare Menge	20.000 kg pro Jahr
Produkt E:	Erlös je kg	10,00 EUR
	Deckungsbeitrag je kg	7,00 EUR
	absetzbare Menge	15.000 kg pro Jahr

Welche beiden dieser fünf Produkte bringen für das Unternehmen unter Berücksichtigung der Menge zusammen den höchsten Deckungsbeitrag?

1. A und B
2. A und D
3. B und C
4. B und D
5. D und E
6. B und E

Kosten- und Leistungsrechnung

Abbildung zur 277. bis 279. Aufgabe
Gliederung und Inhalt der Abgrenzungsrechnung zwischen Geschäftsbuchführung und Kosten- und Leistungsrechnung nach dem Industriekontenrahmen (IKR)

RECHNUNGSKREIS I				RECHNUNGSKREIS II				Kosten- u. Leistungsbereich	
Erfolgsbereich				Abgrenzungsbereich					
				Unternehmensbezogene Abgrenzungen (betriebsfremd) Gruppe 90		Kosten- und leistungsrechnerische Korrekturen (außerordentliche betriebsbezogene, Verrechnungskorrekturen, sonstige Abgrenzungen/Gruppe 91		Kosten- und Leistungsarten Gruppe 92	
Geschäftsbuchführung/Klassen 5, 6, 7									
Kto.-Nr.	Kontobezeichnung	Aufwendungen	Erträge	Aufwendungen	Erträge	Aufwendungen	Erträge	Kosten	Leistungen
500	Umsatzerlöse für eigene Erzeugnisse		900 500						
520	Bestandsveränderungen		10 100						
548	Erträge aus der Herabsetzung von Rückstellungen		6 700						
571	Zinserträge		3 000						
600	Aufwendungen für Rohstoffe/Fertigungsmaterial	320 900[1]					325 500[2]	325 500[2]	
620	Löhne für geleistete Arbeitszeit	180 600							
630	Gehälter	150 700							
640/641	Arbeitgeberanteil zur Sozialversicherung	52 100						52 100	
652	Abschreibungen auf Sachanlagen	70 400							
680	Büromaterial	2 000						2 000	
688	Spenden	800							
696	Verluste aus dem Abgang v. Vermögensgegenständen	10 500				10 500			
740	Abschreibungen auf Finanzanlagen	30 000		30 000					
751	Zinsaufwendungen	5 400[3]							
771	Körperschaftsteuer	18 500							
	Kalkulatorische Kosten								
	Abschreibungen						75 000	75 000	
	Zinsen						5 900	5 900	
	Unternehmerlohn						17 500	17 500	
	Wagnisse						4 000	4 000	
	Summen	841 900							
	Salden								
	Ergebnis	Gesamtergebnis		Ergebnis aus unternehmensbezogenen Abgrenzungen		Ergebnis aus kosten- und leistungsrechnerisch. Korrekturen		Betriebsergebnis	

[1] Stoffkosten zu Einstandspreisen
[2] Stoffkosten zu Verrechnungspreisen
[3] a. o. betriebsbezogene Aufwendungen

276. Aufgabe

Vervollständigen Sie die folgende Kalkulation!

FM		
MGK	25%	32.000,00 EUR
Materialkosten		
FL		160.000,00 EUR
FGMK	160%	
S. d. F.		4.000,00 EUR
Fertigungskosten		
Herstellkosten der Fertigung		
– Bestandsveränderung		
HK des Umsatzes		572.000,00 EUR

Wie viel Euro betragen die Bestandsveränderungen?

1. Mehrbestand
2. Minderbestand

Situation zur 277. bis 279. Aufgabe

Vervollständigen Sie die Abgrenzungsrechnung auf der vorhergehenden Seite, indem Sie zunächst die Aufwendungen und Erträge der Geschäftsbuchführung (Rechnungskreis I) addieren und dann die noch fehlenden Zahlen im Rechnungskreis II ergänzen.
Beachten Sie, dass die Gesamtergebnisse aus Rechnungskreis I und II übereinstimmen müssen!

277. Aufgabe

Wie hoch ist das Gesamtergebnis?

278. Aufgabe

Wie hoch ist das Betriebsergebnis?

279. Aufgabe

Wie hoch ist das Ergebnis aus unternehmensbezogenen Abgrenzungen?

---

280. Aufgabe

Wie viel Euro beträgt die Kostenüber- bzw. Kostenunterdeckung aufgrund folgender Zahlen aus der Buchhaltung?

Selbstkosten des Umsatzes	1.174.000,00 EUR
Umsatzerlöse	1.268.000,00 EUR
Erlösberichtigungen	18.000,00 EUR
Betriebsergebnis	81.900,00 EUR

---

281. Aufgabe

Ordnen Sie zu, indem Sie die Kennziffern von drei der insgesamt sechs Geschäftsfälle in die Kästchen bei den Kategorien von Aufwand und Kosten eintragen!

Geschäftsfälle

1. Zinsgutschrift für Wertpapierverkauf
2. Umwandlung einer Lieferschuld in eine Wechselschuld
3. Grundsteuer für Werkswohnhäuser
4. Kfz-Steuer für Privatauto des Unternehmers
5. Kalkulatorische Abschreibungen
6. Telefonkosten des Betriebes

Kategorien von Aufwand und Kosten

Neutraler Aufwand

Grundkosten

Zusatzkosten

Kosten- und Leistungsrechnung

282. Aufgabe

Welche Aufgabe hat der Betriebsabrechnungsbogen?

1. Vergleich von Normalkosten und Einzelkosten
2. Aufteilung der Kosten in Einzel- und Gemeinkosten
3. Verteilung der Gemeinkosten auf die einzelnen Kostenstellen
4. Übernahme der Einzelkosten aus der Buchhaltung und ihre Verteilung auf die Kostenstellen
5. Errechnung des Gewinnzuschlages

283. Aufgabe

Die Kostenstelle Lackiererei hat einen monatlichen Gemeinkostenanteil von 8.170,00 EUR. Dort arbeiten fünf Lackierer, die einen Durchschnittsbruttolohn von je 20,00 EUR je Stunde erhielten. Der Betrieb hat die 38-Stunden-Woche und alle Lackierer waren anwesend. (Der Monat wird mit 4,3 Wochen gerechnet.)

Wie viel Prozent beträgt der Gemeinkostenzuschlag für diese Kostenstelle?

284. Aufgabe

Bei der Firma Maxiplus betragen die Selbstkosten des Umsatzes 210.000,00 EUR und die Nettoverkaufserlöse 254.000,00 EUR.

Wie hoch ist dann bei einer Gesamtkostenüberdeckung von 11.533,50 EUR der Betriebsgewinn?

285. Aufgabe

Prüfen Sie, welche Erklärung für eine „Kostenunterdeckung" zutrifft!

1. Für die Ermittlung der Herstellungskosten wurden nur die proportionalen Kosten berücksichtigt.
2. Die kalkulatorischen Abschreibungen waren niedriger als die bilanzmäßigen.
3. Der Materialgemeinkostenzuschlag von 15% wurde beibehalten, obwohl die Materialpreise gestiegen und die Gemeinkosten gleichgeblieben waren.
4. Ein Minderbestand bei Fertigerzeugnissen war nicht berücksichtigt worden.
5. Die effektiven Kosten waren höher als die verrechneten Normalgemeinkosten.

286. Aufgabe

Mehrere Schreibtische, die vor zwei Jahren angeschafft wurden, werden über den Lagerverwalter an eine andere Kostenstelle Ihres Ausbildungsbetriebs abgegeben.
Was muss der Lagerverwalter tun?

1. Er muss nichts unternehmen, da es sich um gebrauchte Gegenstände handelt.
2. Er muss eine Meldung veranlassen, damit die Abschreibungen für diese Gegenstände der neuen Kostenstelle belastet werden.
3. Er muss nichts unternehmen, denn diese Gegenstände sind bereits abgeschrieben.
4. Er muss den Restwert dieser Gegenstände zulasten der alten Kostenstelle ausbuchen.
5. Er muss den Restwert dieser Gegenstände auf das Büromöbel-Lager zurückbuchen.

287. Aufgabe

Ein Geschäftshaus ist von drei Gesellschaften gemietet worden. Die monatliche Miete (ohne Nebenkosten) beträgt 20,00 EUR je qm. Es fallen jährlich folgende Kosten an:

Öl	12.000,00 EUR
Reinigung	36.000,00 EUR
Sonstige Kosten	24.000,00 EUR

Diese Kosten sind nach qm zu verteilen. Der Raumanteil der Gesellschaften beträgt:

A 120 qm
B 150 qm
C 330 qm

Wie viel Euro hat die Gesellschaft A monatlich für die gemieteten Räume aufzuwenden?

288. Aufgabe

Welche Feststellung über die Ermittlung der Herstellungskosten nach den Bewertungsvorschriften des HGB trifft zu?

1. Eigenkapitalzinsen müssen in die Herstellungskosten einbezogen werden.
2. Variable Fertigungs- und Materialgemeinkosten dürfen in die Herstellungskosten einbezogen werden.
3. Vertriebskosten müssen in die Herstellungskosten einbezogen werden.
4. Sondereinzelkosten der Fertigung dürfen nicht in die Herstellungskosten einbezogen werden.
5. Kosten der allgemeinen Verwaltung müssen in die Herstellungskosten einbezogen werden.

289. Aufgabe

Bringen Sie die folgenden Posten der Gliederung der Gewinn- und Verlustrechnung nach dem Umsatzkostenverfahren im HGB in die richtige Reihenfolge, indem Sie die Ziffern 1 bis 9 in die Kästchen eintragen!

Bruttoergebnis vom Umsatz

Außerordentliches Ergebnis (außerordentliche Erträge – außerordentliche Aufwendungen)

Sonstige betriebliche Erträge – Sonstige betriebliche Aufwendungen

Umsatzerlöse

Jahresüberschuss/Jahresfehlbetrag

Herstellungskosten der zur Erzielung der Umsatzerlöse erbrachten Leistungen

Erträge aus Beteiligungen

Ergebnis der gewöhnlichen Geschäftstätigkeit

Vertriebskosten – allgemeine Verwaltungskosten

Kosten- und Leistungsrechnung

290. Aufgabe

Für die Erstellung einer Vorkalkulation liegen aus der Arbeitsvorbereitung und der Betriebsbuchhaltung folgende Angaben vor:

150 kg Materialverbrauch à 20,00 EUR pro kg
10 Fertigungsstunden der Kostenstelle Schmelze
   Lohnkosten 20,00 EUR pro Stunde
   Fertigungsgemeinkosten 400 %
20 Fertigungsstunden der Kostenstelle Walzwerk
   Lohnkosten 22,00 EUR pro Stunde
   Fertigungsgemeinkosten 250 %

Wie hoch sind die Selbstkosten, wenn Sie mit einem Zuschlag für Vertriebs- und Verwaltungskosten von insgesamt 30 % rechnen müssen?

291. Aufgabe

Auf die Kostenstellen Gießanlage, Walzwerk und Drahtzug sind zusätzliche Kosten für Stromverbrauch für allgemeine Werksverwaltung und für Gebäude zu verteilen. Die in der Finanz- und Betriebsbuchhaltung vorliegenden Zahlen lauten wie folgt:

Rechnung der Stadtwerke	40.000,00 EUR
Personalkosten für allgemeine Werksverwaltung	80.000,00 EUR
Gebäudekosten	36.000,00 EUR

Wie hoch sind die verteilten Kosten für die Kostenstelle Gießanlage, wenn folgende Verteilungsschlüssel vorliegen?

Strom:	60 % des Verbrauchs der drei Kostenstellen
Arbeitskräfte:	5 von insgesamt 40 Mitarbeitern
Raum:	100 qm von insgesamt 900 qm

Situation zur 292. und 293. Aufgabe

Sie erhalten als Mitarbeiter der Betriebsabrechnung von der Geschäftsbuchführung folgende Zahlen:

Fertigungsmaterial	60.000,00 EUR
Fertigungslöhne	50.000,00 EUR
Hilfslöhne	24.000,00 EUR
Energieverbrauch	20.000,00 EUR
Gebühren und Steuern	10.000,00 EUR
Abschreibungen	41.000,00 EUR
Fremdleistungen für die Kostenstellen des Betriebes	11.000,00 EUR

292. Aufgabe

Wie hoch sind die Fertigungsgemeinkosten, wenn 25.000,00 EUR der angegebenen Gemeinkosten auf Verwaltung und Vertrieb entfallen, und der Materialgemeinkostenzuschlag 10 % beträgt?

293. Aufgabe

Wie hoch ist der Fertigungs-Gemeinkostenzuschlag?

Kosten- und Leistungsrechnung

294. Aufgabe

Es gibt verschiedene Möglichkeiten zur grafischen Darstellung von Arbeitsabläufen. Voraussetzung für die erfolgreiche Verwendung grafischer Darstellungen ist die einmalige Festlegung von bestimmten Symbolen. Betrachten Sie die folgenden Symbole mit dem dazugehörenden Arbeitsgang.
Tragen Sie die Kennziffern der Symbole (1 bis 6) mit dem dazugehörenden Arbeitsgang in die Kästchen bei den entsprechenden Beispielen ein!

Symbole und Arbeitsgang

1. ⟹ Transport
   (Pfeil)

2. ☐ Überprüfung Kontrolle
   (Quadrat)

3. ▽ Lagerung
   (Dreieck auf der Spitze stehend)

4. ○ Bearbeitung
   (Kreis)

5. **D** Verzögerung
   (Großbuchstaben)

6. ◯ Bearbeitung und Überprüfung
   (Quadrat mit Kreis)

Beispiele

Beispiel	
Rechnungen werden geschrieben	☐
Rechnungen werden kontrolliert und gleichzeitig geordnet	☐
Rechnungen werden im Archiv nach Rechnungsdatum abgelegt	☐
Rechnungen werden durch Vertreter an die Kunden gegeben	☐
In der Rechnungsabteilung können keine Rechnungen geschrieben werden, da die Kalkulationsunterlagen noch nicht vollständig sind	☐
Auf einer Rechnung werden die Artikelnummern überprüft	☐

295. Aufgabe

Sie haben eine Präsentation über Fortbildungsmöglichkeiten – im Bereich des Rechnungswesens – der Mitrbeiter Ihres Ausbildungsbetriebes durchgeführt. Zum Abschluss erwarten Sie ein „Feedback" von den Teilnehmern, das ihnen hilft, positive Verhaltensweisen beizubehalten und negative abzustellen.
In welchem Fall gibt Ihnen das Feedback wenig Hilfe?

1. Es ist ausführlich und konkret.
2. Es umfasst positive Gefühle und Wahrnehmungen.
3. Es verzichtet auf Wertungen.
4. Es ist zielgerichtet und gibt auf eine klare Fragestellung eine eindeutige persönliche Antwort.
5. Es erfolgt 14 Tage nach der Präsentation

▶ ☐

296. Aufgabe

Die Geschäftsleitung Ihres Ausbildungsbetriebes hat das „Integrated Services Digital Network (ISDN)" eingeführt. Welche richtige Überlegung liegt dieser Entscheidung zu Grunde?

1. Die Datenfernübertragung von Computer zu Computer wird ermöglicht.
2. Auf Daten, die im zentralen Rechner des Ausbildungsbetriebes gespeichert sind, ist direkter Zugriff möglich.
3. ISDN gewährleistet einen sicheren Datenaustausch aufgrund einer niedrigen Übertragungsgeschwindigkeit.
4. ISDN dient ausschließlich der Übertragung von Grafiken und Statistiken.
5. Texte, Daten, Sprache und Bilder können übertragen werden.

▶ ☐

297. Aufgabe

Ihr Ausbildungsbetrieb hat Maßnahmen zum Datenschutz getroffen.
Prüfen Sie, bei welcher Maßnahme die Sicherung durch die Software erfolgt.

1. Zum Rechenzentrum haben nur bestimmte Personen Zutritt.
2. Magnetische Datenträger werden durch einen Schreibschutz gesichert.
3. Die Zugriffsberechtigung des Benutzers muss durch ein Passwort erfolgen.
4. Die Tastenfelder können abgeschlossen werden.
5. Es werden Kopien von allen Originalprogrammen angefertigt.

▶ ☐

298. Aufgabe

Alle Arbeiten im Bereich Leistungsabrechnung/Controlling der Behrendt GmbH werden über Datenverarbeitung abgewickelt. Dafür sind Grundkenntnisse notwendig.
Ordnen Sie zu, indem Sie die Kennziffern von vier der insgesamt acht Begriffe aus der Datenverarbeitung in die Kästchen bei den entsprechenden Erläuterungen eintragen!

Begriffe

1. Plotter
2. Betriebssystem
3. Menü
4. Barcode
5. Datenerfassungsgerät
6. Diskette
7. ROM
8. Mikro-Prozessor

Erläuterungen

Funktionseinheit eines Mikrocomputers, deren Speicherinhalt nicht mehr verändert werden kann ☐

Ausgabegerät zum Zeichnen von Kurven und Grafiken ☐

Programmierbare Funktionseinheit, die die Steuer- und Rechenfunktion eines Computers wahrnimmt ☐

Sammelbezeichnung für alle Programme, die für Benutzer notwendig sind, um mit einer Datenverarbeitungsanlage arbeiten zu können ☐

299. Aufgabe

Prüfen Sie, welche Feststellung über den Datenschutz richtig ist!

1. Das Bundesdatenschutzgesetz schützt die unbefugte Weitergabe von Forschungsergebnissen eines Unternehmens.
2. Durch das Bundesdatenschutzgesetz wird die gesamte Software eines Unternehmens geschützt.
3. Das Bundesdatenschutzgesetz schützt nur personenbezogene Daten, die in Dateien gespeichert oder aus Dateien übermittelt werden.
4. Das Bundesdatenschutzgesetz schützt nur Daten von Kunden und Lieferanten, die in Dateien gespeichert oder aus Dateien übermittelt werden.
5. Der Datenschutzbeauftragte eines Unternehmens kann nur mit Zustimmung des Betriebsrates ernannt werden.

▶ ☐

300. Aufgabe

Prüfen Sie, welche Feststellung über alphanummerische Daten zutrifft!

1. Alphanummerische Daten bestehen nur aus Ziffern und Sonderzeichen.
2. Alphanummerische Daten bestehen nur aus Buchstaben und Sonderzeichen.
3. Alphanummerische Daten bestehen aus Ziffern, Buchstaben und Sonderzeichen.
4. Alphanummerische Daten bestehen nur aus Ziffern.
5. Alphanummerische Daten bestehen nur aus Ziffern und Buchstaben.

▶ ☐

Kosten- und Leistungsrechnung

301. Aufgabe

Was versteht man in der Datenverarbeitung unter einem Netzwerk?

1. Mehrere Zentraleinheiten sind miteinander verbunden.
2. Als Netzwerk bezeichnet man alle angeschlossenen Peripheriegeräte.
3. Es ist die Übertragung von Daten vom Arbeitsspeicher an den Drucker.
4. Mehrere unabhängige Datenstationen sind durch Kabel miteinander verbunden und können sich gegenseitig Daten und Programme zur Verfügung stellen.
5. Drei Datenstationen sind mit einem einzigen Drucker verbunden, den sie gemeinsam nutzen.

302. Aufgabe

Was versteht man unter „Codieren"?

1. Das Übersetzen eines symbolischen Programms in das echte Maschinenprogramm
2. Die Umsetzung eines Programmablaufplanes in eine Folge von Instruktionen
3. Nur das Verschlüsseln von Zeichen
4. Die Umsetzung eines Programmablaufplanes in einen Datenflussplan
5. Die Umsetzung eines Programmablaufplanes in eine Folge von Bearbeitungsschritten

303. Aufgabe

Was versteht man in der Datenverarbeitung unter Konfiguration?

1. Die Zusammenstellung der DV-Anlage aus Zentraleinheit und Peripheriegeräten
2. Die Zusammenstellung der Software
3. Die Verfahren der Datenerfassung im Betrieb
4. Die Bestandteile der Zentraleinheit
5. Die vorhandenen Anwendungsprogramme

304. Aufgabe

Was ist ein Separator?

1. Ein Gerät zum Einmischen von Leerkarten
2. Ein Gerät zur Vernichtung alter Lochkarten
3. Ein Gerät zum Trennen von Endlos-Durchschlägen
4. Eine Ablagevorrichtung am Schnelldrucker
5. Eine Schnittstelle zwischen Schaltstellen einer EDV-Anlage

305. Aufgabe

Bei welchem Datum handelt es sich um ein Bewegungsdatum bei der Lohnabrechnung?

1. Steuerklasse
2. Kostenstelle
3. Lohnart
4. Arbeitszeit
5. Personalnummer

306. Aufgabe

Welche Angabe gibt Auskunft über die Speicherkapazität der Festplatte eines PC?

1. OS/2 Warp
2. XM-5302 B
3. 1 GB
4. 20 ms
5. 80.586 DX
6. ZIP-Drive

Kosten- und Leistungsrechnung

307. Aufgabe

Bei welcher Art der Datenerfassung handelt es sich um eine „Offline"-Erfassung?

1. Ein Sachbearbeiter im Lager gibt die Inventurbestände über seinen PC ein.
2. Für die Kundenaufträge, die sich auf einem Magnetband befinden, werden Rechnungen erstellt.
3. Ein Mitarbeiter in der Buchhaltung gibt notwendige Umbuchungen über seinen Bildschirm ein.
4. Ein Mitarbeiter in der Qualitätskontrolle eines Industriebetriebs markiert die festgestellten Fehler auf einem Markierungsbeleg.
5. Die Mitarbeiter eines Industriebetriebs müssen ihre Personalkarte bei Arbeitsbeginn und Arbeitsende in ein Lesegerät einschieben.

Lösungen zu den Aufgaben 1–307

Marketing und Absatz

1. bis 5. siehe Lösungshinweise
6. 4
7. 3
8. 2
9. 4
10. 11.000,00 EUR
11. 20,0 %
12. 138,55 EUR
13. 5
14. 3
15. 4
16. 2
17. 5
18. 4
19. 3
20. 3
21. 3
22. 4
23. 7,6 Mio EUR
24. 69.884 EUR
25. 185.255,00 EUR
26. 3
27. 3
28. 2
29. 2
30. 4
31. 440,00 EUR
32. 2
33. 3
34. 4
35. 4
36. 2

Beschaffung und Bevorratung

37. bis 41. siehe Lösungshinweise
42. 1
43. 6, 1, 4
44.1 160 Stück
44.2 10 mal
44.3 200 Stück
45. 2
46. 3
47. 5
48. 1
49. 3, 5, 1, 2, 6, 4
50. 5
51. 5
52. 33,25 EUR
53. 3
54. 4
55. 2
56. 2
57. 5
58. 3
59. 2
60. 3
61. 5
62. 4
63. 1.273,22 EUR
64. 1
65. 3
66. 5
67. 3
68. 3
69. 2
70. 6, 3, 5, 1, 4, 2
71. 1.330,00 EUR
72. 90.000,00 EUR
73. 3
74. 3
75. 4
76. 5
77. 3 000 kg
78. 3 140 kg/7.850,00 EUR
79. 5
80. 5
81. 30 Tage
82. 4

Personal

83. bis 87. siehe Lösungshinweise
88. 5
89. 1
90. 3
91. 3
92. 4
93. 2
94. 4
95. 3
96. 4
97. 4
98. 12 Arbeiter
99. 6, 2, 1
100. 3
101. 4
102. 1
103. 4
104. 2
105. 3
106. 3
107. 2
108. 5
109. 1
110. 4
111. 3
112. 3, 5
113. 4
114. 4, 5
115. 4
116. 4
117. 5
118. 2
119. 4
120. 5
121. 5
122. 5
123. 4
124. 3, 1, 4
125. 2
126. 4
127. 4
128. 8, 2, 5, 7, 3, 4, 1, 6
129. 4
130. 2
131. 3
132. 1
133. 600,00 EUR
134. 7, 5, 6, 1, 2, 4, 3
135. 2
136. a) 576,33
     b) 23,42
137. a) 0,20 EUR
     b) 14,40 EUR
     c) 20 %
138. 2
139. 3
140. 1
141. 1
142. 2
143. 4

Leistungserstellung

144. bis 149. siehe Lösungshinweise
150. 3, 1, 2
151. 4
152. 3
153. 11,25 EUR
154. 3
155. 1,75
156. 4
157. 4
158. 4
159. 3
160. 3
161. 3
162. 2
163. 3
164. 2
165. 4
166. 3
167. 2
168. 3
169. 4
170. 3, 5, 1
171. 1
172. 2
173. 15 000 kg
174. 3
175. 3
176. 2,66
177. 4
178. 2
179. 1
180. 4

181.	3	225.	a) 9/3	266.	250%
182.	6		b) 2	267.	40,00 EUR
183.	5	226.	4, 8/2	268.	4
184.	1	227.	29.792,00 EUR	269.	2, 3, 1
185.	5	228.	2	270.	3
186.	13,20 EUR	229.	2/4, 6	271.	16.325,00 EUR
		230.	4, 1	272.	2

Leistungsabrechnung

187. bis 190. siehe Lösungshinweise

191.	3	231.	a) 2/1, 3	273.	4
192.	30 TEUR		b) 5/1	274.	5
193.	240 EUR	232.	5/1, 2, 4	275.	5
194.	134,40 EUR	233.	6/1	276.	a) 8.000,00 EUR
195.	4	234.	7, 8/5		b) 1
196.	5	235.	5/4	277.	78.400,00 EUR
197.	2	236.	6/3	278.	97.300,00 EUR
198.	3	237.	1	279.	46.300,00 EUR
199.	3	238.	2	280.	5.900,00 EUR
200.	20.000,00 EUR	239.	20.646,00 EUR	281.	3, 6, 5
201.	3	240.	31.441,00 EUR	282.	3
202.	5	241.	379.441,00 EUR	283.	50%
203.	4	242.	1.600,00 EUR	284.	55.533,50 EUR
204.	3/1	243.	565.500,00 EUR	285.	5
205.	3/1	244.	265.266,00 CHF	286.	2
206.	4/2	245.	42 Tage	287.	3.600,00 EUR
207.	6/2	246.	4	288.	2
208.	4/2	247.	2	289.	3, 8, 5, 1, 9, 2, 6, 7, 4
209.	1/2	248.	18.926,96 EUR	290.	7.202,00 EUR
210.	2, 6, 7/1	249.	4	291.	38.000,00 EUR
211.	6/1	250.	2	292.	75.000,00 EUR
212.	5/1	251.	3	293.	150,00%
213.	5/3	252.	4.696,89 EUR	294.	4, 6, 3, 1, 5, 2
214.	4	253.	1.800,00 EUR	295.	5
215.	5, 6/2, 3, 4	254.	230.202,00 EUR	296.	5
216.	3, 6/1	255.	5,03%	297.	3
217.	1, 5, 6/3	256.	55%	298.	7, 1, 8, 2
218.	6/1	257.	2 Jahre	299.	3
219.	2	258.	3	300.	3
220.	5/1	259.	3	301.	4
221.	4, 5/1	260.	5/2	302.	2
222.	4/2	261.	90.000.000,00 EUR	303.	1
223.	4, 7/1	262.	15 Monate	304.	3
224.	5/1	263.	2	305.	4
		264.	57,60 EUR	306.	3
		265.	924,11 EUR	307.	4

Die Angaben zu den Lösungen der ungebundenen Aufgaben sind nur **beispielhaft**.
Auch andere richtige Lösungen sind möglich.

Lösungshinweise zu den ungebundenen Aufgaben

Lösungshinweise zur 1. Aufgabe

1.1 – Der Umsatz der Behrendt GmbH lag während des gesamten Jahres unter dem geplanten Umsatz.
– Am 31. Dez. liegt der Umsatz des Gesamtmarktes der Branche mehr als 20 % über der Umsatzentwicklung der Behrendt GmbH.
– Der Umsatz der Behrendt GmbH ging im zweiten Halbjahr zurück.
– Der geplante Umsatz liegt fast 20 % über dem erreichten Umsatz.
– u. a.

1.2 – geändertes Käuferverhalten
– bessere Preis- und Absatzpolitik der Konkurrenz
– Übernahme von Marktanteilen durch ausländische Anbieter
– falsche Produktpolitik der Geschäftsleitung
– u. a.

1.3 Salespromotion

1.4 – Verkaufstraining der Mitarbeiter
– Verkaufsprämien
– Preisausschreiben
– Proben, Muster
– Kundenzeitschriften
– u. a.

1.5 – Alter der Kunden
– Bildung
– Einkommen
– geografische Kriterien
– Lebensstil der Kunden
– u. a.

1.6 Erfolgsquote zweites Halbjahr: 400 Ang. – 100 %
280 Ang. – ? %   Quote: $\frac{100 \cdot 280}{400} = 70\%$

Quote erstes Halbjahr   80 – 100 %
Quote zweites Halbjahr 70 – ? %   Quote: $\frac{100 \cdot 70}{80} = 87,5$; Rückgang <u>12,5 %</u>

1.7 – Kundenservice
– Kundenbesuche
– Rabattgewährung
– bessere Einbindung der Kundenwünsche in die Unternehmensstrategie
– Public-Relations-Maßnahmen
– u. a.

1.8 – durch die Vereinbarung, die Rechnung in Euro zu stellen

1.9 Die vergleichende Werbemaßnahme
– darf nicht irreführend sein,
– darf den Mitbewerber nicht herabsetzen oder verunglimpfen,
– muss sich auf konkrete, typische Eigenschaften der Ware beziehen und
– muss hinsichtlich der Angaben (z. B. Preis) nachprüfbar sein.

1.10 – Der gute Ruf wird gepflegt.
– Die Wettbewerbs- bzw. Konkurrenzfähigkeit wird gesteigert.
– Das Preis-/Leistungsverhältnis muss stimmen.

1.11 Alter Preis 100 – 100 %   Umsatz/Menge
neuer Preis 80 – ? %   notwendige Steigerung zum Ausgleich

$$\text{Umsatz} = \frac{100 \cdot 100}{80} = 125$$

Seitheriger Umsatz nach Preisausgleich 100% – 125
neuer Umsatz nach Steigerung 110% – ?

Umsatz $= \dfrac{125 \cdot 110}{100} = 137{,}5$; Steigerung 37,5%

Lösungshinweise zur 2. Aufgabe

2.1 – Der Vertrag ist gültig.
– Rechte und Pflichten aus dem Vertrag sind gültig.
– Der Kunde muss die Mäntel behalten und bezahlen.
– Die Behrendt GmbH muss das Eigentum übertragen und die Zahlung annehmen.

2.2 – Der Kunde soll erhalten bleiben.
– Der Kunde kauft möglicherweise weitere Produkte der Behrendt GmbH.
– u. a.

2.3 – schlechte Geschäftsverbindungen (unpünktliche Zahlungen, dauernde Reklamationen, u. a.)
– Der Verkauf der Mäntel an andere Kunden ist nicht möglich.
– u. a.

2.4 – Rücknahme aus Kulanzgründen
– Weitere Aufträge werden erwartet.
– Rücknahme ohne Bedingungen
– u. a.

2.5 – unentgeltliche Kundendienstleistungen, z. B. Lieferung frei Haus
– Umtauschrecht
– Einladungen der Kunden, z. B. zu Messen
– Beratungsservice
– regelmäßige Zusendung von Produktinformationen
– u. a.

2.6 – Warenrücknahme in der Warenannahme
– Gutschrift an Kunden
– Stornobuchung für zu viel gelieferte Mäntel
– Rücknahme der Mäntel ins Lager
– Korrektur der Lagerbestände
– u. a.

Lösungshinweise zur 3. Aufgabe

3.1 – Zusammenstellung bestimmter Teilmengen (Hemden) aus der Gesamtmenge (Sortiment) aufgrund der Kundenaufträge (Kommissionierung)
– Verpackungsart festlegen
– Einsatz der Lademittel planen
– Ausstellung von Versandpapieren
– Transport planen

3.2 Die Verpackung soll
– schützen,
– kostengünstig,
– umweltfreundlich,
– u. a. sein.

3.3 Das Verpackungsmaterial soll
– langlebig,
– wiederverwendbar und
– recycelbar
sein und bei Gebrauch und Entsorgung keine Schäden verursachen.

3.4 Je nach Umfang der Lieferung sind folgende Lademittel sinnvoll:
– Kartons
– Kisten
– Schachteln
– Paletten
– u. a.

3.5.1 – Frachtbriefe
– Paketscheine
– Konnossamente
– Lieferscheine (bei Transport mit eigenem Lkw)

3.5.2 je nach Gewicht, Stückzahl, Eilbedürftigkeit
u. a. Päckchen, Paket, Express-Paket

3.6 Spediteure
– besorgen die Güterversendung,
– bestimmen Beförderungsmittel und -weg,
– wählen Transportunternehmen aus,
– schließen Fracht-, Lager-, Speditionsverträge ab und
– sichern Schadenersatzansprüche des Versenders.

4.1

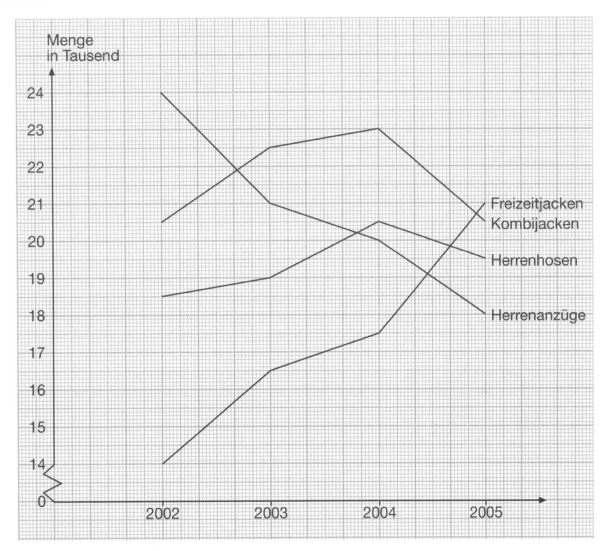

4.2

Produktgruppe	Veränderungen gegenüber 2002
Freizeitjacken	+ 50 %
Herrenanzüge	− 25 %
Kombijacken	+/− 0 %
Herrenhosen	+ 5,4 %

4.3.1 Freizeitjacken und Herrenanzüge

4.3.2 Das Käuferverhalten hat sich verändert, es wird mehr Freizeitkleidung gekauft.
Die Freizeitjacken der Behrendt-Werke liegen modisch im Trend.
Die Preise bei den Freizeitjacken sind im Vergleich zur Konkurrenz günstig.
Die Herrenanzüge liegen nicht mehr im Modetrend.
Die vergleichbaren Herrenanzüge der Konkurrenz sind billiger.

4.4.1	Produktgruppe	2002 %-Anteil	2005 %-Anteil
	Freizeitjacken	18,2 %	26,6 %
	Herrenanzüge	31,2 %	22,8 %
	Kombijacken	26,6 %	25,9 %
	Herrenhosen	24,0 %	24,7 %
	Gesamtmenge	100,0 %	100,0 %

4.4.2	Produktgruppe	2002 %-Anteil	2005 %-Anteil
	Freizeitjacken	15,6 %	24,4 %
	Herrenanzüge	49,2 %	37,3 %
	Kombijacken	21,0 %	22,1 %
	Herrenhosen	14,2 %	16,2 %
	Gesamtumsatz	100,0 %	100,0 %

4.4.3 Bei den Freizeitjacken war der Anteil am Gesamtabsatz (Menge) 2002 am niedrigsten und 2005 am höchsten.
Bei den Herrenanzügen war der Anteil am Gesamtabsatz (Menge) 2002 am höchsten und 2005 am niedrigsten.
Trotz des erheblichen Absatzrückganges haben die Herrenanzüge auch 2005 noch den höchsten Anteil am Gesamtumsatz.

4.5.1 Bei der Primärforschung werden die benötigten Informationen durch Erhebung neuerer, seither nicht vorhandener Daten beschafft.
Bei der Sekundärforschung werden die benötigten Informationen durch Auswertung von bereits vorhandenem Datenmaterial beschafft.

4.5.2 Eigene Umsatz- und Kundenstatistiken für Freizeitjacken.
Umsatzstatistiken für Freizeitbekleidung in Fach- und Verbandszeitschriften.
Statistische Jahrbücher, Vertreter- und Messeberichte.

4.5.3 Befragung unserer Kunden durch eine Fragebogenaktion,
Interviews ausgewählter Kunden durch entsprechend geschulte Außendienstmitarbeiter.

4.5.4 Die Primärforschung verursacht einen höheren Zeitaufwand und höhere Kosten.

4.5.5 Werbung mit einem neuen Design und neuen Anzugsstoffen.
Werbung mit einer attraktiven Preisstaffelung bei Abnahme größerer Mengen.

5.1			
	Fertigungmaterial	40,00	
	+ 20 % Materialgemeinkosten	8,00	
	Materialkosten		48,00
	Fertigungslöhne	30,00	
	+ 73 1/3 % Fertigungsgemeinkosten	22,00	
	Fertigungskosten		52,00
	Herstellkosten		100,00
	+ 20 % Verwaltungs- und Vertriebsgemeinkosten		20,00
	Selbstkosten		120,00
	+ 20 % Gewinnzuschlag		24,00
	Barverkaufspreis		144,00
	+ 4 % Kundenskonto		6,00
	Zielverkaufspreis		150,00

5.2.1 Bei der langfristigen Preisuntergrenze muss der Nettoverkaufspreis die gesamten Stückkosten (Selbstkosten) decken.

5.2.2 Die langfristige Preisuntergrenze beträgt 120,00 EUR.

5.3.1 Bei der kurzfristigen Preisuntergrenze muss der Nettoverkaufspreis mindestens die gesamten variablen Kosten je Stück decken. Auf die Deckung der fixen Kosten wird verzichtet.

5.3.2

	EUR
Fertigungsmaterial	40,00
+ 50% der Materialgemeinkosten	4,00
Fertigunglöhne	30,00
+ 50% der Fertigungsgemeinkosten	11,00
Variable Kosten je Stück	85,00

Die kurzfristige Preisuntergrenze beträgt 85,00 EUR.

5.4 Wir können den Kundenauftrag annehmen, weil bei einem Nettoverkaufspreis von 100,00 EUR bei jeder verkauften Freizeitjacke noch ein positiver Beitrag von 15,00 EUR (100,00 EUR Verkaufspreis − 85,00 EUR variable Kosten) zur Deckung der fixen Kosten entsteht.

5.5
– Einführung von Mengenrabatt
– Einführung von Treuerabatt für langjährige Kunden
– Weitere Preisdifferenzierungen (z. B. Raum, Zeit)
– Abnahme von Mindestmengen
– Festlegung von Frankogrenzen

5.6.1

Verkaufspreis je Stück (EUR)	Fixkosten je Stück (EUR)	Gesamtkosten je Stück (EUR)	Stückgewinn (EUR)	Gesamtgewinn (EUR)
100,00	30,00	80,00	20,00	400.000,00
90,00	24,00	74,00	16,00	400.000,00
80,00	15,00	65,00	15,00	600.000,00

5.6.2 Entscheidung für den Verkaufspreis von 80,00 Euro je Freizeithose.
Bei diesem Preis ist der Stückgewinn zwar am niedrigsten. Wegen der erwarteten deutlich höheren Absatzmenge ist der erwartete Gesamtgewinn jedoch am höchsten.

5.6.3 Der Break-even-Point bei einem Produkt ist die Absatzmenge, bei der die fixen und variablen Kosten gedeckt sind und von der ab ein Gewinn entsteht (Gewinnschwelle).

5.6.4

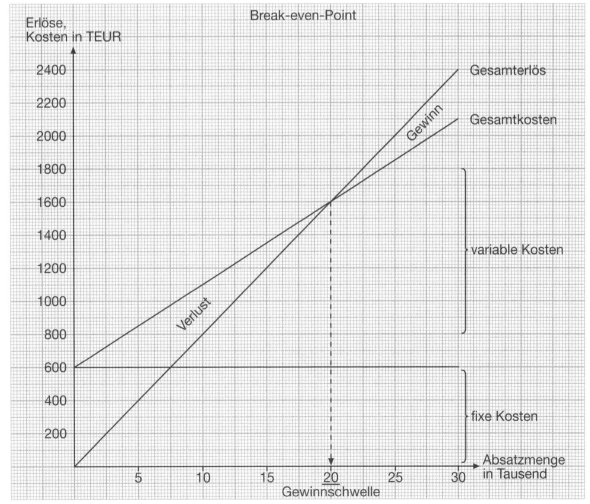

Der Break-even-Point liegt bei einer Absatzmenge von 20 000 Freizeitjacken.

Lösungshinweise zur 37. Aufgabe

37.1

Auswahlkriterien	Gewicht der Faktoren	Abt Note	Punkte	Brauer Note	Punkte	Cotta Note	Punkte
Preis	10	6	60	9	**90**	4	40
Qualität	8	8	64	4	32	10	80
Termin/Lieferzeit	5	7	35	8	40	9	45
Zuverlässigkeit	8	8	64	6	48	9	**72**
Kundendienst	4	6	24	6	24	8	32
Ersatzteillagerung	2	5	10	8	16	7	14
Summe			257		250		283

Gewichtungsfaktoren: 0 = unwichtig bis 10 = sehr wichtig
Bewertungspunkte: 0 = sehr schlecht bis 10 = sehr gut

37.2 günstigstes Angebot: Cotta
– höchste Punktzahl
– beste Qualität
– größte Zuverlässigkeit
– guter Kundendienst
– schnelle Lieferung

37.3 Preis

37.4.1 – Ausgegebene Reißverschlüsse wurden buchmäßig doppelt erfasst.
– Eingehende Reißverschlüsse wurden nicht erfasst.

37.4.2 Zeitnah, d.h. innerhalb zehn Tagen vor und nach dem Bilanzstichtag

37.4.3 – Stichprobeninventur
– verlegte Inventur
– permanente Inventur

Lösungshinweise zur 38. Aufgabe

38.1 – Hilfsmittel für Beschaffung und Lagerung der Textilstoffe unter Kostengesichtspunkten

38.2 – Stoffgruppe A hat einen sehr hohen Wert, obwohl sie nur 5 % der gesamten Lagermenge ausmacht.
– Stoffgruppe E hat zwar 40 % Lagermengenanteil, der Warenwert beträgt aber nur 17 %.
– usw.

38.3 – Preise
– Lieferbedingungen
– Zahlungsbedingungen
– evtl. „Just-in-Time"-Beschaffung

38.4 – Stoffgruppe A
– evtl. auch Stoffgruppe B

38.5 – ressourcenschonende Rohstoffverarbeitung
– Aufbereitung/Wiederverwendung von Abfällen
– umweltfreundliche, schadstoffarme Produktion
– u. a.

38.6.1 – Einsparen von Lagerkosten
– geringere Kapitalbindung

38.6.2 – hoher Planungs- und Dispositionsaufwand
– Gefahr von Produktionsverzögerungen
– evtl. Produktionsausfall
– u. a.

Lösungshinweise zur 39. Aufgabe

39.1 Herrenseidenhemden

	Zugang	Abgang	Endbestand
Januar	20 Stück	40 Stück	30 Stück
Februar	10 Stück	20 Stück	20 Stück
März	30 Stück	0 Stück	50 Stück
April	0 Stück	30 Stück	20 Stück
Mai	50 Stück	40 Stück	30 Stück
Juni	20 Stück	40 Stück	10 Stück
Summe	130 Stück	170 Stück	160 Stück

39.2 durchschnittlicher Lagerbestand $= \dfrac{50 + 30 + 20 + 50 + 20 + 30 + 10}{7} = \underline{\underline{30 \text{ Stück}}}$

39.3 Umschlagshäufigkeit $= \dfrac{170}{30} = \underline{\underline{5{,}6}}$

39.4 durchschnittliche Lagerdauer $= \dfrac{180 \text{ Tage } (= 6 \text{ Monate})}{5{,}6} = \underline{\underline{32{,}14 \text{ Tage}}}$

39.5
– Reduzierung der Zins- und Lagerkosten
– geringere Kapitalbindung
– geringeres Lagerrisiko
– u. a.

39.6
– Verstärkung der Werbemaßnahmen
– höherer Absatz
– u. a.

39.7
– Umsatzrückgang
– falsche Bestellzeitpunkte, -mengen
– u. a.

Lösungshinweise zur 40. Aufgabe

40.1 298,35 EUR

40.2 331,60 EUR

40.3 Lieferer ist zuverlässiger, bessere Qualität, flexiblere Lieferzeiten u. a.

40.4 Der Verkäufer trägt alle Beförderungskosten.

40.5 Ab Werk, unfrei, frei Bahnhof hier, frei, frei Bahnhof dort u. a.

40.6 Auskunfteien, Geschäftsfreunde, evtl. Banken, Handelsregister u. a.

40.7 Mahnung der Firma Mahler am 5. Mai Forderung der Lieferung mit einer Nachfristsetzung. Bleibt dies erfolglos, Rücktritt vom Vertrag, evtl. mit Schadenersatzforderung

40.8 Ab 21. Mai, da der Zahlungszeitpunkt kalendermäßig bestimmt ist

---

Lösungshinweise zur 41. Aufgabe

41.1 Meldebestand: 2, Bestellmenge: 7, Bestellzeitpunkt: 5

41.2 5 Tage

41.3 200 Stück

41.4 250 Stück

41.5 400 Stück

41.6 6mal

41.7 700 Stück

41.8 Anfragen erstellen, Angebote einholen, Bezugsquellendatei prüfen und geeignete Lieferer auswählen, pünktliche Lieferung überwachen, Angebote vergleichen und auswerten u. a.

41.9 Warenart und -qualität, Lieferzeit, Preise und sonstige Lieferungs- und Zahlungsbedingungen u. a.

41.10 Der Spediteur nimmt die Ware in eigene Verwahrung und informiert den Lieferanten über den Sachverhalt.

41.11 Die Sporthemden werden zu früh nachbestellt, Lagerkosten erhöhen sich, Lagerkapazität reicht u. U. nicht aus u. a.

Lösungshinweise zur 83. Aufgabe

83.1 – Stellenanzeigen
– Arbeitsämter
– private Arbeitsvermittler
– Electronic Recruiting (Personalbeschaffung über das Internet)
– u. a.

83.2 – Die Unternehmensbeschreibung
– eine konkrete Aufgaben- und Tätigkeitsbeschreibung
– genaue Beschreibung des Anforderungsprofils (z. B. entsprechende Ausbildung, Berufserfahrung, Bereitschaft zur Weiterbildung, Kenntnisse in der computergestützten Fertigung, Umweltbewusstsein)
– Leistungen des Unternehmens (z. B. Verdienstmöglichkeiten, Sozialleistungen, Weiterbildungsmöglichkeiten)
– Bewerbungsunterlagen, die eingereicht werden sollen
– u. a.

83.3 – Bewerbungsschreiben
– Schulzeugnisse
– Arbeitszeugnisse
– Lebenslauf
– Bewerberfoto
– u. a.

83.4.1 – keine Erfahrungen im CAM
– sehr häufiger Arbeitsplatzwechsel
– unvollständige, unsaubere Unterlagen
– u. a.

83.4.2 – Nachweis guter, fachlicher Kenntnisse
– sehr gute Arbeitszeugnisse (auch im sozialen Bereich, Umgang mit Kollegen)
– u. a.

83.5 – Inhalt des Gesprächs (Logik, Glaubwürdigkeit, Struktur, fachlich-sachliche Richtigkeit, Zielorientierung usw.)
– Sprache (Anschaulichkeit, Satzbau, Klarheit, Verständlichkeit usw.)
– Stimme (Lautstärke, Betonungen, Modulation u. a.)
– Körpersprache (Blickkontakt, Mimik, Gestik, Sitzhaltung usw.)

83.6 – Vertragspartner
– Art und Ort der Tätigkeit/Beginn der Tätigkeit
– Gehalt
– Arbeitszeit
– Probezeit/Kündigung
– Urlaub
– Hinweis auf Tarifverträge und Betriebsvereinbarungen
– u. a.

83.7 – Umgang mit Kolleginnen und Kollegen
– Identifizierung mit den Unternehmenszielen
– sparsamer, umweltbewusster Umgang mit Betriebsmitteln
– Beobachtungen während der Probezeit
– u. a.

Lösungshinweise zur 84. Aufgabe

84.1 – Lohnsteuerkarte
– Sozialversicherungsnachweis
– Urlaubsbescheinigung vom letzten Arbeitgeber
– Bankverbindung
– Krankenkasse (Name)

84.2 – Herrn Most informieren, dass die personenbezogenen Daten gespeichert werden sollen
– Einwilligung von Herrn Most einholen
– evtl. Berichtigung, Löschung, Sperrung von Daten
– u. a.

84.3.1 – Image
– Marktorientierung

84.3.2 Liquidität

84.3.3 – hohe Kosten für Umweltschutzmaßnahmen
– Schärfere Haftungsvorschriften verlangen Rücklagen für evtl. Rechtsansprüche.
– u. a.

84.4.1 – Geburtsdatum
– Steuerklasse
– Bankverbindung
– Personalnummer
– Kankenkasse
– u. a.

84.4.2 – Arbeitsstunden
– Krankentage
– Urlaubstage
– Arbeitstage
– u. a.

84.5.1 Lohnsteuer Herr Most = 436,33 } St. Kl. IV
Lohnsteuer Frau Most = 224,58

84.5.2

		LSt.	Soli	KiSt. 9%	insgesamt
Herr Most	St.-Kl. III	154,50	–	13,90	= 168,40
Frau Most	St.-Kl. V	507,33	27,90	45,65	= 580,88
					749,28
Herr Most	St.-Kl. IV	436,33	23,99	39,26	= 499,58
Frau Most	St.Kl. IV	224,58	12,35	20,21	= 257,14
					756,72

Die Behauptung des Kollegen ist zwar richtig; die Differenz ist allerdings sehr gering.

84.6.1 Azubi: Probezeit mindestens ein Monat, höchstens drei Monate
Herr Most: Probezeit längstens sechs Monate (lt. BGB)

84.6.2 Azubi: Kündigung jederzeit ohne Angabe von Gründen während der Probezeit
Herr Most: Kündigung grundsätzlich mit einer Frist von zwei Wochen

---

Lösungshinweise zur 85. Aufgabe

Entwurf

85.1

> Kleiderwerke Walter Behrendt GmbH
> Herrenoberbekleidung
>
> Zum 1. Januar 20.. suchen wir eine junge Mitarbeiterin / einen jungen Mitarbeiter
> für die Lagerverwaltung
>
> zur Verstärkung unseres Teams. Sie sollten eine kaufmännische Berufsausbildung haben und Freude an kaufmännischer Arbeit mitbringen.
>
> Notwendig sind Einsatzbereitschaft, Teamgeist, Belastbarkeit, analytisches und konzeptionelles Denken sowie Organisationstalent.
>
> Ihre Kurzbewerbung richten Sie bitte an:
> Frau Anja Weiss, Kleiderwerke Walter Behrendt GmbH,
> Am Wetterhahn, 60437 Frankfurt
> E-Mail: Weiss.wabe.gmbH@ax.de

Lösungshinweise zur 85. Aufgabe

85.1 Siehe Entwurf für die Stellenanzeige

85.2 Die Stelle ist vor der externen Ausschreibung nicht innerbetrieblich ausgeschrieben worden.

85.3.1 Unternehmensleitung und Betriebsrat

85.3.2 Datenschutz, personenbezogene Daten müssen geschützt werden.

85.3.3 Betriebsvereinbarungen regeln Fragen der Arbeitsbedingungen, z.B. Arbeitsbeginn, -ende, Urlaubspläne, Errichtung von Sozialeinrichtungen, Unfallverhütung, Stellenausschreibungen u.a.

85.4 Die Geschäftsleitung hat Kenntnis über die bisherigen Leistungen des Mitarbeiters, Führungsnachwuchs aus eigenen Mitarbeitern, Förderung der Motivation der Mitarbeiter, keine Anwerbungskosten u.a.

85.5.1 durch private Vermittler oder die Agentur für Arbeit, durch eine Stellenanzeige, durch Personalleasing, durch Stellengesuche in Zeitungen, durch Personalbeschaffung über Internet (E-Recruiting) u.a.

85.5.2 **Entwurf**

> Sehr geehrte Damen und Herren,
>
> ich habe Ihre Anzeige in der Zeitung gelesen und bewerbe mich um die ausgeschriebene Stelle. Die Ausbildung zur Industriekauffrau habe ich in diesem Jahr abgeschlossen und mit der Note „Gut" bestanden. Leider kann mein Ausbildungsbetrieb mich nicht einstellen, da die Geschäftslage dies nicht zulässt. Die Arbeit in der Lagerverwaltung während meiner Ausbildung hat mich sehr interessiert und mir viel Freude gemacht.
>
> Über ein Vorstellungsgespräch würde ich mich sehr freuen.
>
> Als Anlage schicke ich Ihnen meine vollständigen Bewerbungsunterlagen.
>
> Mit freundlichen Grüßen
>
> Inge Weiser
>
> Anlagen

85.5.3 Lebenslauf, Lichtbild neuen Datums, Zeugniskopien, Kaufmannsgehilfenbrief, u.a.

Lösungshinweise zur 86. Aufgabe

86.1.1 Da Herr Klein aus der Kirche ausgetreten ist, darf in der Spalte Kirchensteuerabzug keine Eintragung erfolgen. EV muss also wegfallen.

86.1.2 Gemeindeverwaltung

86.1.3 Lohnsteuer, Sozialversicherungsbeiträge, Solidaritätszuschlag

86.1.4 Lohnsteuer: 150,50 EUR, Solidaritätszuschlag ist nicht zu zahlen.

86.2.1 170,97 EUR

86.2.2 Steuerklasse I

86.2.3 Da die Lohnsteuerkarte schuldhaft nicht abgegeben wurde, muss die Lohnsteuer nach der Steuerklasse VI berechnet werden.

86.2.4 Anzahl der Dienstverhältnisse, Berufstätigkeit der Ehefrau, Familienstand

86.3.1 Beiträge zu Berufsverbänden, Aufwendungen für Arbeitsmittel wie z.B. Fachliteratur, typische Berufskleidung, Aufwendungen für berufliche Fortbildung, Kilometerpauschale u.a.

86.3.2 Gezahlte Kirchensteuer, Aufwendungen für die erstmalige Berufsausbildung oder ein Erststudium bis zu einer bestimmten Höhe,
Ausgaben zu Förderung mildtätiger, kirchlicher, religiöser, wissenschaftlicher Zwecke, Zuwendungen an politische Parteien bis zu einem bestimmten Höchstbetrag, Sozialversicherungsbeiträge

86.3.3.1 Freibeträge sind beim Finanzamt zu beantragen und werden auf der Lohnsteuerkarte eingetragen.

86.3.3.2 Der Freibetrag wird vor der Lohnsteuerberechnung vom Gehalt abgezogen. Dadurch ermäßigt sich der Lohnsteuerabzug bei der monatlichen Gehaltszahlung.

Lösungshinweise zur 87. Aufgabe

87.1.1 Die Beurteilungskriterien haben – je nach den Anforderungen/Arbeitsplatz – einen unterschiedlichen Stellenwert. So sind etwa die Selbstständigkeit in laufenden Entscheidungen oder Fachkenntnisse (siehe Beurteilungsbogen) i. d. R. höher zu gewichten als z. B. die äußere Erscheinung.

87.1.2

	Punkteskala					Gewichtung	gewichtete Punkte
	Übertrifft die Anforderungen in besonderem Umfang	Übertrifft die Anforderungen	Genügt den Anforderungen in vollem Umfang	Genügt den Anforderungen fast immer	Genügt den Anforderungen nicht immer		
A) Persönlichkeitswerte und fachliche Leistungen	5	4	3	2	1	1, 2, 3, 4, 5	
Fachkenntnisse		4				5	20
Auffassungsgabe, Denkvermögen		4				4	16
Aktivität, Einsatzbereitschaft			3			4	12
Kontaktfähigkeit, Verhandlungsgeschick			3			3	9
Sprache, Stil			3			1	3
äußer Erscheinung			3			2	6
Zuverlässigkeit, Sorgfalt		4				5	20
B) Führungsverhalten als Mitarbeiter und Vorgesetzter							
Selbstständigkeit in laufenden Entscheidungen	5					5	25
Einhaltung des eigenen Delegationsbereichs	5					5	25
Information und Beratung des Vorgesetzten		4				4	16
Gewährleistung selbstständiger Entscheidungen der Mitarbeiter		4				4	16
Einsatz der Mitarbeiter		4				3	12
Information der Mitarbeiter		4				5	20
Dienstaufsicht, Erfolgskontrolle			3			3	9
Schulung und Förderung der Mitarbeiter	5					4	20
C) Erreichte Punktzahl 58	15	28	15				229
Erreichbare Punktzahl 75							285
Prozent 77,3							80,3

87.1.3 Es ist möglich, dass – je nach der vorgenommenen Gewichtung der Beurteilungskriterien – die erreichte Punktzahl gemessen an der erreichbaren Punktzahl prozentual höher oder niedriger ist. In Ihrem Fall fällt Ihre Beurteilung mit gewichteten Kriterien besser aus.

87.2 Beurteilungen können Entscheidungsgrundlage für Leistungszulagen, Gehaltserhöhungen, Beförderungen, Entlassungen, Stellenbesetzungen u. a. sein.

87.3 Beurteilen sollten Personen, die länger mit Ihnen zusammengearbeitet haben und Sie objektiv beurteilen können.

87.4 Vergleich mit anderen Beurteilungen ist gut möglich, leichtes und schnelles Ausfüllen, Abspeicherung in Datenbank gut möglich u. a.

87.5 Sie können die Aufnahme einer Gegendarstellung in Ihre Personalakte verlangen. Gegebenfalls können Sie ein Betriebsratsmitglied hinzuziehen.

Lösungshinweise zur 144. Aufgabe

144.1.1 Phase I: niedriger Umsatz/Markteinführung
Phase II: steigender Umsatz
Phase III/IV: Umsatz erreicht Maximum
Phase V: Umsatzrückgang

144.1.2 Phase I: kein Gewinn/niedriger Deckungsbeitrag
Phase II: steigender Gewinn, zunehmender Deckungsbeitrag
Phase III: Gewinnmaximum/hoher Deckungsbeitrag/trotz steigendem Umsatz nimmt Gewinn ab; Ursache können steigende Mengen mit sinkenden Stückpreisen sein
Phase IV/V: Gewinn und Deckungsbeitrag gehen stark zurück; über Konsequenzen muss nachgedacht werden

144.2 – Produktinnovation
– Produktvariation
– Produktdifferenzierung
– Produktdiversifikation
– Produktelimination

144.3 Vorteile: – verringert Abhängigkeit von einem Produkt
– gewinnt evtl. Kunden
– kann bewirken, dass sich Produkte ergänzen
Nachteile: – erhöht Kosten für evtl. Umrüstung der Maschinen
– hemmt u. U. optimale Materialausnutzung
– u. a.

144.4.1 Im Winter sinkt der Absatz, die Produktionsmenge ist größer als der Absatz und es wird „auf Lager" produziert. Im Frühjahr und Sommer steigt der Absatz, die Lagerbestände werden abgebaut.

144.4.2 Vorteile: – Die Produktion kann im optimalen Kapazitätsbereich gefahren werden.
– Die Stückkosten sind gering.
– Es entstehen keine Leerkosten oder progressiv variable Kosten für Auftragsspitzen.
– u. a.
Nachteile: – Die Kapitalbindungskosten in den Lagervorräten sind höher.
– Die Lagerrisiken sind höher.
– u. a.

144.5.1 – Auswahl und Kontrolle der Betriebsmittel, der Arbeitskräfte, des Fertigungsprogramms
– Auswahl und Kontrolle der Werkstoffe
– Zwischenkontrollen
– Endkontrolle
– u. a.

144.5.2 – Umweltschutz: Rücknahme von Verpackungsmaterial, Folien usw.
– u. a.
– Umweltverträglichkeit: Gütezeichen, z. B. „reine Schurwolle" u. a., werden von Verbänden und Organisationen vergeben.

144.6.1

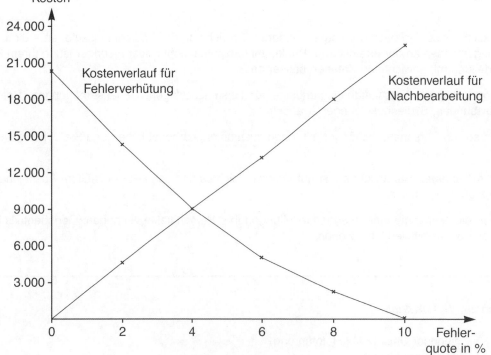

144.6.2 = 4 %

Lösungshinweise zur 145. Aufgabe

145.1.1

	Maschine A	Maschine B	Maschine C
Abschreibung pro Jahr	20.000,00 EUR	25.000,00 EUR	30.000,00 EUR
kalkulatorische Zinsen	10.000,00 EUR	12.500,00 EUR	15.000,00 EUR
fixe Kosten	80.000,00 EUR	100.000,00 EUR	130.000,00 EUR
variable Gesamtkosten	1.320.000,00 EUR	1.392.000,00 EUR	1.440.000,00 EUR
Gesamtkosten pro Jahr	1.430.000,00 EUR	1.529.500,00 EUR	1.615.000,00 EUR

Errechnung der variablen Gesamtkosten:
- 55,00 EUR × 24 000 Std. = 1.320.000,00 EUR
- 58,00 EUR × 24 000 Std. = 1.392.000,00 EUR
- 60,00 EUR × 24 000 Std. = 1.440.000,00 EUR

Unter Kostengesichtspunkten sollte die Maschine A angeschafft werden.

145.1.2

	Maschine A	Maschine B	Maschine C
Umsatz pro Jahr	1.500.000,00 EUR	1.600.000,00 EUR	1.700.000,00 EUR
Gesamtkosten pro Jahr	1.430.000,00 EUR	1.529.500,00 EUR	1.615.000,00 EUR
Gewinn pro Jahr	70.000,00 EUR	70.500,00 EUR	85.000,00 EUR

Unter Gewinngesichtspunkten sollte die Maschine C angeschafft werden.

145.1.3

	Maschine A	Maschine B	Maschine C
Gewinn pro Jahr	70.000,00 EUR	70.500,00 EUR	85.000,00 EUR
kalkulatorische Zinsen	10.000,00 EUR	12.500,00 EUR	15.000,00 EUR
durchschnittliches Kapital	100.000,00 EUR	125.000,00 EUR	150.000,00 EUR
durchschnittliche Rentabilität	80 %	66,4 %	66,66 %
	$100 \cdot \dfrac{70.000,00 + 10.000,00}{100.000,00}$	$100 \cdot \dfrac{70.500,00 + 12.500,00}{125.000,00}$	$100 \cdot \dfrac{85.00,00 + 15.000,00}{150.000,00}$

145.2.1 In begrenzten Stückzahlen (Serien) werden Erzeugnisse hergestellt, deren Fertigung ähnlich verläuft. I. d. R. erfordert die Umstellung von einer Serie auf eine andere umfangreiche Umrüstungen (höhere Kosten).

145.2.2 Sortenfertigung: Produkte werden in der gleichen Fertigungsfolge auf denselben Maschinen produziert. Das erfordert nur geringe Umrüstungen (niedrigere Kosten).
Serienfertigung: siehe Lösung 2.1 (höhere Kosten)

145.3.1
- sichere Termineinhaltung
- gute Kapazitätsauslastung der Maschinen
- bessere Abstimmung der Lieferfristen auf die Kundenwünsche
- weniger Zwischenlager, Vermeidung langer Liegezeiten
- u. a.

145.3.2 Zeitpuffer, daher geringerer Zeitdruck und größere Sicherheit

145.3.3 zwei Wochen

145.3.4 Vorgang 3, Vorgang 6

145.3.5 Verzögerung des Auslieferungstermins

145.4.1
- Wartung der Maschine nach regelmäßigen Wartungsplänen
- Probelauf der Maschinen, um das Leistungsverhalten bis in die Grenzbereiche zu prüfen
- u. a.

145.4.2
- Einsatz umweltschonender Rohstoffe und Energien
- Vermeidung umweltschädlicher Fertigungsverfahren (z. B. Abgase, Lärm)
- Beachtung der Gefahrenstoffverordnung, insbesondere bei Lagerung und Verwendung von Reinigungs- und Verdünnungsmitteln für Textilfarbstoffe

145.4.3 „reizend"

Lösungshinweise zur 146. Aufgabe

146.1

Stichprobe		Qualitätskontrolle		Entscheidung
Nr.	Uhrzeit	Einzelmesswerte	Mittelwert	
1	8.00	20 20 20 20 20 20	20	
2	8.30	20 20 20 20 20 21	20,17	
3	9.00	21 21 21 20 21 22	21	
4	9.30	21 22 22 22 23 23	22,17	
5	10.00	23 24 24 25 25 26	24,50	Eingriff
6	10.30	20 20 20 20 20 20	20	

Eintragung der Messmittelwerte in die Kontrollkarte:

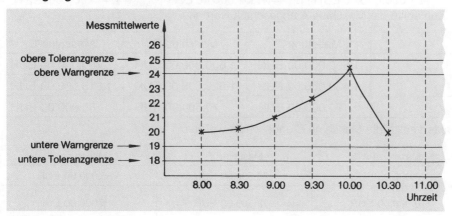

146.2 Um 10.00 Uhr

146.3.1 Maschinenbelegung mit kürzester Durchlaufzeit:
  4 – 7
  5 – 8   für die Produkte A, B, C ist die günstigste Durchlaufzeit
  9 – 2   eingezeichnet, 4 + 17 Std. = 21 Std.

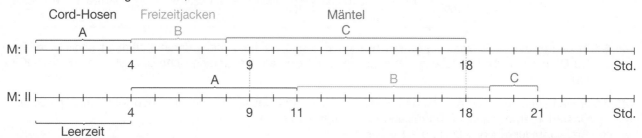

146.3.2 21 Stunden

146.4.1
 – Vorbereitung des Arbeitsplatzes
 – Abrüstung der Betriebsmittel

146.4.2
 – Rüstgrundzeit (regelmäßig anfallende Zeiten)
 – Rüstverteilzeit (unregelmäßig anfallende Zeiten)
 – Rüsterholungszeit (Erholungszeit für den Menschen)

Lösungshinweise zur 147. Aufgabe

147.1 Kundenanfragen, Befragung von Außendienstmitarbeitern, Ideen der Werbeabteilung u.a.

147.2 Die Kosten für Absatzförderung und Werbung sind hoch, die abgesetzte Menge ist meist noch gering.

147.3 Umsatz und Gewinn steigen stark an.

147.4 Es können preislich günstigere oder verbesserte Konkurrenzangebote auf dem Markt angeboten werden. Die Mode ändert sich. Neue Stoffe werden entwickelt u.a.

147.5 Produktverbesserung, Sonderangebote, Werbung u.a.

147.6 Vorteile:
Flexibler auf Kundenwünsche eingehen, neue Kunden gewinnen, Bekanntheitsgrad auf dem Markt wird größer, breiteres Angebot ist möglich, einzelne Produkte können sich ergänzen (Komplementärgüter), Abhängigkeit vom Verkauf einzelner Produkte wird verringert, u.a.

Lösungshinweise zu den ungebundenen Aufgaben

Nachteile:
Einzelne Produkte können den Verkauf anderer behindern (Substitutionsgüter), Spezialisierungsvorteile können verhindert werden, u.U. erhöhen sich die Kosten für die Umrüstung der Maschinen, optimale Materialausnutzung kann verhindert werden u.a.

147.7 Die Eigenfertigung ist günstiger, da die variablen Kosten unter dem Einstandspreis liegen und somit ein Deckungsbeitrag geleistet werden kann.

147.8 Bei Eigenfertigung besteht keine Abhängigkeit von Lieferanten und deren Zuverlässigkeit. Die Qualität fremdbezogener Produkte kann schwanken.

Lösungshinweise zur 148. Aufgabe

148.1 Ein Los (Auflage, Serie) ist die Menge eines Produktes, die ohne Umrüstung der Maschinen und Anlagen produziert werden kann.

148.2

Lose	Losgröße (Stück)	Rüstkosten EUR	durchschnittl. Lagerbestand	Lager- und Zinskosten EUR	Gesamtkosten EUR
1	600	750,00	300	3.000,00	3.750,00
2	300	1.500,00	150	1.500,00	3.000,00
3	200	2.250,00	100	1.000,00	3.250,00
4	150	3.000,00	75	750,00	3.750,00
5	120	3.750,00	60	600,00	4.350,00
6	100	4.500,00	50	500,00	5.000,00

Die optimale Losgröße beträgt 300 Stück.

148.3

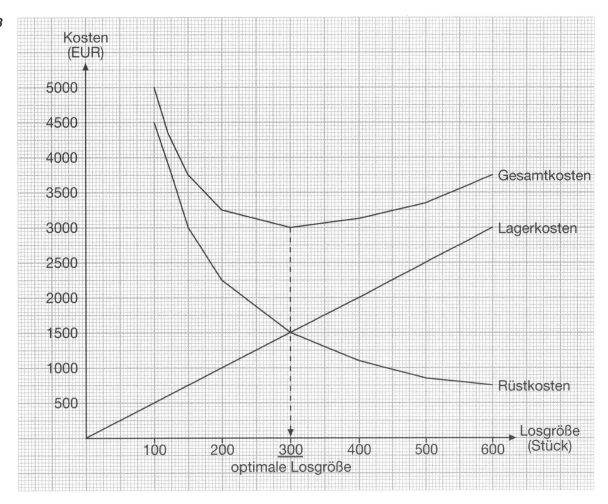

148.4.1 – Hohe Losgrößen haben niedrige Rüstkosten je Stück zur Folge
– Hohe Losgrößen führen zu hohen Lagerhaltungskosten.
– Die Durchlaufzeiten in der Produktion werden länger

148.4.2 – Niedrige Losgrößen haben hohe Rüstkosten je Stück zur Folge
– Niedrige Losgrößen führen zu niedrigen Lagerhaltungskosten
– Die Durchlaufzeiten in der Produktion werden kürzer

148.5 Bei sinkender Losgröße bleiben die Lagerhaltungskosten je Stück gleich; die Rüstkosten je Stück steigen.

148.6 Da die Rüstkosten pro Los festliegen, nennt man sie auflagenfixe Kosten. Das in der Produktion und Lagerhaltung gebundene Kapital verursacht Zinskosten; die Lagerhaltung verursacht Lagerkosten. Diese Kosten verändern sich mit der Auflagenhöhe. Daher nennt man sie auflagenvariable Kosten.

148.7 Der Jahresbedarf kann nur geschätzt werden; der Lagerzins schwankt; es steht nur begrenzter Lagerraum zur Verfügung; die Kapitalbindung soll möglichst niedrig sein; das Risiko wegen Modeänderungen soll gering gehalten werden.

148.8.1 – Bei der Sortenfertigung handelt es sich um ähnliche Produkte, die sich nur in Varianten unterscheiden. Die Umrüstungskosten in der Produktion sind niedrig.
– Bei der Serienfertigung handelt es sich um Produkte, die sich stark unterscheiden. Daher entstehen erheblich höhere Umrüstungskosten in der Produktion.

148.8.2 – Sortenfertigung: Herrenhose mit gleichem Schnitt aus verschiedenen Stoffen; Herrenhose in unterschiedlichen Größen.
– Serienfertigung: Anfertigung von Freizeitjacken und Herrenhosen.

Lösungshinweise zur 149. Aufgabe

149.1.1 – Der erreichte Umsatz der Behrendt GmbH lag während des gesamten Jahres unter dem geplanten Umsatz.
– Der geplante Umsatz liegt fast 20 % über dem erreichten Umsatz.
– Die Entwicklung des Gesamtmarktes der Branche liegt mehr als 20 % über der Umsatzentwicklung der Behrendt GmbH.
– Der Umsatz der Behrendt GmbH ging im zweiten Halbjahr zurück u. a.

149.1.2 Zu hohe Verkaufspreise durch hohe Produktionskosten (z. B. zu teure Fertigungsverfahren, veralteter Maschinenpark, fehlende Flexibilität im Produktionsbereich u. a.)

149.2.1 Der Erlös der verkauften Herrenwesten deckt zwar die fixen Kosten, aber nur einen Teil der variablen Kosten. Variable und fixe Kosten werden erst bei einem Verkauf von 200 Stück gedeckt (Punkt M).

149.2.2 Bei Punk M liegt die Gewinnschwelle (Break-even-Point). Von diesem Punkt an (Verkauf 200 Stück) werden Gewinne erzielt.

149.2.3 Fertigungslöhne, Fertigungsmaterial, Betriebskosten u. a.

149.2.4 Vertraglich festgelegte Mieten, Gehälter, Abschreibungen u. a.

149.2.5 10.000,00 EUR – 6.000,00 EUR = 4.000,00 EUR

149.2.6 Die Differenz zwischen den Verkaufserlösen und den variablen Kosten trägt zur Abdeckung der fixen Kosten bei. Diese Differenz ist der Deckungsbeitrag.

149.2.7 Langfristig müssen auch die fixen Kosten gedeckt werden, da sonst keine Gewinne erzielt werden.

149.3.1 Wirtschaftlichkeit = Ertrag : Aufwand
Ausbringungsmenge : Einsatzmenge

149.3.2 Wirtschaftlichkeit des neuen Fertigungsverfahrens = 24.000,00 : 14.000,00 = 1,71
Wirtschaftlichkeit des alten Fertigungsverfahrens = 1,56
1,71 – 1,56 = 0,15 (Anstieg der Wirtschaftlichkeit)
1,56 = 100 %
0,15 = 9,6 %
(Die Wirtschaftlichkeit ist um 9,6 % gestiegen.)

Lösungshinweise zur 187. Aufgabe

187.1 3, 6, 1, 4, 2, 5

187.2 2, 4

187.3
Warenwert lt. Bestellung	58.380,00 EUR
− 10% Rabatt	5.838,00 EUR
	52.542,00 EUR
+ 19% MwSt.	9.982,98 EUR
Rechnungsbetrag	62.524,98 EUR

187.4 6 an 1/4

187.5 $\dfrac{30.000 \times 12{,}0\% \times 20 \text{ Tage}}{100 \times 360} = 200{,}00 \text{ EUR}$

korrigierter Rechnungsbetrag	60.948,72 EUR
./. 2% Nachlass	1.218,96 EUR
	59.729,76 EUR
davon 2% Skonto	1.194,58 EUR
./. Finanzierungskosten	200,00 EUR
Einsparung	994,58 EUR = 994 EUR

187.6
20 Tage − 2%
360 Tage − ?

$\dfrac{360 \times 2}{20} = 36\%$

187.7 4

187.8 $\dfrac{3.000 \times 20 \times 9}{100 \times 360}$

	=	15,00 EUR
	+	12,00 EUR (Mahnkosten)
		27,00 EUR
	+	3.000,00 EUR
		3.027,00 EUR

Lösungshinweise zur 188. Aufgabe

188.1
FM	20,00 EUR	
+ MGK 25%	5,00 EUR	
Materialkosten		25,00 EUR
FL	18,00 EUR	
+ FGK 50%	9,00 EUR	
Fertigungskosten		27,00 EUR
Herstellkosten		52,00 EUR
+ Verw. + Vertr. GK 20%		10,40 EUR
Selbstkosten		62,40 EUR

188.2 35,00 EUR = variable Kosten

188.3 80,00 ./. 35,00 = 45,00 × 700 = 31.500,00 EUR

188.4 80,00 VE ./. 62,40 SK = 17,60 EUR   1/17,60 EUR

188.5 Höchster Deckungsbeitrag : 120,00 EUR Verkaufserlös − 55,00 EUR variable Kosten = 65,00 EUR

188.6 Gesamtkosten 72.000,00 EUR : 600 Stück = 120,00 EUR niedrigste Stückkosten

188.7 5

188.8 5

Lösungshinweise zur 189. Aufgabe

189.1 4

189.2 2, 1, 3, 6, 5, 4

189.3 2

189.4

Materialkosten	3.200.000 EUR
Materialgemeinkosten	445.000 EUR
Fertigungslöhne	2.200.000 EUR
Fertigungsgemeinkosten	935.000 EUR
Herstellkosten Fertigung	6.780.000 EUR
− Bestandsveränderungen	28.000 EUR
Herstellkosten Umsatz	6.752.000 EUR
Verwaltungsgemeinkosten	760.000 EUR
Vertriebsgemeinkosten	260.000 EUR
	1.020.000 EUR

Herstellkosten Umsatz 6.752.000 − 100 %
VwVtGK 1.020.000 − ? %

$$GKZ = \frac{100 \cdot 1.020.000}{6.752.000} = \underline{15,1\%}$$

189.5

Materialkosten	40,00 EUR	
+ 14 % MGK	5,60 EUR	45,60 EUR
Fertigungslöhne	30,00 EUR	
+ 43 % FKG	12,90 EUR	42,90 EUR
Herstellkosten		88,50 EUR
+ 16 % Verw.- u. Vertr.-Gemeinkosten		14,16 EUR
Selbstkosten		102,66 EUR

189.6 4

189.7 1, 3, 9, 7, 2, 4, 6, 8, 5

189.8 5

Lösungshinweise zur 190. Aufgabe

190.1 bis 190.5

	Ist-kosten	Normal-kosten	Über- bzw. Unter-deckung	Kostenträger Erzeugnis I	Kostenträger Erzeugnis II
Fertigungsmaterial	8.100	8.100		3.900	4.200
Materialgemeinkosten	500	550	+ 50	200	350
Fertigungslöhne	10.250	10.250		4.800	5.450
Fertigungsgemeinkosten	12.100	11.350	− 750	5.250	6.100
Herstellkosten der Fertigung	30.950	30.250	− 700	14.150	16.100
Bestandsmehrung an Fertigerzeugnissen	− 1.650	− 1.650		− 950	− 700
Bestandsminderung an unfertigen Erzeugnissen	+ 5.600	5.600		3.800	1.800
Herstellkosten des Umsatzes	34.900	34.200	− 700	17.000	17.200
Verwaltungsgemeinkosten	2.050	2.250	+ 200	1.200	1.050
Vertriebsgemeinkosten	920	990	+ 70	500	490
Selbstkosten	37.870	37.440	− 430	18.700	18.740
Verkaufserlöse	48.930	48.930	(Unterdeckung)	25.900	23.030
Umsatzergebnis		11.490			
Kostenüber- bzw. Kostenunterdeckung		− 430			
Betriebsergebnis	11.060	11.060			

190.6

Materialkosten	3.600.000 EUR
Normalgemeinkosten	504.000 EUR
Fertigungslöhne	2.500.000 EUR
Normalgemeinkosten	1.075.000 EUR
Herstellkosten der Fertigung	7.679.000 EUR
− Bestandsveränderungen	279.000 EUR
Herstellkosten des Umsatzes	7.400.000 EUR

Verwaltungsgemeinkosten	870.000 EUR
Vertriebsgemeinkosten	300.000 EUR
Ist-Verw.- u. Vertr.-GK	1.170.000 EUR

100 % − 7.400.000 EUR Herstellkosten des Umsatzes
16 % − ? EUR Normalgemeinkosten

$$\text{Normal-GK} = \frac{7.400.000 \cdot 16}{100} = 1.184.000 \text{ EUR}$$

Kostenüberdeckung: Normal-GK 1.184.000 − Ist-GK 1.170.000 = **14.000 EUR**

190.7 3

190.8 1

190.9

Herstellkosten	300,00 EUR
+ 16 % VwVtGK	48,00 EUR
Selbstkosten	348,00 EUR
+ 25 % Gewinn	87,00 EUR
Barverkaufspreis	435,00 EUR (= 97 %)
+ 3 % Skonto	13,45 EUR
Listenverkaufspreis	448,45 EUR

Lösungshilfen zu den Rechenaufgaben

Aufgabe 10

Verkaufspreis vor Preiserhöhung	100
+ 1. Preiserhöhung	10
Preis nach Erhöhung	110
+ 2. Preiserhöhung 5 %	5,5
Jetziger Preis	115,5

115,5 – 12.705,00 EUR   12.705 · 100
100   –   ?   EUR   115,5
= 11.000,00 EUR

Aufgabe 11

Hinweis: Umsatz August = 100 %
Umsatz September = 120 %

Aufgabe 12

116 % – 1.004,50 EUR   Rechnungsbetrag
16 % – ?   EUR = 138,55 EUR

Aufgabe 23

4 % von 190 Mio EUR = 7,6 Mio EUR

Aufgabe 24

```
       70.000 $
– 10%   7.000 $
       63.000 $ : 1,25 = 50.400,00 EUR
```

Aufgabe 25

79 % von 234.500,00 EUR = 185.255,00 EUR

Aufgabe 31

Bruttogewicht = 880 kg = 100,0 %
– 12,5 % Tara =
Nettogewicht = 770 kg = 87,5 %
880 kg · 0,50 EUR = 440,00 EUR

Aufgabe 44.1

Lieferzeit (20 Tage) + Bearbeitungszeit (2 Tage)
22 Tage × 5 = 110 + 50 Mindestbestand = 160

Aufgabe 44.2

1 500 (Jahresbedarf) : 150 = 10-mal

Aufgabe 44.3

50 Mindestbestand + 150 optimale Bestellmenge = 200 Höchstbestand

Aufgabe 52

```
  331,60 EUR
– 298,35 EUR
   33,25 EUR
```

Aufgabe 63

2 · 700,00 EUR	= 1.400,00 EUR
– 20 % Rabatt	= 280,00 EUR
	1.120,00 EUR
+ 16 % MwSt.	179,20 EUR
	1.299,20 EUR
– 2 % Skonto	25,98 EUR
Überweisung	1.273,22 EUR

Aufgabe 71

Bewertung nach Niederstwertprinzip:
Der Marktpreis ist niedriger als der Durchschnittswert
Marktpreis   3,50 EUR/kg
+ Bezugskosten   0,30 EUR/kg
                  3,80 EUR/kg
Bestand 350 kg · 3,80 EUR = 1.330,00 EUR

Aufgabe 72

$$\text{Kapital} = \frac{7.200 \text{ (Zinsen)} \cdot 100 \cdot 360}{8 \text{ (Zinsfuß)} \cdot 360 \text{ (Zeit)}} = 90.000,00 \text{ EUR}$$

Aufgabe 77

Rohstoff I   4 Teile =
Rohstoff II   6 Teile = 3 000 kg
Rohstoff III 5 Teile =
15 Teile = 7 500 kg (2,7 t + 4,8 t)
 1 Teil =   500 kg

Aufgabe 81

$$\frac{360 \text{ Tage}}{\text{Umschlagshäufigkeit } 12} = 30 \text{ Tage durchschnittl. Lagerdauer}$$

Aufgabe 98

8 Std. – 100 % – 35 Arb.
9 Std. – 150 % – ?   Arb. $= \frac{35 \cdot 8 \cdot 150}{9 \cdot 100}$
= 47 Arb.
– 35 Arb.
zusätzlich 12 Arb.

Aufgabe 133

200 Tage · 30 km · 0,30 EUR = 1.800,00 EUR

Aufgabe 137

a) $\frac{12,00 \text{ EUR}}{60 \text{ Min.}} = 0,20 \text{ EUR}$

b) 12 Stück · 0,20 EUR · 6 Min. = 14,40 EUR

c) A. Richtsatz   12,00 EUR – 100 %
   Mehrverdienst   2,40 EUR –   ?   = 20 %

Aufgabe 153

Normalleistung: 20 St./Std. = 3,0 Min.
Akkordleistung: = 2,4 Min.   = 25 Stück./Std.
Minutenfaktor: : 9,00 EUR : 60 Min   = 0,15 EUR
Stückzeitakkord: 25 Stück. · 0,15 EUR · 3,0 Min. = 11,25 EUR

Aufgabe 155

Neue Kennziffer: $\dfrac{\text{Verkaufserlöse} \quad 360.000,00 \text{ EUR}}{\text{Produktionskosten } 205.000,00 \text{ EUR}} = \underline{\underline{1,75}}$

Aufgabe 172

Verfahren 1   Verfahren 2
1. 80 · 2,78 EUR = 222,40 EUR   80 · 2,25 EUR = 180,00 EUR
              +   3,00 EUR   +   14,64 EUR
                  225,40 EUR   194,64 EUR

   Summe ist nicht gleich

3. 10 · 2,78 EUR = 27,80 EUR   10 · 2,25 EUR = 22,50 EUR
              +   3,00 EUR   +   14,64 EUR
                   30,80 EUR   37,14 EUR

   Summe bei drei Werkzeugmaschinen ist günstiger

Aufgabe 173

Einsatz   100
Stufe I 20% Verlust 20   (von Einsatz)
Zwischenprodukt   80
Stufe II 5% Verlust   4   (von Zwischenprodukt)
Endprodukt   76

 76% – 11 400 kg
100% –   ? kg

$\dfrac{11\,400 \cdot 100}{76} = \underline{\underline{15\,000 \text{ kg}}}$

Aufgabe 176

Fertigungsverfahren	I.	II.	III.
Maschinenkosten (Fertigungszeit · Stundensatz)	200.000,00	242.000,00	270.000,00
Lohnkosten (Fertigungszeit · Stundensatz)	160.000,00	176.000,00	180.000,00
Kosten	360.000,00	418.000,00	450.000,00
Verkaufserlöse (Absatzmenge · Stückpreis)	880.000,00	1.050.000,00	1.200.000,00
Kennziffern (Erlöse : Kosten)	2,44	2,51	2,66

Aufgabe 186

$\dfrac{14.080,00 \text{ EUR}}{16\,000 \text{ Recheneinheiten}} = 8,80 \text{ EUR}$

Erzeugnis Typ C   8,80 EUR × 15 = $\underline{\underline{13,20 \text{ EUR}}}$

Aufgabe 192

Zukünftige Lohnkosten   80% – 200,00 EUR
Einsparungen   20% –   ? EUR   = 50.000 EUR

Zukünftiger
Abschreibungsaufwand   125% – 100.000 EUR
Mehraufwand   25% –   ? EUR   = 20.000 EUR

Kostensenkung   = $\underline{\underline{30.000 \text{ EUR}}}$

Aufgabe 193

1 000 Stück · 140 EUR variable Kosten/St.	= 140.000 EUR
+ fixe Kosten	= 40.000 EUR
+ Gewinn	= 60.000 EUR
Notwendiger Verkaufserlös insgesamt	= 240.000 EUR
Verkaufserlös je Stück (: 1 000)	= __240 EUR__

Aufgabe 194

$$\text{Zinsen} = \frac{16.800 \text{ EUR} \cdot 6\% \cdot 48 \text{ Tage}}{100 \cdot 360} = \underline{134,40 \text{ EUR}}$$

Aufgabe 200

1) 80% — 12.800,00 $\frac{12.800 \cdot 100}{80} = \underline{16.000,00}$
   100% — ?

2) 80% — 16.000,00 $\frac{16.000 \cdot 100}{80} = \underline{20.000,00}$
   100% — ?

Aufgabe 227

S		Bank		H
AB	40.000,00	Zi.		200,00
Übw.	10.000,00	Akz.		7.000,00
Besw.	2.000,00	Spesen		8,00
		Übw.		15.000,00
		Saldo		29.792,00
	52.000,00			52.000,00

Aufgabe 243

19% — 78.000,00 EUR Vorsteuer
119% —   ?   EUR = __488.526,30 EUR__
                   Bruttobetrag ER

Aufgabe 244

Selbstkosten	160.000,00 EUR
+ 12,5% Gew.	20.000,00 EUR
Verkaufspreis	180.000,00 EUR
Euro · 1,4737 =	__265.266,00 CHF__

Aufgabe 248

18.000 $: 0,9515	= 18.917,50 EUR
+ 1/2‰	= 9,46 EUR
Belastung	= __18.926,96 EUR__

Aufgabe 251

Rechnungsfälligkeit	20.07. (20.06. + 30 Tage)
Wechselfälligkeit	31.08.
Differenz/Diskontage	__42 Tage*__

*) Berechnung nach Kalendertagen

Aufgabe 252

Tage	Zinsz.	4 1/2% Diskont = $\frac{1\,945}{80}$ = __24,31 EUR__
20	168	
35	441	Wechselsumme = 4.721,20 EUR
51	1 336	— 4 1/2% Diskont = 24,31 EUR
	1 945	Gutschrift = __4.696,89 EUR__

Aufgabe 253

Kosten pro Monat   7.200,00 : 12 = __600,00 EUR__
Eigenkapital: 180.000,00 EUR
davon 8% = 14.400,00 EUR : 12 Monate
                                   = __1.200,00 EUR__
Die monatl. Mieteinnahme muss betragen:
                                   __1.800,00 EUR__

Aufgabe 254

Eigenkapital   = 42% — 153.468,00 EUR
Anlagevermögen (100% — 37%)
                    = 63% —   ? EUR
                    = __230.202,00 EUR__

Aufgabe 255

Jährl. Einnahmen — Kosten =   2.010,00 EUR
Eigenkapital = 40.000,00 EUR

$$\text{Zinssatz } \frac{2.010 \cdot 100 \cdot 360}{40.000 \cdot 360} = \underline{5,03\%}$$

Aufgabe 256

Einsparungen (70.000,00 EUR) — Mehrkosten (15.000,00 EUR)
= Mehrergebnis der neuen Investition (55 000,00 EUR)

$$\text{Rendite} = \frac{\text{Mehrergebnis} \cdot 100}{\text{Anschaffungskosten}} = \frac{55.000,00}{100.000,00} : 100 = \underline{55\%}$$

Aufgabe 257

$$\frac{\text{Anschaffungskosten}}{\text{Mehrergebnis}} = \frac{100.000,00}{55.000,00} = 1,82 \quad \underline{2 \text{ Jahre}}$$

Aufgabe 261

$$\frac{16.650.000,00 \text{ EUR}}{18,5 \cdot 100} = \underline{90.000.000,00 \text{ EUR}}$$

Aufgabe 262

Monatsersparnis für 2 Mitarbeiter   14.000,00 EUR
Anschaffungskosten der EDV 210.000,00 EUR

$$\frac{\text{Monatsersparnis 14.000,00 EUR}}{} = \underline{15\text{ Monate}}$$

Aufgabe 264

$$\frac{960.000,00 \text{ EUR}}{25\,000 \text{ Rech.E.}} = 38{,}40 \text{ EUR/Rech.E.}$$

Erz. III = 38,4 · 1,5 ÄZ = $\underline{57{,}60 \text{ EUR}}$

Aufgabe 265

Herstellkosten	690,00 EUR	(100 %)
+ Verw./Vertr. GK	115,00 EUR	(16 2/3 %)
Selbstkosten	805,00 EUR	(100 %)
+ Gewinn	100,63 EUR	(12 1/2 %)
Barverk. Pr.	905,63 EUR	(98 %)
+ Skonto	18,48 EUR	(2 %)
	924,11 EUR	

Aufgabe 266

$$\frac{100 \cdot 30\,000}{12\,000} = \underline{250\,\%}$$

Aufgabe 267

6 2/3 % von 21.900,00 EUR = 1.460,00 EUR
6 2/3 % von 21.300,00 EUR = $\underline{1.420{,}00 \text{ EUR}}$
Abweichung $\underline{40{,}00 \text{ EUR}}$

Aufgabe 270

Wirtschaftlichkeit = $\dfrac{\text{Verkaufserlöse}}{\text{Gesamtkosten}}$; 3 (1,3)

Aufgabe 271

A 3 600 kg	= 3 Teile =	600,00 EUR	9.000,00 EUR	= 3 Teile =	315,00 EUR		
B 4 800 kg	= 4 Teile =	800,00 EUR	15.000,00 EUR	= 5 Teile =	525,00 EUR		1 325,00 EUR
	7 Teile =	1.400,00 EUR		8 Teile =	840,00 EUR		
	1 Teil =	200,00 EUR		1 Teil =	105,00 EUR		

Rohstoff B   = 15.000,00 EUR
+ Bezugskosten =   1 325,00 EUR = $\underline{16\,325{,}00 \text{ EUR}}$

Aufgabe 275

Hinweise
Sachverhalt: Erlös − variable Kosten = Deckungsbeitrag
Rechenweg: Deckungsbeitrag je kg · absetzbare Menge

Abbildung zur 277. bis 279. Aufgabe

Gliederung und Inhalt der Abgrenzungsrechnung zwischen Geschäftsbuchführung und Kosten- und Leistungsrechnung nach dem Industriekontenrahmen (IKR) – Zahlenbeispiel –

RECHNUNGSKREIS I				RECHNUNGSKREIS II						Kosten- u. Leistungsbereich	
Erfolgsbereich				Abgrenzungsbereich							
Geschäftsbuchführung/Klassen 5, 6, 7				Unternehmensbezogene Abgrenzungen (betriebsfremd) Gruppe 90		Kosten- und leistungsrechnerische Korrekturen (außerordentliche betriebsbezogene, Verrechnungskorrekturen, sonstige Abgrenzungen/Gruppe 91				Kosten- und Leistungsarten Gruppe 92	
Kto.-Nr.	Kontobezeichnung	Aufwendungen	Erträge	Aufwendungen	Erträge	Aufwendungen	Erträge			Kosten	Leistungen
500	Umsatzerlöse für eigene Erzeugnisse		900 500								900 500
520	Bestandsveränderungen		10 100								10 100
548	Erträge aus der Herabsetzung von Rückstellungen		6 700		6 700						
571	Zinserträge		3 000		3 000						
600	Aufwendungen für Rohstoffe/Fertigungsmaterial	320 900[1]				320 900	325 500[2]			325 500[2]	
620	Löhne für geleistete Arbeitszeit	180 600								180 600	
630	Gehälter	150 700								150 700	
640/641	Arbeitgeberanteil zur Sozialversicherung	52 100				70 400				52 100	
652	Abschreibungen auf Sachanlagen	70 400									
680	Büromaterial	2 000								2 000	
688	Spenden	800		800							
696	Verluste aus dem Abgang v. Vermögensgegenständen	10 500				10 500					
740	Abschreibungen auf Finanzanlagen	30 000		30 000							
751	Zinsaufwendungen	5 400[3]				5 400					
771	Körperschaftssteuer	18 500		18 500							
	Kalkulatorische Kosten										
	Abschreibungen						75 000			75 000	
	Zinsen						5 900			5 900	
	Unternehmerlohn						17 500			17 500	
	Wagnisse						4 000			4 000	
	Summen	841 900	920 300	49 300	3 000	407 200	434 600			813 300	910 600
	Salden	78 400			46 300	27 400				97 300	
	Ergebnis	Gesamtergebnis		Ergebnis aus unternehmensbezogenen Abgrenzungen		Ergebnis aus kosten- und leistungsrechnerisch. Korrekturen				Betriebsergebnis	

[1] Stoffkosten zu Einstandspreisen [2] Stoffkosten zu Verrechnungspreisen [3] a. o. betriebsbezogene Aufwendungen

Aufgabe 276

160.000,00 EUR	Materialosten
420.000,00 EUR	Fertigungskosten
580.000,00 EUR	Herstellkosten der Fertigung
− 572.000,00 EUR	Herstellkosten des Umsatzes
+ 8.000,00 EUR	Mehrbestand

Aufgabe 280

Umsatzerlöse	1.268.000,00 EUR
− Selbstk. des Umsatzes	1.174.000,00 EUR
	94.000,00 EUR
− Erlösberichtigungen	18.000,00 EUR
Umsatzergebnis	76.000,00 EUR (Soll)
Betriebsergebnis	81.900,00 EUR (Ist)
= Kostenüberdeckung	5.900,00 EUR

Aufgabe 283

Einzelkosten:
5 Arb. · 20,00 EUR · 38 Std. · 4,3 Wo.
$$= 16.340{,}00 \text{ EUR}$$
Gemeinkosten: 8.170,00 EUR

$$\frac{8.170{,}00 \text{ EUR} \cdot 100}{16.340{,}00 \text{ EUR}} = \underline{50\,\%}$$

Aufgabe 291

Rechnung der Stadtwerke	40.000,00 EUR
Personalkosten allg. Werksverwaltung	80.000,00 EUR
Gebäudekosten	36.000,00 EUR

Anteil Gießanlage	24.000,00 EUR
Anteil Gießanlage	10.000,00 EUR
Anteil Gießanlage	4.000,00 EUR
	38.000,00 EUR

Aufgabe 292

Gemeinkosten	= 106.000,00 EUR
− für Verw. und Vertr.	= 25.000,00 EUR
	= 81.000,00 EUR
− davon 6.000,00 EUR für MGK	= 6.000,00 EUR
für Fertigungs-GK	= 75.000,00 EUR

Aufgabe 284

254.000,00 EUR − 210.000,00 EUR
$$= 44.000{,}00 \text{ EUR}$$
$$11\,533{,}50 \text{ EUR}$$
$$55\,533{,}50 \text{ EUR}$$

(Umsatzgewinn + Gesamtkostenüberdeckung = Betriebsgewinn)

Aufgabe 287

Jährliche Umlagekosten	= 72.000,00 EUR
Kosten je m² (bei 600 m²)	= 120,00 EUR
Monatliche Kosten je m²	= 10,00 EUR
Monatliche Raumkosten A	
120 m² · 30,00 EUR	
(20,00 + 10,00)	= 3.600,00 EUR

Aufgabe 290

Materialkosten	= 3.000,00 EUR
Fertigungskosten Schmelze	= 200,00 EUR
Fertigungsgemeinkosten Schmelze	= 800,00 EUR
Fertigungskosten Walzwerk	= 440,00 EUR
Fertigungsgemeinkosten Walzwerk	= 1.100,00 EUR
Herstellkosten	= 5.540,00 EUR
+ Vertriebs- u. Verwaltungskosten	= 1.662,00 EUR
Selbstkosten	= 7.202,00 EUR

Aufgabe 293

Fertigungslöhne	50.000,00 EUR = 100 %
Fertigungsgemeinkosten	75.000,00 EUR = ? %

$$\frac{100 \cdot 75.000}{50.000} = \underline{150\,\%}$$

Industriekontenrahmen (IKR)

Kontenklasse 0	Kontenklasse 1	Kontenklasse 2	Kontenklasse 3	Kontenklasse 4	Kontenklasse 5
AKTIVA			PASSIVA		ERTRÄGE
Anlagevermögen		Umlaufvermögen			

Kontenklasse 0 – Anlagevermögen

0 Immaterielle Vermögensgegenstände und Sachanlagen
00 Ausstehende Einlagen
000 Ausstehende Einlagen
01 Frei
Immaterielle Vermögensgegenstände[1]
02 Konzessionen gewerbliche Schutzrechte und ähnliche Rechte und Werke sowie Lizenzen an solchen Rechten und Werten
020 Konzessionen, gewerbliche Schutzrechte und ähnliche Rechte und Werte sowie Lizenzen an solchen Rechten und Werten
03 Geschäfts- oder Firmenwert
030 Geschäfts- oder Firmenwert
04 Frei
Sachanlagen
05 Grundstücke, grundstücksgleiche Rechte und Bauten einschließlich der Bauten auf fremden Grundstücken
050 Unbebaute Grundstücke
051 Bebaute Grundstücke
052 Betriebsgebäude
053 Verwaltungsgebäude
055 Andere Bauten
056 Grundstückseinrichtungen
057 Gebäudeeinrichtungen
059 Wohngebäude
06 Frei
07 Technische Anlagen und Maschinen
070 Anlagen und Maschinen der Energieversorgung
071 Anlagen der Materiallagerung und -bereitstellung
072 Anlagen und Maschinen der mechanischen Materialbearbeitung, -verarbeitung und -umwandlung
073 Anlagen für Wärme-, Kälte- und chemische Prozesse sowie ähnliche Anlagen
074 Anlagen für Arbeitssicherheit und Umweltschutz
075 Transportanlagen und ähnliche Betriebsvorrichtungen
076 Verpackungsanlagen und -maschinen
077 Sonstige Anlagen und Maschinen
078 Reserveanlagen und -anlageteile
079 Geringwertige Anlagen und Maschinen
08 Andere Anlagen, Betriebs- und Geschäftsausstattung
080 Andere Anlagen
081 Werkstatteinrichtung
082 Werkzeuge, Werksgeräte und Modelle, Prüf- und Messmittel
083 Lager- und Transporteinrichtungen
084 Fuhrpark
085 Sonstige Betriebsausstattung
086 Büromaschinen, Organisationsmittel und Kommunikationsanlagen
087 Büromöbel und sonstige Geschäftsausstattung
088 Reserveteile für Betriebs- und Geschäftsausstattung
089 Geringwertige Vermögensgegenstände der Betriebs- und Geschäftsausstattung
09 Geleistete Anzahlungen im Bau
090 Geleistete Anzahlungen auf Sachanlagen
095 Anlagen im Bau

Kontenklasse 1

1 Finanzanlagen
10 Frei
11 Frei
12 Frei
13 Beteiligungen
130 Beteiligungen
14 Frei
15 Wertpapiere des Anlagevermögens
150 Wertpapiere des Anlagevermögens
16 Sonstige Finanzanlagen
160 Sonstige Finanzanlagen
17 Frei
18 Frei
19 Frei

Kontenklasse 2 – Umlaufvermögen

2 Umlaufvermögen und aktive Rechnungsabgrenzung
Vorräte
20 Roh-, Hilfs- und Betriebsstoffe
200 Rohstoffe/Fertigungsmaterial
2001 Bezugskosten
2002 Nachlässe
201 Vorprodukte/Fremdbauteile
2011 Bezugskosten
2012 Nachlässe
202 Hilfsstoffe
2021 Bezugskosten
2022 Nachlässe
203 Betriebsstoffe
2031 Bezugskosten
2032 Nachlässe
207 Sonstiges Material
2071 Bezugskosten
2072 Nachlässe
21 Unfertige Erzeugnisse, unfertige Leistungen
210 Unfertige Erzeugnisse
219 Unfertige Leistungen
22 Fertige Erzeugnisse und Waren
220 Fertige Erzeugnisse
228 Waren (Handelswaren)
2281 Bezugskosten[2]
2282 Nachlässe[2]
23 Geleistete Anzahlungen auf Vorräte
230 Geleistete Anzahlungen auf Vorräte
Forderungen und sonstige Vermögensgegenstände (24–26)
24 Forderungen aus Lieferungen und Leistungen
240 Forderungen aus Lieferungen und Leistungen
245 Wechselforderungen aus Lieferungen und Leistungen (Besitzwechsel)
247 Zweifelhafte Forderungen
248 Protestwechsel
25 Frei
26 Sonstige Vermögensgegenstände
260 Vorsteuer
263 Sonstige Forderungen an Finanzbehörden (ausgezahlte Arbeitnehmersparzulage)
265 Forderungen an Mitarbeiter
269 Übrige sonstige Forderungen
27 Wertpapiere des Umlaufvermögens
270 Wertpapiere des Umlaufvermögens
28 Flüssige Mittel
280 Guthaben bei Kreditinstituten (Bank)
285 Postbank
286 Schecks
287 Bundesbank
288 Kasse
289 Nebenkassen
29 Aktive Rechnungsabgrenzung (und Bilanzfehlbetrag)
290 Aktive Jahresabgrenzung
292 Umsatzsteuer auf enthaltene Anzahlungen
299 Nicht durch Eigenkapital gedeckter Fehlbetrag

Kontenklasse 3

3 Eigenkapital und Rückstellungen
Eigenkapital
30 Eigenkapital/Gezeichnetes Kapital
Bei Einzelkaufleuten
300 Eigenkapital
Bei Personengesellschaften
300 Kapital Gesellschafter A
3001 Privatkonto
301 Kapital Gesellschafter B
3011 Privatkonto
307 Kommanditkapital Gesellschafter C
308 Kommanditkapital Gesellschafter D
Bei Kapitalgesellschaften:
300 Gezeichnetes Kapital (Grundkapital/Stammkapital)
31 Kapitalrücklage
310 Kapitalrücklage
32 Gewinnrücklagen
321 Gesetzliche Rücklagen
323 Satzungsmäßige Rücklagen
324 Andere Gewinnrücklagen
33 Ergebnisverwendung[3]
331 Jahresergebnis des Vorjahres
332 Ergebnisvortrag aus früheren Perioden
334 Veränderungen der Rücklagen
335 Bilanzergebnis (Bilanzgewinn, Bilanzverlust)
336 Ergebnisausschüttung
339 Ergebnisvortrag auf neue Rechnung
34 Jahresüberschuss/Jahresfehlbetrag
340 Jahresüberschuss/Jahresfehlbetrag
35 Sonderposten mit Rücklagenanteil
350 Sonderposten mit Rücklagenanteil
36 Wertberichtigungen[4]
(bei Kapitalgesellschaften als Passivposten der Bilanz nicht mehr zulässig)
361 Wertberichtigungen zu Sachanlagen
365 Wertberichtigungen zu Finanzanlagen
367 Wertberichtigungen zu Forderungen
368 Pauschalwertberichtigungen zu Forderungen
Rückstellungen
37 Rückstellungen für Pensionen und ähnliche Verpflichtungen
370 Rückstellungen für Personen und ähnliche Verpflichtungen
38 Steuerrückstellungen
380 Steuerrückstellungen
39 Sonstige Rückstellungen
391 Sonstige Rückstellungen für Gewährleistung
393 Sonstige Rückstellungen für andere ungewisse Verbindlichkeiten
397 Sonstige Rückstellungen für drohende Verluste aus schwebenden Geschäften
399 Sonstige Rückstellungen für Aufwendungen

Kontenklasse 4

4 Verbindlichkeiten und passive Rechnungsabgrenzung
40 Frei
41 Anleihen
410 Anleihen
42 Verbindlichkeiten gegenüber Kreditinstituten
420 Kurzfristige Bankverbindlichkeiten
426 Langfristige Bankverbindlichkeiten
43 Erhaltene Anzahlungen auf Bestellungen
430 Erhaltene Anzahlungen auf Bestellungen
44 Verbindlichkeiten aus Lieferungen und Leistungen
440 Verbindlichkeiten aus Lieferungen und Leistungen
45 Wechselverbindlichkeiten
450 Schuldwechsel
46 Frei
47 Frei
48 Sonstige Verbindlichkeiten
480 Umsatzsteuer
483 Sonstige Verbindlichkeiten gegenüber Finanzbehörden
484 Verbindlichkeiten gegenüber Sozialversicherungsträgern
485 Verbindlichkeiten gegenüber Mitarbeitern
486 Verbindlichkeiten aus vermögenswirksamen Leistungen
487 Verbindlichkeiten gegenüber Gesellschaften
489 Übrige sonstige Verbindlichkeiten
49 Passive Rechnungsabgrenzung
490 Passive Jahresabgrenzung
492 Vorsteuer auf geleistete Anzahlungen

Kontenklasse 5 – ERTRÄGE

5 Erträge
50 Umsatzerlöse für eigene Erzeugnisse und andere eigene Leistungen
500 Umsatzerlöse für eigene Erzeugnisse
5001 Erlösberichtigungen
505 Umsatzerlöse für andere eigene Leistungen
5051 Erlösberichtigungen
51 Umsatzerlöse für Waren und sonstige Umsatzerlöse
510 Umsatzerlöse für Waren
5101 Erlösberichtigungen
519 Umsatzerlöse
5191 Erlösberichtigungen
52 Erhöhung oder Verminderung des Bestandes an unfertigen und fertigen Erzeugnissen
520 Bestandsveränderungen
5201 Bestandsveränderungen an unfertigen Erzeugnissen und nicht abgerechneten Leistungen
5202 Bestandsveränderungen an fertigen Erzeugnissen
53 Andere aktivierte Eigenleistungen
530 Aktivierte Eigenleistungen
54 Sonstige betriebliche Erträge
540 Nebenerlöse[5]
5401 Nebenerlöse aus Vermietung und Verpachtung
5403 Nebenerlöse aus Werksküche und Kantine
5409 Sonstige Nebenerlöse
541 Sonstige Erlöse (z. B. aus Provisionen oder Lizenzen oder aus dem Abgang von Gegenständen des Anlagevermögens)
542 Eigenverbrauch
543 Andere sonstige betriebliche Erträge (z. B. Schadensersatzleistungen)
544 Erträge aus Werterhöhungen von Gegenständen des Anlagevermögens (Zuschreibungen)
545 Erträge aus der Auflösung oder Herabsetzung von Wertberichtigungen auf Forderungen
546 Erträge aus dem Abgang von Vermögensgegenständen (Nettoerträge: Erlös ./. Buchwert)
547 Erträge aus der Auflösung von Sonderposten mit Rücklagenanteil
548 Erträge aus der Herabsetzung von Rückstellungen
549 Periodenfremde Erträge (soweit nicht bei den betroffenen Ertragsarten zu erfassen)
55 Erträge aus Beteiligungen
550 Erträge aus Beteiligungen
56 Erträge aus anderen Wertpapieren und Ausleihungen des Finanzanlagevermögens
560 Erträge aus anderen Finanzanlagen
57 Sonstige Zinsen und ähnliche Erträge
571 Zinserträge
573 Diskonterträge
578 Erträge aus Wertpapieren des Umlaufvermögens
579 Sonstige zinsähnliche Erträge
58 Außerordentliche Erträge
580 Außerordentliche Erträge
59 Frei

Kontenklasse 6	Kontenklasse 6	Kontenklasse 7	Kontenklasse 8
AUFWENDUNGEN	**AUFWENDUNGEN**		**ERGEBNISRECHNUNGEN**

Kontenklasse 6	Kontenklasse 6	Kontenklasse 7	Kontenklasse 8
6 Betriebliche Aufwendungen	*Sonstige betriebliche Aufwendungen (66–70)*	**7 Weitere Aufwendungen**	**8 Ergebnisrechnungen**
Materialaufwand	**66 Sonstige Personalaufwendungen**	**70 Betriebliche Steuern**	**80 Eröffnung/Abschluss**
60 Aufwendungen für Roh-, Hilfs- und Betriebsstoffe und für bezogene Waren	660 Aufwendungen für Personaleinstellung	700 Gewerbekapitalsteuer	800 Eröffnungsbilanzkonto
(Werden Material- oder Warenbezüge direkt in der Kontengruppe 60 gebucht, dann sind die Unterkonten „Bezugskosten" und „Nachlässe" bei den betreffenden Konten der Gruppe 6 statt in der Gruppe 2 zu führen.)	661 Aufwendungen für übernommene Fahrtkosten	701 Vermögensteuer	801 Schlussbilanzkonto
	662 Aufwendungen für Werkarzt und Arbeitssicherheit	702 Grundsteuer	802 GuV-Konto Gesamtkostenverfahren
	663 Personenbezogene Versicherungen	703 Kraftfahrzeugsteuer	803 GuV-Konto Umsatzkostenverfahren
600 Aufwendungen für Rohstoffe/Fertigungsmaterial	664 Aufwendungen für Fort- und Weiterbildung	705 Wechselsteuer	*Konten der Kostenbereiche für die GuV im Umsatzkostenverfahren*
601 Aufwendungen für Vorprodukte/Fremdbauteile	665 Aufwendungen für Dienstjubiläen	707 Ausfuhrzölle	**81 Herstellkosten**
602 Aufwendungen für Hilfsstoffe	666 Aufwendungen für Belegschaftsveranstaltungen	708 Verbrauchsteuern	**82 Vertriebskosten**
603 Aufwendungen für Betriebsstoffe/Verbrauchswerkzeuge	667 Aufwendungen für Werksküche und Sozialeinrichtungen	709 Sonstige betriebliche Steuern	**83 Allgemeine Verwaltungskosten**
604 Verpackungsmaterial	668 Ausgleichsabgabe nach dem Schwerbehindertengesetz	**71 Frei**	**84 Sonstige betriebliche Aufwendungen**
605 Energie	669 Übrige sonstige Personalaufwendungen	**72 Frei**	*Konten der kurzfristigen Erfolgsrechnung (KER) für innerjährige Rechnungsperioden (Monat, Quartal, Halbjahr)*
606 Reparaturmaterial	**67 Aufwendungen für die Inanspruchnahme von Rechten und Diensten**	**73 Frei**	
607 Aufwendungen für sonstiges Material	670 Mieten, Pachten	**74 Abschreibungen auf Finanzanlagen und auf Wertpapiere des Umlaufvermögens und Verluste aus entsprechenden Abgängen**	85 Korrekturkonten zu den Erträgen der Kontenklasse 5
608 Aufwendungen für Waren	671 Leasing		86 Korrekturkonten zu den Aufwendungen der Kontenklasse 6
61 Aufwendungen für bezogene Leistungen	672 Lizenzen und Konzessionen	740 Abschreibungen auf Finanzanlagen	87 Korrekturkonten zu den Aufwendungen der Kontenklasse 7
610 Fremdleistungen für Erzeugnisse und andere Umsatzleistungen	673 Gebühren	742 Abschreibungen auf Wertpapiere des Umlaufvermögens	**88 Kurzfristige Erfolgsrechnung (KER)**
614 Frachten und Fremdlager (incl. Versicherung und anderer Nebenkosten)	675 Kosten des Geldverkehrs	745 Verluste aus Abgang von Finanzanlagen	880 Gesamtkostenverfahren
615 Vertriebsprovisionen	676 Provisionsaufwendungen (außer Vertriebsprovisionen)	746 Verluste aus dem Abgang von Wertpapieren des Umlaufvermögens	881 Umsatzkostenverfahren
616 Fremdinstandhaltung	677 Rechts- und Beratungskosten	**75 Zinsen und ähnliche Aufwendungen**	**89 Innerjährige Rechnungsabgrenzung**
617 Sonstige Aufwendungen für bezogene Leistungen	**68 Aufwendungen für Kommunikation, Information, Reisen, Werbung)**	751 Zinsaufwendungen	890 Aktive Rechnungsabgrenzung
Personalaufwand	680 Büromaterial	753 Diskontaufwendungen	895 Passive Rechnungsabgrenzung
62 Löhne	681 Zeitungen und Fachliteratur	759 Andere zinsähnliche Aufwendungen	*Bestandteil der Abschlussprüfung ist nur das Gesamtkostenverfahren.*
620 Löhne für geleistete Arbeitszeit, einschließlich tariflicher, vertraglicher oder arbeitsbedingter Zulagen	682 Postgebühren	**76 Außerordentliche Aufwendungen**	
621 Löhne für andere Zeiten (Urlaub, Feiertag, Krankheit)	683 Reisekosten	760 Außerordentliche Aufwendungen	**Kontenklasse 9**
622 Sonstige tarifliche oder vertragliche Aufwendungen für Lohnempfänger	686 Bewirtung und Repräsentation	**77 Steuern vom Einkommen und Ertrag**	**KOSTEN- UND LEISTUNGSRECHNUNG**
623 Freiwillige Zuwendungen	687 Werbung	770 Gewerbeertragsteuer	**9 Kosten- und Leistungsrechnung (KLR)**
625 Sachbezüge	688 Spenden	771 Körperschaftsteuer	**90 Unternehmensbezogene Abgrenzungen (betriebsfremde Aufwendungen und Erträge)**
626 Vergütungen an gewerbliche Auszubildende	**69 Aufwendungen für Beiträge und Sonstiges sowie Wertkorrekturen und periodenfremde Aufwendungen**	772 Kapitalertragsteuer	
629 Sonstige Aufwendungen mit Lohncharakter	690 Versicherungsbeiträge	**78 Frei**	**91 Kostenrechnerische Korrekturen**
63 Gehälter	692 Beiträge zu Wirtschaftsverbänden und Berufsvertretungen	**79 Frei**	**92 Kostenarten und Leistungsarten**
630 Gehälter einschließlich tariflicher, vertraglicher oder arbeitsbedingter Zulagen	693 Verluste aus Schadensfällen		**93 Kostenstellen**
631 Urlaubs- und Weihnachtsgeld	695 Abschreibungen auf Forderungen		**94 Kostenträger**
632 Sonstige tarifliche oder vertragliche Aufwendungen	696 Verluste aus dem Abgang von Vermögensgegenständen		**95 Fertige Erzeugnisse**
633 Freiwillige Zuwendungen	697 Einstellungen in den Sonderposten mit Rücklageanteil		**96 Interne Lieferungen und Leistungen sowie deren Kosten**
635 Sachbezüge	698 Zuführungen zu Rückstellungen für Gewährleistung		**97 Umsatzkosten**
636 Vergütungen an techn./kaufm. Auszubildende	699 Periodenfremde Aufwendungen (soweit nicht bei den betreffenden Aufwandsarten zu erfassen)		**98 Umsatzleistungen**
639 Sonstige Aufwendungen mit Gehaltscharakter			**99 Ergebnisausweise**
64 Soziale Abgaben und Aufwendungen für Altersversorgung und für Unterstützung			*Die Kosten- und Leistungsrechnung einschließlich Abgrenzungsrechnung wird im Rahmen der Abschlussprüfung in Tabellenform durchgeführt (siehe Zahlenbeispiel).*
640 Arbeitgeberanteil zur Sozialversicherung (Lohnbereich)			
641 Arbeitgeberanteil zur Sozialversicherung (Gehaltsbereich)			
642 Beiträge zur Berufsgenossenschaft			
644 Aufwendungen für Altersversorgung			
649 Aufwendungen für Unterstützung			
Abschreibungen auf Anlagevermögen			
65 Abschreibungen			
651 Abschreibungen auf immaterielle Vermögensgegenstände			
652 Abschreibungen auf Sachanlagen			
654 Abschreibungen auf geringwertige Wirtschaftsgüter			
655 Außerplanmäßige Abschreibungen auf Sachanlagen			

Erläuterungen zu den einzelnen Positionen:

[1]) Bestimmte Begriffe der gesetzlichen Gliederungsschemata können nicht in die Nomenklatur des Kontenrahmens selbst übernommen werden, weil sie sich nicht mit einem Konto oder einer Kontengruppe decken. Sie wurden deshalb in Kursivschrift als Zwischenüberschriften an die entsprechenden Stellen des Kontenrahmens eingefügt. Eine Ausnahme bilden demgegenüber die Kursiv-Zeilen der Klasse 8, die als Überschriften zur Abgrenzung von getrennten Funktionsbereichen eingefügt wurden.

[2]) In vielen Unternehmen besteht auch die Praxis, den Materialbezug zunächst als Aufwand zu erfassen, der zum Abschlussstichtag durch eine Umbuchung der dann vorhandenen Bestände in die Klasse 2 korrigiert wird. Anschaffungsnebenkosten (Bezugskosten) und Anschaffungspreisminderungen (Nachlässe) werden bei dieser Handhabung in der Klasse 6 erfasst. Sie werden in der Praxis häufig auch direkt auf den betreffenden Konten verrechnet, oder – wenn die Zurechnung zu einem zu hohen Aufwand verursacht – auf Sammelkonten erfasst und dann im Abschluss pauschal verrechnet. Dies trifft insbesondere bei Skonti u. Boni zu, für die bei dieser Handhabung im IKR die Konten 618 bzw. 619 vorgesehen sind. Eine entsprechende Handhabung findet sich in der Praxis auch bei den Kunden-Skonti u. -Boni.

[2]) Bei der Kontengruppe 33 „Ergebnisverwendung" ergibt sich eine Besonderheit. Sie steht anstelle der Position A IV der Passivseite. „Gewinnvortrag/Verlustvortrag" des Bilanzgliederungsschemas. Eine gleich lautende Bezeichnung für die Kontengruppe erweist sich jedoch als nicht sinnvoll, weil in der Bilanz dieser Posten vom Gesetzgeber nur unter der Voraussetzung einer Bilanzaufstellung „vor Ergebnisverwendung" oder „nach vollständiger Ergebnisverwendung" vorgesehen ist. Bei Bilanzaufstellung „nach teilweiser Ergebnisverwendung" steht an dieser Stelle der Bilanz der Posten „Bilanzverwendung/Bilanzgewinn/Bilanzverlust". In allen drei Fällen ist es aber dieselbe Kontengruppe, die je nach den Voraussetzungen den einen oder den anderen Posten als Saldo ausweist. Es musste daher für die Kontengruppe eine Bezeichnung gewählt werden, die alle Alternativen abdeckt.

[4]) Wertberichtigungen werden in der Praxis vielfach auf gesonderten Konten oder Unterkonten in der betreffenden Kontengruppe auf der Aktivseite erfasst.

[5]) Die mit den Konten 540 und 541 angesprochenen Erträge können je nach den Verhältnissen des einzelnen Unternehmens auch zu den Umsatzerlösen gehören und sind dann in der Kontengruppe 50/51 zu erfassen (s. § 277 Abs. 1 HGB).

Prüfungsübungssatz – Übung zur Abschlussprüfung

Industriekaufmann (AO 2002)
Industriekauffrau (AO 2002)

Geschäftsprozesse

6 ungebundene Aufgaben
mit Anlage
180 Minuten Prüfungszeit
100 Punkte

Bearbeitungshinweise:

1. Bevor Sie mit der Bearbeitung beginnen, prüfen Sie bitte, ob dieser Aufgabensatz die auf dem Deckblatt angegebene **Zahl von Aufgaben** enthält! Wenden Sie sich bei Unstimmigkeiten sofort an die Aufsicht! Reklamationen nach Schluss der Prüfung können nicht anerkannt werden.
2. Diesem Aufgabensatz liegt ein separater **Lösungsbogen** zur Eintragung der Lösungen bei. Füllen Sie als Erstes dessen **Kopfleiste** aus! Tragen Sie Ihren Namen, Vornamen und die Prüfungsnummer ein! Verwenden Sie nur einen **Kugelschreiber**, drücken Sie dabei kräftig auf und schreiben Sie **deutlich**, da Ihnen bei unleserlichen Eintragungen Punkte verloren gehen!
3. Verwenden Sie den Lösungsbogen **nicht als Schreibunterlage** und kontrollieren Sie vor dem Abgeben des Lösungsbogens, ob Ihre Eintragungen auf der Durchschrift deutlich erscheinen (auch in der Kopfleiste)!
4. Die Aufgaben können in **beliebiger Reihenfolge** gelöst werden. Bei zusammenhängenden Aufgaben mit gemeinsamer Situationsvorgabe sollten Sie sich jedoch an die vorgegebene Reihenfolge halten.
5. Die Lösungskästchen für die auf einer Seite abgedruckten Aufgaben sind auf dem Lösungsbogen jeweils in einer Zeile angeordnet. Tragen Sie in die Lösungskästchen die Kennziffern der **richtigen** Antworten bzw. bei **Offen-Antwort-Aufgaben** die Lösungen, zumeist Lösungsbeträge, ein! Bei **Zuordnungs- und Reihenfolgeaufgaben** empfiehlt es sich, die Lösungsziffern zunächst in die hierfür vorgesehenen Kästchen im Aufgabensatz und erst dann in den Lösungsbogen von links nach rechts in der richtigen Reihenfolge einzutragen!
6. Eine bereits eingetragene Lösungsziffer, die Sie **ändern** wollen, streichen Sie bitte deutlich durch; schreiben Sie die neue Lösungsziffer ausschließlich **unter** dieses Kästchen, niemals daneben oder darüber!
7. Die **Anzahl** der **richtigen** Lösungsziffern erkennen Sie an der Zahl der vorgedruckten Lösungskästchen.
8. Als Hilfsmittel ist ein netzunabhängiger, geräuscharmer und **nicht** programmierbarer **Taschenrechner** zugelassen.
9. Soweit **Nebenrechnungen** oder andere Hilfsaufzeichnungen erforderlich sind, müssen diese in die entsprechenden Felder auf dem Nebenrechnungsformular eingetragen werden, da Ihnen sonst in Zweifelsfällen die Punkte für die betreffenden Aufgaben verloren gehen können.

> Unternehmensbeschreibung
>
> Sie sind Mitarbeiter/in bei den Kleiderwerken Walter Behrendt GmbH. Alle Aufgaben beziehen sich auf das nachstehend beschriebene Unternehmen.

Beschreibung des Unternehmens:

Name	Kleiderwerke Walter Behrendt GmbH Am Wetterhahn 25, 60437 Frankfurt	
Stammkapital		200.000,00 EUR
Gesellschafter	Walter Behrendt, Stammeinlage Egon Franck, Stammeinlage Hans Schäfer, Stammeinlage	100.000,00 EUR 60.000,00 EUR 40.000,00 EUR
Geschäftsführer	Walter Behrendt Francesco Bertini	
Prokurist	Klaus Wegner	
Geschäftsjahr	1. Januar–31. Dezember	
Bankverbindungen	Postbank AG, NL Frankfurt Konto 471118-602, BLZ 500.100.60 Frankfurter Sparkasse Konto 379213, BLZ 500.502.01	
Produkte	Herrenoberbekleidung	
Handelswaren	Hemden Krawatten	
Maschinen	Zuschneidetische und -maschinen Nähautomaten	
Fertigungsarten	Serienfertigung Sortenfertigung	
Stoffe – Rohstoffe – Hilfsstoffe – Betriebsstoffe	Kleiderstoffe, Futterstoffe Nähgarn, Knöpfe, Reißverschlüsse Strom, Heizöl, Wasser, Schmierstoffe	
Mitarbeiter	Kaufmännische Arbeitnehmer/-innen Gewerbliche Arbeitnehmer/-innen (davon unter 18 Jahren: 15) Auszubildende	40 210 12

Marketing und Absatz

1. Aufgabe (16 Punkte, ca. 35 Minuten Bearbeitungszeit)

Situation

Sie erhalten folgendes Schreiben der Karl Wiese GmbH

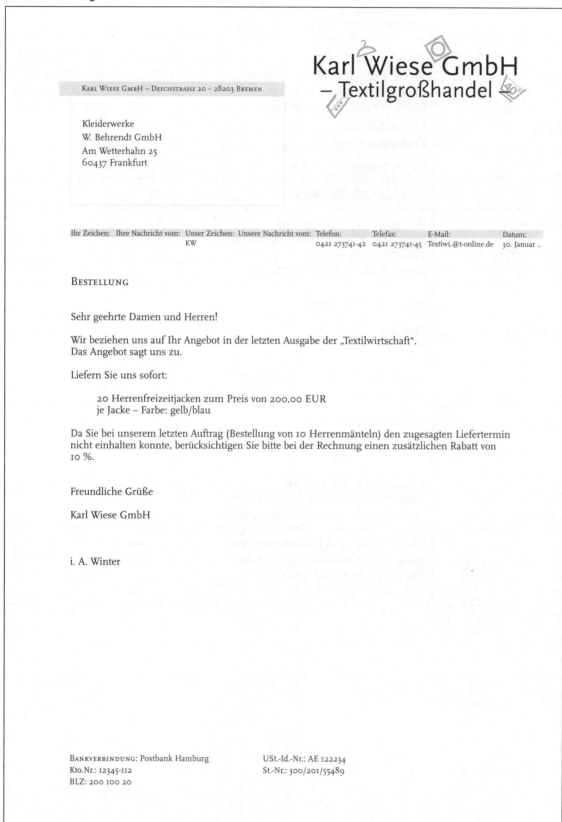

Als Mitarbeiter/in in der Auftragsbearbeitung sollen Sie den Brief und weitere Fragen beantworten.

1.1 (2 Punkte)
Begründen Sie, warum kein rechtswirksamer Kaufvertrag zustande gekommen ist!

1.2 (1 Punkt)
Nennen Sie **2** Möglichkeiten, durch die der Kaufvertrag rechtsgültig zustande kommen kann!

1.3 (5 Punkte)
Formulieren Sie auf dem abgebildeten Vordruck einen Brief an Herrn Winter, in dem Sie sich für den Auftrag bedanken und den Auftrag bestätigen mit dem Hinweis, wegen der verspäteten letzten Lieferung ausnahmsweise 10% Rabatt zu gewähren!

Kleiderwerke • W. Behrendt GmbH • Am Wetterhahn 25 • 60437 Frankfurt

Kleiderwerke
Walter Behrendt GmbH

Karl Wiese GmbH
Deichstraße 20
28203 Bremen

| Ihr Zeichen | Ihre Nachricht vom | Unser Zeichen | Unsere Nachricht vom | Telefon | Telefax |

Datum:

USt.-Id.-Nr.: DE 4413284 – St.-Nr.: 241/321/45873

Kontoverbindung
Frankfurter Sparkasse
Kto.-Nr.: 31140
BLZ 500 502 01

E-Mail: Kleiwa@t-online.de

1.4 (2 Punkte)
Erläutern Sie mit **2** Argumenten, warum es wichtig ist, die mit Kunden vereinbarten Liefertermine zu überwachen!

1.5 (1 Punkt)
Welche **2** Möglichkeiten der Terminüberwachung kennen Sie?

1.6 (2 Punkte)
Nach der Lieferung der 20 Freizeitjacken erstellen Sie die Rechnung.
Nennen Sie **4** Angaben, die die Rechnung enthalten muss!

1.7 (3 Punkte)
Ein Mitarbeiter erstellt die Rechnung an die Karl Wiese GmbH. Er weist einen Rechnungsbetrag von 4.284,00 EUR inkl. MwSt. aus.
Prüfen Sie rechnerisch, ob dieser Betrag stimmt!

2. Aufgabe (13 Punkte, ca. 20 Minuten Bearbeitungszeit)

Situation

Die Behrendt GmbH verkauft ihre Produkte über Handelsvertreter. Über einen dieser Handelsvertreter erhalten Sie die Anfrage eines Kunden, mit dem bisher noch keine Geschäftsverbindung bestand. Der Kunde wünscht ein Angebot über Herrenmäntel, die in der gewünschten Art bisher noch nicht gefertigt wurden. Da zurzeit Fertigungskapazitäten frei sind und der Kunde mindestens 100 Mäntel kaufen will, sind Sie an einem Vertragsabschluss interessiert. Für die Kalkulation des Angebotspreises liegen folgende Angaben vor:

Selbstkosten pro Mantel 400,00 EUR
Gewinn 12,5 %
Kundenrabatt 10 %
variable Kosten pro Mantel 350,00 EUR

2.1 (1 Punkt)
Nennen Sie **2** Nachteile des indirekten Absatzes (Verkauf über Handelsvertreter)!

2.2 (2 Punkte)
Begründen Sie mit **2** Argumenten, warum es sinnvoll sein kann, Handelsvertreter einzusetzen!

2.3 (1 Punkt)
Wo können Sie Informationen über den neuen Kunden einholen? Nennen Sie **2** Möglichkeiten!

2.4 (3 Punkte)
Begründen Sie rechnerisch, zu welchem Preis Sie mit den vorgegebenen Daten einen Mantel anbieten können (ohne Mehrwertsteuer)!

2.5 (2 Punkte)
Begründen Sie rechnerisch, zu welchem Preis Sie kurzfristig einen Mantel anbieten könnten (Preisuntergrenze)!

2.6 (2 Punkte)
Erläutern Sie mit **2** Argumenten, warum es sinnvoll sein könnte, kurzfristig den Mantel unter dem kalkulierten Listenverkaufspreis anzubieten!

2.7 (2 Punkte)
Führen Sie – außer dem Preis – **4** weitere Punkte an, die das Angebot enthalten sollte.

Beschaffung und Bevorratung

3. Aufgabe (22 Punkte, ca. 40 Minuten Bearbeitungszeit)

Situation

Sie sind Mitarbeiter/-in in der Einkaufsabteilung der Behrendt GmbH.
Sie sollen u. a. wegen des Bezugs neuer Seidenhemden Anfragen mit genauen Qualitäts- und Ausstattungsanforderungen an Lieferanten richten, mit denen das Unternehmen bisher noch nicht in Geschäftsbeziehung stand.
Die Hemden müssen innerhalb drei Wochen nach Bestellung geliefert werden.
Die Lager- und Ausstellungskapazität lässt nur eine Auftragsgröße von 50 Hemden dieser Sorte zu.

3.1 (1 Punkt)
Wo können diese neuen Lieferanten ausfindig gemacht werden?
Nennen Sie 2 externe Bezugsquellenverzeichnisse!

3.2 (1 Punkt)
Sie legen Ihren Anfragen die „Allgemeinen Geschäftsbedingungen" der Kleiderwerke Walter Behrendt GmbH bei (vgl. Abbildung).
Welche 2 Klauseln sind unwirksam?

Allgemeine Geschäftsbedingungen der Kleiderwerke Walter Behrendt GmbH (Auszug)

1. **Maßgebende Bedingungen**
   Die Rechtsbeziehungen zwischen den Kleiderwerken Walter Behrendt GmbH und Lieferanten richten sich nach diesen Bedingungen und etwaigen sonstigen Vereinbarungen. Ergänzungen oder Änderungen bedürfen der Schriftform.
   Andere Allgemeine Geschäftsbedingungen gelten grundsätzlich nicht.

2. **Bestellungen**
   2.1. Lieferverträge bedürfen der Schriftform.
   2.2. Nimmt der Lieferer die Bestellung nicht innerhalb von zwei Wochen seit Zugang an, so ist die Walter Behrendt GmbH zum Widerruf berechtigt.

3. **Lieferungen**
   3.1. Der Käufer kann als Nacherfüllung nur die Beseitigung des Mangels verlangen.
   3.2. Mängelansprüche verjähren zwei Jahre nach Ablieferung der Sache.
   3.3. Weitere Schadenersatzansprüche sind ausgeschlossen.

4. **Zahlungen**
   4.1. Die Zahlung erfolgt, sofern keine Abweichungen vereinbart sind, nach Wahl der Walter Behrendt GmbH innerhalb von zehn Tagen mit 3 % Skonto oder innerhalb von 30 Tagen ohne Abzug, jeweils gerechnet ab Eingang der Lieferung und Rechnung.
   4.2. Bei fehlerhafter Lieferung ist die Walter Behrendt GmbH berechtigt, die Zahlung erst nach ordnungsgemäßer Lieferung der bestellten Waren zu leisten.

⋮

3.3 (4 Punkte)
Aufgrund Ihrer Anfrage gehen entsprechende Angebote ein.
Aus den eingegangenen Angeboten wählen Sie zum Angebotsvergleich folgende Angebote aus (siehe unten stehenden Angebotsvergleich).
Wählen Sie unter Beachtung der genannten Bedingungen das günstigste Angebot aus und berechnen Sie den Bezugspreis für 50 Hemden bei Zahlung innerhalb von zehn Tagen!

	Preis je Stück	Lieferbedingungen	Lieferzeit	Zahlungsbedingungen
Angebot A	42,00 EUR (Mindestabnahme 100 Stück)	frei Haus	4 Wochen	30 Tage netto
Angebot B	51,80 EUR (ab 100 Stück, 20% Rabatt)	frei Haus	2 Wochen	10 Tage, 2% Skonto 20 Tage Ziel
Angebot C	52,00 EUR	ab Werk	3 Wochen	10 Tage, 3% Skonto 30 Tage Ziel
Angebot D	52,00 EUR	frei Haus	14 Tage	10 Tage, 3% Skonto 30 Tage Ziel
Angebot E	51,00 EUR	frei Haus	4 Wochen	10 Tage, 2% Skonto 30 Tage Ziel

3.4 (1 Punkt)
Nennen Sie außer den in den Angeboten genannten **2** weitere Lieferbedingungen!

3.5 (1 Punkt)
Nennen Sie **2** Kriterien, die außer dem Angebotspreis für die Lieferantenauswahl wichtig sein können!

3.6 (5 Punkte)
Sie bestellen 50 Hemden beim günstigsten Lieferer. Nach acht Tagen wird die Ware geliefert. Vom Wareneingang erhalten Sie die Mitteilung, dass acht Hemden auffällige Webfehler haben.

3.6.1 (1 Punkt)
Prüfen Sie, um welche Art von Mangel es sich handelt!

3.6.2 (2 Punkte)
Was müssen Sie tun, um Ihre Ansprüche beim Lieferanten geltend zu machen?

3.6.3 (2 Punkte)
Obwohl Sie eine angemessene Frist zur Nacherfüllung gesetzt hatten, hat der Lieferant nicht reagiert.
Nennen Sie **2** Rechte, die Sie geltend machen können!

3.7 (6 Punkte)
Sie sind u. a. dafür verantwortlich, dass die Hemden möglichst kostengünstig und optimal gelagert werden.
Es liegt Ihnen folgende Tabelle als Hilfsmittel vor:

Material	Wertanteil in %	Mengenanteil in %
A-Güter	ca. 70%	ca. 10%
B-Güter	ca. 20%	ca. 25%
C-Güter	ca. 10%	ca. 65%

3.7.1 (1 Punkt)
Erklären Sie kurz die Angaben in der Tabelle!

3.7.2 (1 Punkt)
Die Seidenhemden gehören zu den A-Gütern. Erklären Sie kurz, was das bedeutet!

3.7.3 (1 Punkt)
Worauf müssen Sie bei der Beschaffung besonders achten?

3.7.4 (1 Punkt)
Worauf müssen Sie bei der Lagerung besonders achten?

3.7.5 (1 Punkt)
Erläutern Sie kurz, welche Folge für die künftige Klassifizierung der Güter es haben kann, wenn durch Konkurrenzdruck und geschickte Einkaufsverhandlungen die Preise beim Einkauf von Seidenhemden sehr stark fallen!

3.7.6 (1 Punkt)
Erläutern Sie, welches Hilfsmittel besonders gut geeignet ist, um die ABC-Analyse durchzuführen!

3.8 (3 Punkte)
Sie sind damit beauftragt, die Inventur der Behrendt GmbH vorzubereiten. Dabei soll u. a. auch geprüft werden, ob die Einordnung der Stoffe, Teile und Produkte in die ABC-Güter-Klassifikation noch korrekt ist.

3.8.1 (2 Punkte)
Führen Sie **4** Schritte zur Planung einer Stichtagsinventur in einer schlüssigen Reihenfolge auf!

3.8.2 (1 Punkt)
Sie stellen fest, dass der Istbestand an Seidenhemden höher ist als der Sollbestand.
Erklären Sie an einem Beispiel, welcher Grund dafür vorliegen kann!

Prüfungsübungssatz

Personal

4. Aufgabe (18 Punkte, ca. 35 Minuten Bearbeitungszeit)

Situation

Die Geschäftsleitung der Behrendt GmbH will einen Assistenten oder eine Assistentin in ihr Leitungsteam aufnehmen. Auf die Stellenausschreibung haben sich zehn Personen beworben. Um sich ein möglichst umfassendes Bild von den Bewerbern zu machen, wird ein Assessmentcenter durchgeführt. Frau Engel wird als geeignete Bewerberin ausgewählt.

4.1 (2 Punkte)
Erläutern Sie das Verfahren der Personalauswahl: „Assessmentcenter".

_____
_____
_____
_____
_____
_____
_____
_____

4.2 (2 Punkte)
Nennen Sie **2** Vorteile und **2** Nachteile dieses Personalauswahlverfahrens!

_____
_____
_____
_____
_____
_____
_____
_____

4.3 (2 Punkte)
Im Rahmen des Assessmentcenters wird auch Gruppenarbeit durchgeführt. Erläutern Sie an **2** Beispielen, was beachtet werden muss, damit die Gruppenarbeit erfolgreich verlaufen kann!

_____
_____
_____
_____
_____

4.4 (3 Punkte)
Wichtig bei diesem Personalauswahlverfahren ist ein konkretes „Feedback".

4.4.1 (1 Punkt)
Was ist ein „Feedback"?

4.4.2 (2 Punkte)
Erläutern Sie an **2** Beispielen, wann ein „Feedback" hilfreich ist!

4.5 (1 Punkt)
Frau Engel hat mit ihren Bewerbungsunterlagen ein qualifiziertes Zeugnis des letzten Arbeitgebers abgegeben. Nennen Sie **2** Punkte, die in dem Zeugnis enthalten sein müssen!

4.6 (7 Punkte)
Frau Engel erhält die Assistentenstelle bei der Behrendt GmbH, da sie bei dem Auswahlverfahren den besten Eindruck hinterließ. Ein Arbeitsvertrag wurde abgeschlossen. Als Anfangsgehalt wurden 2.525,00 EUR vereinbart. Nach einem Monat erhält Frau Engel ihre erste Gehaltszahlung. Auf ihrem Konto wurden 1.512,12 EUR gutgeschrieben. Da ihr dieser Betrag zu niedrig vorkommt, prüft sie nach, ob die Abzüge richtig berechnet wurden.
Dazu liegt ihr vor:
a) die Gehaltsabrechnung
b) der Auszug aus der Lohnsteuertabelle
c) ihr Personalstammblatt
Prüfen Sie, ob der Auszahlungsbetrag richtig berechnet wurde!

Prüfungsübungssatz

4.7 (1 Punkt)
Da Frau Engel aus der Veröffentlichung eines Buches Honorareinnahmen erzielt, erstellt sie jährlich eine Einkommensteuererklärung. Nennen Sie **2** Ausgaben, die als Werbungskosten geltend gemacht werden können!

_____

_____

Abbildung zur Aufgabe 4.6

Personalstammblatt

Name:	Angelika Engel
geb.:	13. Mai 1971 in Frankfurt/Main
Wohnort:	63654 Diebach Ronneburger Weg 7
Familienstand:	ledig
Kinder:	keine
Steuerklasse:	I
Kirchensteuerzahlung:	ev, 9 %
Krankenkasse:	Beitragssatz 14 %, BEK Büdingen
Steuerfreibetrag:	–
VWL:	–
Bankverbindung:	Frankfurter Sparkasse Kto. Nr.: 0037-876 BLZ: 500 502 01

Gehaltsabrechnung

Name	St.Kl.	Bruttoverdienst EUR	Lohnsteuer	Kirchensteuer 9%	Soli.-Zuschl.	Krankenkasse 14%	RV 19,5%	ALV 6,5%	Pfl.V. 1,7%	Summe der Abzüge	Auszahlg.
Engel	I	2.525,00	424,83	38,23	23,36	176,75	246,19	82,06	21,46	1.012,88	1.512,12

Abbildung zur Aufgabe 4.6

MONAT 2 520,–*

Lohn/Gehalt Versorgungs-Bezug bis €*		I – VI ohne Kinderfreibeträge				I, II, III, IV mit Zahl der Kinderfreibeträge ...																		
									0,5			1			1,5			2			2,5			3**	
		LSt	SolZ	8%	9%		LSt	SolZ	8%	9%	SolZ	8%	9%	SolZ	8%	9%	SolZ	8%	9%	SolZ	8%	9%	SolZ	8%	9%
2 522,99 2 778,99	I,IV II III V VI	423,91 389,58 145,66 799,58 834,08	23,31 21,42 — 43,97 45,87	33,91 31,16 11,65 63,96 66,72	38,15 35,06 13,10 71,96 75,06	I II III IV	423,91 389,58 145,66 423,91	19,18 17,38 — 21,22	27,90 25,29 7,40 30,87	31,39 28,45 8,32 34,73	15,25 13,55 — 19,18	22,19 19,72 3,60 27,90	24,96 22,18 4,05 31,39	11,54 9,93 — 17,19	16,78 14,44 0,24 25,01	18,88 16,25 0,27 28,13	8,02 6,51 — 15,25	11,67 9,47 — 22,19	13,13 10,65 — 24,96	0,96 — — 13,37	6,86 4,85 — 19,45	7,72 5,45 — 21,88	— — — 11,54	2,64 1,02 — 16,78	2,97 1,15 — 18,88
2 525,99 2 781,99	I,IV II III V VI	424,83 390,50 146,33 800,91 835,41	23,36 21,47 — 44,05 45,94	33,98 31,24 11,70 64,07 66,83	38,23 35,14 13,16 72,08 75,18	I II III IV	424,83 390,50 146,33 424,83	19,23 17,43 — 21,27	27,98 25,36 7,45 30,94	31,47 28,53 8,38 34,81	15,30 13,60 — 19,23	22,26 19,78 3,64 27,98	25,04 22,25 4,09 31,47	11,58 9,97 — 17,24	16,85 14,51 0,28 25,08	18,95 16,32 0,31 28,22	8,07 6,55 — 15,30	11,74 9,53 — 22,26	13,20 10,72 — 25,04	1,10 — — 13,42	6,92 4,90 — 19,52	7,78 5,51 — 21,96	— — — 11,58	2,68 1,06 — 16,85	3,02 1,19 — 18,95
2 528,99 2 784,99	I,IV II III V VI	425,83 391,50 147,— 802,25 836,75	23,42 21,53 — 44,12 46,02	34,06 31,32 11,76 64,18 66,94	38,32 35,23 13,23 72,20 75,30	I II III IV	425,83 391,50 147,— 425,83	19,28 17,49 — 21,32	28,04 25,44 7,50 31,02	31,55 28,62 8,44 34,89	15,35 13,65 — 19,28	22,33 19,86 3,69 28,04	25,12 22,34 4,15 31,55	11,63 10,01 — 17,29	16,92 14,57 0,32 25,15	19,03 16,39 0,36 28,29	8,11 6,59 — 15,35	11,80 9,59 — 22,33	13,27 10,79 — 25,12	1,25 — — 13,46	6,98 4,96 — 19,58	7,85 5,58 — 22,03	— — — 11,63	2,73 1,10 — 16,92	3,07 1,24 — 19,03
2 531,99 2 787,99	I,IV II III V VI	426,75 392,41 147,66 803,58 838,08	23,47 21,58 — 44,19 46,09	34,14 31,39 11,81 64,28 67,04	38,40 35,31 13,28 72,32 75,42	I II III IV	426,75 392,41 147,66 426,75	19,33 17,53 — 21,37	28,12 25,50 7,54 31,09	31,63 28,69 8,48 34,97	15,40 13,69 — 19,33	22,40 19,92 3,73 28,12	25,20 22,41 4,19 31,63	11,67 10,06 — 17,34	16,98 14,64 0,36 25,22	19,10 16,47 0,40 28,37	8,15 6,63 — 15,40	11,86 9,65 — 22,40	13,34 10,85 — 25,20	1,40 — — 13,51	7,04 5,01 — 19,65	7,92 5,63 — 22,10	— — — 11,67	2,78 1,15 — 16,98	3,12 1,29 — 19,10
2 534,99 2 790,99	I,IV II III V VI	427,75 393,33 148,33 805,— 839,50	23,52 21,63 — 44,27 46,17	34,22 31,46 11,86 64,40 67,16	38,49 35,39 13,34 72,45 75,55	I II III IV	427,75 393,33 148,33 427,75	19,38 17,58 — 21,42	28,19 25,58 7,60 31,16	31,71 28,77 8,55 35,06	15,45 13,74 — 19,38	22,47 19,99 3,77 28,19	25,28 22,49 4,24 31,71	11,71 10,10 — 17,38	17,04 14,70 0,40 25,29	19,17 16,53 0,45 28,45	8,19 6,67 — 15,45	11,92 9,71 — 22,47	13,41 10,92 — 25,28	1,53 — — 13,55	7,09 5,06 — 19,72	7,97 5,69 — 22,18	— — — 11,71	2,82 1,19 — 17,04	3,17 1,34 — 19,17
2 537,99 2 793,99	I,IV II III V VI	428,66 394,25 149,— 806,33 840,83	23,57 21,68 — 44,34 46,24	34,29 31,54 11,92 64,50 67,26	38,57 35,48 13,41 72,56 75,67	I II III IV	428,66 394,25 149,— 428,66	19,43 17,63 — 21,47	28,26 25,65 7,65 31,24	31,79 28,85 8,60 35,14	15,49 13,79 — 19,43	22,54 20,06 3,82 28,26	25,35 22,56 4,30 31,79	11,76 10,15 — 17,43	17,11 14,76 0,44 25,36	19,25 16,61 0,49 28,53	8,24 6,71 — 15,49	11,98 9,77 — 22,54	13,48 10,99 — 25,35	1,68 — — 13,60	7,15 5,12 — 19,78	8,04 5,76 — 22,25	— — — 11,76	2,87 1,23 — 17,11	3,23 1,38 — 19,25
2 540,99 2 796,99	I,IV II III V VI	429,58 395,25 149,83 807,66 842,16	23,62 21,73 — 44,42 46,31	34,36 31,62 11,98 64,61 67,37	38,66 35,57 13,48 72,68 75,79	I II III IV	429,58 395,25 149,83 429,58	19,48 17,68 — 21,53	28,34 25,72 7,70 31,32	31,88 28,93 8,66 35,23	15,54 13,83 — 19,48	22,61 20,12 3,86 28,34	25,43 22,64 4,34 31,88	11,81 10,19 — 17,49	17,18 14,82 0,48 25,44	19,32 16,67 0,54 28,62	8,28 6,76 — 15,54	12,04 9,83 — 22,61	13,55 11,06 — 25,43	1,83 — — 13,65	7,21 5,17 — 19,86	8,11 5,81 — 22,34	— — — 11,81	2,92 1,28 — 17,18	3,28 1,44 — 19,32
2 543,99 2 799,99	I,IV II III V VI	430,58 396,16 150,50 809,— 843,50	23,68 21,78 — 44,49 46,39	34,44 31,69 12,04 64,72 67,48	38,75 35,65 13,54 72,81 75,91	I II III IV	430,58 396,16 150,50 430,58	19,53 17,73 — 21,58	28,41 25,79 7,74 31,39	31,96 29,01 8,71 35,31	15,59 13,88 — 19,53	22,68 20,19 3,90 28,41	25,51 22,71 4,39 31,96	11,85 10,23 — 17,53	17,24 14,89 0,52 25,50	19,40 16,75 0,58 28,69	8,32 6,80 — 15,59	12,10 9,89 — 22,68	13,61 11,12 — 25,51	1,98 — — 13,69	7,27 5,22 — 19,92	8,18 5,87 — 22,41	— — — 11,85	2,96 1,32 — 17,24	3,33 1,48 — 19,40
2 546,99 2 802,99	I,IV II III V VI	431,50 397,08 151,16 810,33 844,83	23,73 21,83 — 44,56 46,46	34,52 31,76 12,09 64,82 67,58	38,83 35,73 13,60 72,92 76,03	I II III IV	431,50 397,08 151,16 431,50	19,58 17,78 — 21,63	28,48 25,86 7,80 31,46	32,04 29,09 8,77 35,39	15,63 13,92 — 19,58	22,74 20,26 3,94 28,48	25,58 22,79 4,43 32,04	11,89 10,28 — 17,58	17,30 14,96 0,54 25,58	19,46 16,83 0,61 28,77	8,36 6,84 — 15,63	12,16 9,95 — 22,74	13,68 11,19 — 25,58	2,11 — — 13,74	7,32 5,28 — 19,99	8,24 5,94 — 22,49	— — — 11,89	3,02 1,36 — 17,30	3,39 1,53 — 19,46
2 549,99 2 805,99	I,IV II III V VI	432,50 398,— 151,83 811,75 846,25	23,78 21,89 — 44,64 46,54	34,60 31,84 12,14 64,94 67,69	38,92 35,82 13,66 73,05 76,16	I II III IV	432,50 398,— 151,83 432,50	19,63 17,82 — 21,68	28,56 25,93 7,85 31,54	32,13 29,17 8,83 35,48	15,68 13,97 — 19,63	22,82 20,32 4,— 28,56	25,67 22,86 4,50 32,13	11,94 10,32 — 17,63	17,37 15,02 0,58 25,65	19,54 16,89 0,65 28,85	8,41 6,88 — 15,68	12,23 10,01 — 22,82	13,76 11,26 — 25,67	2,26 — — 13,79	7,38 5,33 — 20,06	8,30 5,99 — 22,56	— — — 11,94	3,06 1,40 — 17,37	3,44 1,58 — 19,54
2 552,99 2 808,99	I,IV II III V VI	433,41 399,— 152,50 813,08 847,58	23,83 21,94 — 44,71 46,61	34,67 31,92 12,20 65,04 67,80	39,— 35,91 13,72 73,17 76,28	I II III IV	433,41 399,— 152,50 433,41	19,68 17,87 — 21,73	28,63 26,— 7,89 31,62	32,21 29,25 8,87 35,57	15,73 14,02 — 19,68	22,88 20,40 4,04 28,63	25,74 22,95 4,54 32,21	11,99 10,37 — 17,68	17,44 15,08 0,62 25,72	19,62 16,97 0,70 28,93	8,45 6,92 — 15,73	12,29 10,07 — 22,88	13,82 11,33 — 25,74	2,41 — — 13,83	7,44 5,38 — 20,12	8,37 6,05 — 22,64	— — — 11,99	3,11 1,45 — 17,44	3,50 1,63 — 19,62
2 555,99 2 811,99	I,IV II III V VI	434,41 399,91 153,16 814,41 848,91	23,89 21,99 — 44,79 46,69	34,75 31,99 12,26 65,15 67,91	39,09 35,99 13,78 73,29 76,40	I II III IV	434,41 399,91 153,16 434,41	19,73 17,93 — 21,78	28,70 26,08 7,94 31,69	32,29 29,34 8,93 35,65	15,78 14,07 — 19,73	22,96 20,46 4,08 28,70	25,83 23,02 4,59 32,29	12,03 10,41 — 17,73	17,50 15,14 0,66 25,79	19,69 17,03 0,74 29,01	8,49 6,96 — 15,78	12,35 10,13 — 22,96	13,89 11,39 — 25,83	2,55 — — 13,88	7,50 5,44 — 20,19	8,43 6,12 — 22,71	— — — 12,03	3,16 1,49 — 17,50	3,55 1,67 — 19,69
2 558,99 2 814,99	I,IV II III V VI	435,41 400,83 153,83 815,75 850,25	23,94 22,04 — 44,86 46,76	34,83 32,06 12,30 65,26 68,02	39,18 36,07 13,84 73,41 76,52	I II III IV	435,41 400,83 153,83 435,41	19,78 17,98 — 21,83	28,78 26,15 8,— 31,76	32,37 29,41 9,— 35,73	15,83 14,11 — 19,78	23,02 20,53 4,13 28,78	25,90 23,09 4,64 32,37	12,08 10,45 — 17,78	17,57 15,21 0,70 25,86	19,76 17,11 0,79 29,09	8,53 7,— — 15,83	12,42 10,19 — 23,02	13,97 11,46 — 25,90	2,70 — — 13,92	7,56 5,50 — 20,26	8,50 6,18 — 22,79	— — — 12,08	3,21 1,54 — 17,57	3,61 1,73 — 19,76
2 561,99 2 817,99	I,IV II III V VI	436,33 401,75 154,50 817,08 851,58	23,99 22,09 — 44,93 46,83	34,90 32,14 12,36 65,36 68,13	39,26 36,15 13,90 73,53 76,64	I II III IV	436,33 401,75 154,50 436,33	19,83 18,02 — 21,89	28,85 26,22 8,04 31,84	32,45 29,49 9,04 35,82	15,87 14,16 — 19,83	23,09 20,60 4,17 28,85	25,97 23,17 4,69 32,45	12,12 10,50 — 17,82	17,64 15,28 0,74 25,93	19,84 17,19 0,83 29,17	8,58 7,04 — 15,87	12,48 10,25 — 23,09	14,04 11,53 — 25,97	2,85 — — 13,97	7,62 5,55 — 20,32	8,57 6,24 — 22,86	— — — 12,12	3,26 1,58 — 17,64	3,66 1,77 — 19,84
2 564,99 2 820,99	I,IV II III V VI	437,33 402,75 155,33 818,50 853,—	24,05 22,15 — 45,01 46,91	34,98 32,22 12,42 65,48 68,24	39,35 36,24 13,97 73,66 76,77	I II III IV	437,33 402,75 155,33 437,33	19,88 18,07 — 21,94	28,92 26,29 8,09 31,92	32,54 29,57 9,10 35,91	15,92 14,20 — 19,88	23,16 20,66 4,21 28,92	26,06 23,24 4,73 32,54	12,17 10,54 — 17,87	17,70 15,34 0,78 26,—	19,91 17,25 0,88 29,25	8,62 7,09 — 15,92	12,54 10,31 — 23,16	14,10 11,60 — 26,06	3,— — — 14,02	7,68 5,60 — 20,40	8,64 6,30 — 22,95	— — — 12,17	3,30 1,62 — 17,70	3,71 1,82 — 19,91

* Die ausgewiesenen Tabellenwerte sind amtlich. Siehe Erläuterungen auf der Umschlaginnenseite (U2).
** Bei mehr als 3 Kinderfreibeträgen ist die „Ergänzungs-Tabelle 3,5 bis 6 Kinderfreibeträge" anzuwenden.

Prüfungsübungssatz

Leistungserstellung

5. Aufgabe (21 Punkte, ca. 35 Minuten Bearbeitungszeit)

Situation

Eine Fertigungsmaschine in der Behrendt GmbH muss dringend ersetzt werden, da es durch den Ausfall dieser Maschine immer wieder zu Produktionsstockungen kommt. Dadurch wird die Termindisposition sehr erschwert. Qualitätssicherung und Umweltverträglichkeit sind nicht mehr gewährleistet.

5.1 (12 Punkte)
Es stehen drei Maschinen zum Kauf zur Auswahl, die jeweils eine Nutzungsdauer von zehn Jahren haben. Die Abschreibung erfolgt linear. Die Kapazitätsauslastung wird mit 80 % geplant.
Die Behrendt GmbH legt für ihre Investitionsentscheidung eine Mindestverzinsung von 10 % pro Jahr zu Grunde unter Berücksichtigung der Hälfte der Anschaffungskosten als durchschnittlich gebundenes Kapital. Die kalkulatorischen Zinsen werden wie Fremdkapitalzinsen behandelt. Weitere Daten:

	Maschine A	Maschine B	Maschine C
Anschaffungskosten	200.000,00 EUR	250.000,00 EUR	300.000,00 EUR
fixe Kosten pro Jahr	80.000,00 EUR	100.000,00 EUR	130.000,00 EUR
variable Kosten pro Maschinenstunde	55,00 EUR	58,00 EUR	60,00 EUR
Beitrag zum Jahresumsatz aufgrund von Qualitätsunterschieden im Fertigungsprozess	1.500.000,00 EUR	1.600.000,00 EUR	1.700.000,00 EUR

Die maximale Laufzeit der Maschinen (100 %) beträgt 30 000 Stunden im Jahr.

5.1.1 (7 Punkte)
Begründen Sie rechnerisch, welche Maschine den größten Gewinn pro Jahr erzielt, indem Sie die Tabelle ergänzen!

	Maschine A	Maschine B	Maschine C
Abschreibung pro Jahr			
kalkulatorische Zinsen			15.000,00 EUR
fixe Kosten		100.000,00 EUR	
variable Gesamtkosten	1.320.000,00 EUR		
Gesamtkosten pro Jahr		1.392.000,00 EUR	
Umsatz pro Jahr			1.700.000,00 EUR
Gewinn pro Jahr			

5.1.2 (3 Punkte)
Begründen Sie rechnerisch, welche Maschine die kürzeste Amortisationsdauer hat; d. h., es soll derjenige Zeitraum ermittelt werden, innerhalb dessen der investierte Kapitalbetrag durch die Nettoeinnahmen zurückgeflossen ist!

5.1.3 (1 Punkt)
Nennen Sie **2** Beispiele für fixe Kosten, die beim Einsatz der Maschinen anfallen!

_____

_____

_____

5.1.4 (1 Punkt)
Nennen Sie **2** Beispiele für variable Kosten, die beim Einsatz der Maschinen anfallen!

_____

_____

_____

5.2 (4 Punkte)
Die Geschäftsleitung der Behrendt GmbH will aufgrund der Investitionsrechnungen die Maschine C kaufen, da das Prinzip der Gewinnmaximierung im Vordergrund steht.

5.2.1 (2 Punkte)
Erläutern Sie kurz, welches Prinzip bei der Rentabilitätsvergleichsrechnung im Vordergrund steht!

_____

_____

_____

_____

5.2.2 (2 Punkte)
Erläutern Sie kurz, welches Prinzip bei der Amortisationsrechnung im Vordergrund steht!

_____

_____

_____

5.3 (5 Punkte)
Zur Finanzierung der Anschaffungskosten der Maschine nimmt die Behrendt GmbH einen Kredit bei der Frankfurter Sparkasse auf. Der Kredit wird durch Sicherungsübereignung abgesichert. Der Geschäftsführer der Behrendt GmbH unterschreibt den Vertrag.

5.3.1 (2 Punkte)
Erläutern Sie kurz die Bedeutung der Sicherungsübereignung!

_____
_____
_____

5.3.2 (1 Punkt)
Wer haftet für den Kredit?

_____
_____

5.3.3 (1 Punkt)
Nennen Sie **2** Vorteile der Kreditfinanzierung!

_____
_____
_____
_____

5.3.4 (1 Punkt)
Nennen Sie **2** Nachteile der Kreditfinanzierung!

_____
_____
_____
_____

Prüfungsübungssatz

Leistungserstellung

6. Aufgabe (10 Punkte, ca. 15 Minuten Bearbeitungszeit)

Situation

Eine Umfrage bei Vertretern der Behrendt GmbH ergab, dass bei den Kunden großes Interesse an einer Herrenfreizeitjacke in hochwertiger „Luxusausführung" besteht. Die Geschäftsleitung beschließt daher, das Produktionsprogramm zu erweitern und eine Herrenfreizeitjacke Typ „EXCLU" zu fertigen.

6.1 (1 Punkt)
Erläutern Sie **2** Punkte, die vom Fertigungsbeginn bis zur Fertigstellung zu beachten sind!

6.2 (4 Punkte)
Zurzeit liegen Fertigungsaufträge für Herrenhosen und Herrensakkos vor, die im gleichen Zeitraum fertig gestellt werden sollen. Die neuen Freizeitjacken sollen ebenfalls sofort hergestellt werden. Dafür reicht die vorhandene Maschinenkapazität nicht aus. Es wird entschieden, dass das Produkt zuerst gefertigt werden soll, das den höchsten „relativen Deckungsbeitrag" bringt. Zu berücksichtigen sind neben der Differenz zwischen dem Verkaufspreis und den variablen Kosten auch die Maschinenkapazitätsbeanspruchung und damit die Fertigungszeit.

6.2.1 (2 Punkte)
Vervollständigen Sie die Tabelle zur Berechnung des höchsten relativen Deckungsbeitrags! (leere Kästchen)

Abbildung zur Aufgabe 6.2.1

Auftrag	Auftrag in Stück	Verkaufspreis pro St.	variable Kosten pro St.	Kapazitätsbeanspr. in Stunden	Deckungsbeitrag absolut in EUR	relativ in EUR
Freizeitjacken Typ „EXCLU"	100	200	140	0,5		
Herrenhosen	100	100	70	0,3		100
Herrensakkos	100	160	94	0,6		110

6.2.2 (1 Punkt)
Welches Produkt hat den höchsten absoluten Deckungsbeitrag?

6.2.3 (1 Punkt)
Welches Produkt wird zuerst gefertigt?

6.3 (1 Punkt)
Die Terminplanung erfolgt in der Behrendt GmbH mithilfe eines Werkskalenders. Die Arbeitstage sind durchgehend nummeriert.
Nennen Sie einen Vorteil dieses Verfahrens!

_____
_____
_____
_____

6.4 (2 Punkte)
Bei der Fertigung der Freizeitjacken „EXCLU" können die zeitlichen Soll-Vorgaben nicht erfüllt werden.
Erläutern Sie **4** mögliche Ursachen dafür, dass die Sollwerte von den Istwerten abweichen!

_____
_____
_____
_____
_____
_____
_____
_____

6.5 (2 Punkte)
Die Cord-Hosen, die die Firma Behrendt GmbH herstellt, werden sehr gut verkauft. Die Nachfrage ist groß. Sie sollen, um kurze Lieferzeiten zu garantieren, auf Vorrat gefertigt werden. Dazu soll die optimale Losgröße bestimmt werden.
Nennen Sie **4** Einflussgrößen, von denen die optimale Losgröße abhängt!

_____
_____
_____
_____
_____
_____
_____
_____

Prüfungsübungssatz

Prüfungsübungssatz – Übung zur Abschlussprüfung

Industrieaufmann
Industriekauffrau

Kaufmännische Steuerung und Kontrolle

4 Aufgaben mit insgesamt
35 Teilaufgaben
90 Minuten Prüfungszeit
100 Punkte

Zu diesem Aufgabensatz gehört eine Anlage!

Bearbeitungshinweise:

1. Bevor Sie mit der Bearbeitung beginnen, prüfen Sie bitte, ob dieser Aufgabensatz die auf dem Deckblatt angegebene **Zahl von Aufgaben** enthält! Wenden Sie sich bei Unstimmigkeiten sofort an die Aufsicht! Reklamationen nach Schluss der Prüfung können nicht anerkannt werden.
2. Diesem Aufgabensatz liegt ein separater **Lösungsbogen** zur Eintragung der Lösungen bei. Füllen Sie als Erstes dessen **Kopfleiste** aus! Tragen Sie Ihren Namen, Vornamen und die Prüfungsnummer ein! Verwenden Sie nur einen **Kugelschreiber**, drücken Sie dabei kräftig auf und schreiben Sie **deutlich**, da Ihnen bei unleserlichen Eintragungen Punkte verloren gehen!
3. Verwenden Sie den Lösungsbogen **nicht als Schreibunterlage** und kontrollieren Sie vor dem Abgeben des Lösungsbogens, ob Ihre Eintragungen auf der Durchschrift deutlich erscheinen (auch in der Kopfleiste)!
4. Die Aufgaben können in **beliebiger Reihenfolge** gelöst werden. Bei zusammenhängenden Aufgaben mit gemeinsamer Situationsvorgabe sollten Sie sich jedoch an die vorgegebene Reihenfolge halten.
5. Die Lösungskästchen für die auf einer Seite abgedruckten Aufgaben sind auf dem Lösungsbogen jeweils in einer Zeile angeordnet. Tragen Sie in die Lösungskästchen die Kennziffern der **richtigen** Antworten bzw. bei **Offen-Antwort-Aufgaben** die Lösungen, zumeist Lösungsbeträge, ein! Bei **Zuordnungs- und Reihenfolgeaufgaben** empfiehlt es sich, die Lösungsziffern zunächst in die hierfür vorgesehenen Kästchen im Aufgabensatz und erst dann in den Lösungsbogen von links nach rechts in der richtigen Reihenfolge einzutragen!
6. Eine bereits eingetragene Lösungsziffer, die Sie **ändern** wollen, streichen Sie bitte deutlich durch; schreiben Sie die neue Lösungsziffer ausschließlich **unter** dieses Kästchen, niemals daneben oder darüber!
7. Die **Anzahl** der **richtigen** Lösungsziffern erkennen Sie an der Zahl der vorgedruckten Lösungskästchen.
8. Als Hilfsmittel ist ein netzunabhängiger, geräuscharmer und **nicht** programmierbarer **Taschenrechner** zugelassen.
9. Soweit **Nebenrechnungen** oder andere Hilfsaufzeichnungen erforderlich sind, müssen diese in die entsprechenden Felder auf dem Nebenrechnungsformular eingetragen werden, da Ihnen sonst in Zweifelsfällen die Punkte für die betreffenden Aufgaben verloren gehen können.

> Unternehmensbeschreibung
>
> Sie sind Mitarbeiter/in bei den Kleiderwerken Walter Behrendt GmbH. Alle Aufgaben beziehen sich auf das nachstehend beschriebene Unternehmen.

Beschreibung des Unternehmens:

Name	Kleiderwerke Walter Behrendt GmbH Am Wetterhahn 25, 60437 Frankfurt	
Stammkapital		200.000,00 EUR
Gesellschafter	Walter Behrendt, Stammeinlage Egon Franck, Stammeinlage Hans Schäfer, Stammeinlage	100.000,00 EUR 60.000,00 EUR 40.000,00 EUR
Geschäftsführer	Walter Behrendt Francesco Bertini	
Prokurist	Klaus Wegner	
Geschäftsjahr	1. Januar–31. Dezember	
Bankverbindungen	Postbank AG, NL Frankfurt Konto 471118-602, BLZ 500.100.60 Frankfurter Sparkasse Konto 379213, BLZ 500.502.01	
Produkte	Herrenoberbekleidung	
Handelswaren	Hemden Krawatten	
Maschinen	Zuschneidetische und -maschinen Nähautomaten	
Fertigungsarten	Serienfertigung Sortenfertigung	
Stoffe – Rohstoffe – Hilfsstoffe – Betriebsstoffe	Kleiderstoffe, Futterstoffe Nähgarn, Knöpfe, Reißverschlüsse Strom, Heizöl, Wasser, Schmierstoffe	
Mitarbeiter	Kaufmännische Arbeitnehmer/-innen Gewerbliche Arbeitnehmer/-innen (davon unter 18 Jahren: 15) Auszubildende	40 210 12

1. Aufgabe: Buchhaltungsvorgänge

Buchen Sie die Belege der Anlage beziehungsweise nach den angegebenen Geschäftsfällen, indem sie die Kennziffern der richtigen Konten in die Kästchen eintragen!
Unterkonten müssen angesprochen werden.
ACHTUNG – **NICHT** DIE KONTONUMMERN IN DIE KÄSTCHEN EINTRAGEN!

1.1

1. Rohstoffe (200)
2. Nachlässe (2002)
3. Hilfsstoffe (202)
4. Nachlässe (2022)
5. Vorsteuer (260)
6. Verbindlichkeiten aus Lieferungen und Leistungen (440)
7. Umsatzsteuer (480)

Soll | Haben

1.2

1. Fertige Erzeugnisse (220)
2. Waren/Handelswaren (228)
3. Forderungen aus Lieferungen und Leistungen (240)
4. Vorsteuer (260)
5. Umsatzsteuer (480)
6. Umsatzerlöse für eigene Erzeugnisse (500)
7. Erlösberichtigungen (5001)
8. Umsatzerlöse für Waren (510)
9. Erlösberichtigungen (5101)

Soll | Haben

1.3

Nettobuchung; siehe Aufgabe 2!

1. Fertige Erzeugnisse (220)
2. Forderungen aus Lieferungen und Leistungen (240)
3. Guthaben bei Kreditinstituten (280)
4. Postbankguthaben (285)
5. Umsatzsteuer (480)
6. Umsatzerlöse für eigene Erzeugnisse (500)
7. Erlösberichtigungen (5001)
8. Umsatzerlöse für Waren (510)
9. Erlösberichtigungen (5101)

Soll | Haben

1.4

Nettobuchung!

1. Nachlässe (2022)
2. Forderungen aus Lieferungen und Leistungen (240)
3. Vorsteuer (260)
4. Guthaben bei Kreditinstituten (280)
5. Postbankguthaben (285)
6. Verbindlichkeiten aus Lieferungen und Leistungen (440)
7. Umsatzsteuer (480)
8. Erlösberichtigungen (5101)

Soll | Haben

1.5

Buchung einschließlich des Arbeitgeberanteils zur Sozialversicherung!

1. Forderungen an Mitarbeiter (265)
2. Guthaben bei Kreditinstituten (280)
3. Postbankguthaben (285)
4. Sonstige Verbindlichkeiten gegenüber Finanzbehörden (483)
5. Verbindlichkeiten gegenüber Sozialversicherungsträgern (484)
6. Löhne (620)
7. Gehälter (630)
8. Sonstige tarifliche oder vertragliche Aufwendungen (632)
9. Arbeitgeberanteil zur Sozialversicherung (Lohnbereich) (640)
9. Arbeitgeberanteil zur Sozialversicherung (Gehaltsbereich) (641)

Soll Haben

1.6

Bruttobuchung bei Kontobelastung!

1. Fuhrpark (084)
2. Vorsteuer (260)
3. Guthaben bei Kreditinstituten (280)
4. Postbankguthaben (285)
5. Übrige sonstige Verbindlichkeiten (489)
6. Versicherungsbeiträge (690)
7. Kraftfahrzeugsteuer (703)

Soll Haben

1.7

Buchung am 31. Dez. ...; siehe Aufgabe 6!

1. Vorsteuer (260)
2. Übrige sonstige Forderungen (269)
3. Postbankguthaben (285)
4. Aktive Jahresabgrenzung (290)
5. Übrige sonstige Verbindlichkeiten (489)
6. Passive Jahresabgrenzung (490)
7. Versicherungsbeiträge (690)
8. Kraftfahrzeugsteuer (703)

Soll Haben

Situation zu 1.8 und 1.9

Sie stellen bei der Inventur fest, dass der buchmäßige Bestand an Nähgarn höher ist als der tatsächliche Bestand.

1.8

Wie müssen Sie diese Differenz buchen?

1. Rohstoffe (200)
2. Hilfsstoffe (202)
3. Sonstiges Material (207)
4. Bestandsveränderungen (520)
5. Aufwendungen für Rohstoffe (600)
6. Aufwendungen für Hilfsstoffe (602)
7. Aufwendungen für sonstiges Material (607)

Soll Haben

1.9

Welche Ursache kann die Bestandsdifferenz nicht haben?

1. Eine Nähgarnentnahme wurde in der Lagerbuchführung doppelt erfasst.
2. Ein Nähgarnzugang wurde in der Lagerbuchführung doppelt erfasst.
3. Für eine Nähgarnentnahme wurde kein Materialentnahmeschein ausgestellt.
4. Der Diebstahl von Nähgarn wurde nicht bemerkt.
5. Eine Nähgarnentnahme wurde trotz vorliegendem Materialentnahmeschein in der Lagerbuchführung nicht erfasst.

1.10

Bei der Durchsicht der Bilanz bzw. Gewinn- und Verlustrechnung stellen Sie Veränderungen gegenüber dem Vorjahr fest.

Bilanz zum 31. Dezember   Kurzfassung

AKTIVA	TEUR	Vorjahr Mio EUR	PASSIVA	TEUR	Vorjahr Mio EUR
Sachanlagen	369.961	397	Gezeichnetes Kapital	165.000	165
Ausleihungen (langfristig)	492	1	andere Gewinnrücklagen	51.386	16
Beteiligungen	51.992	49	Verlustvortrag	–	– 7
Vorräte	193.269	192	Jahresüberschuss	16.500	42
Forderungen aus Lieferungen und Leistungen	76.826	96	Sonderposten mit Rücklageanteil	43.475	54
Schecks, Kassenbestand, Bundesbank- und Postgiroguthaben, Guthaben bei Kreditinstituten	27.591	53	Rückstellungen	26.411	25
			Langfristige Verbindlichkeiten	368.939	396
			Verbindlichkeiten gegenüber verbundenen Unternehmen	29.799	40
Forderungen an verbundene Unternehmen	75.597	43	Andere Verbindlichkeiten	109.631	130
Sonstige Vermögensgegenstände	14.998	29			
Rechnungsabgrenzungsposten	415	1			
	811.141	861		811.141	861

Gewinn- und Verlustrechnung

	TEUR	Vorjahr Mio EUR
Umsatzerlöse	982.227	1.411
Erhöhung oder Verminderung des Bestandes an fertigen und unfertigen Erzeugnissen	+ 22.048	– 2
andere aktivierte Eigenleistungen	1.262	2
sonstige betriebliche Erträge	60.841	44
Aufwendungen für Roh-, Hilfs- und Betriebsstoffe und für bezogene Waren	541.143	710
Personalaufwand	255.719	292
Abschreibungen	62.249	86
sonstige betriebliche Aufwendungen	151.700	251
Erträge aus Beteiligungen	12.593	5
Zinsen und ähnliche Aufwendungen	34.811	54
Ergebnis der gewöhnlichen Geschäftstätigkeit	33.349	67
Steuern vom Einkommen und vom Ertrag	13.311	21
sonstige Steuern	3.538	4
Jahresüberschuss	16.500	42
Verlustvortrag aus dem Vorjahr	–	– 7
Einstellung in andere Gewinnrücklagen	–	18
Bilanzgewinn	16.500	17

Prüfen Sie, welche Feststellung über den Jahresabschluss zutrifft!

1 In beiden Jahren war der Jahresüberschuss so gering, dass die anderen Gewinnrücklagen nicht erhöht werden konnten.
2 Die Verschuldung des Unternehmens hat zugenommen.
3 Die Vorräte und Forderungen sind erheblich gestiegen.
4 Der Jahresüberschuss konnte im Berichtsjahr zu einem erheblichen Teil nur aus Erträgen aus Beteiligungen erwirtschaftet werden.
5 Die Aufwendungen des Vorjahres entsprechen in ihrer Gesamtsumme etwa den Aufwendungen des Berichtsjahres.

2. Aufgabe: Kosten- und Leistungsrechnung

Als Mitarbeiter/-in im Rechnungswesen müssen Sie bei der Aufstellung der Abgrenzungsrechnung mitwirken. Beantworten Sie folgende Fragen mithilfe der in der Anlage abgebildeten Tabelle!
Vervollständigen Sie die Abgrenzungsrechnung in der abgebildeten Tabelle (Anlage), indem Sie die noch fehlenden Zahlen im Rechnungskreis II ergänzen.
Beachten Sie, dass die Gesamtergebnisse aus Rechnungskreis I und II übereinstimmen müssen!

2.1

In welcher Spalte der Abgrenzungsrechnung sind die Bestandsveränderungen einzutragen?

1 In Spalte c
2 In Spalte d
3 In Spalte e
4 In Spalte f
5 In Spalte g
6 In Spalte h

2.2

In welcher Spalte der Abgrenzungsrechnung sind die Aufwendungen für Rohstoffe/Fertigungsmaterial zu Einstandspreisen einzutragen?

1 In Spalte c
2 In Spalte d
3 In Spalte e
4 In Spalte f
5 In Spalte g
6 In Spalte h

2.3

Um wie viel TEUR ist das Betriebsergebnis niedriger als das Gesamtergebnis?

2.4

Prüfen Sie, welche Feststellung für die Abschreibungen zutrifft!

1 Die kalkulatorische Wertminderung der Sachanlagen beträgt 600 TEUR.
2 Die kalkulatorische Wertminderung der Sachanlagen ist 50 TEUR niedriger als die bilanzmäßige Abschreibung.
3 Die bilanzmäßige Abschreibung auf Sachanlagen beträgt 650 TEUR.
4 Die kalkulatorische Wertminderung auf Sachanlagen ist 50 TEUR höher als die bilanzmäßige Abschreibung.
5 Die bilanzmäßige Abschreibung auf Sachanlagen entspricht der kalkulatorischen Wertminderung.

2.5

Prüfen Sie, welche **2** Feststellungen zutreffen!

1 Betriebsergebnis = Erträge − Aufwendungen
2 Gesamtergebnis = Betriebsergebnis − Abgrenzungsergebnis
3 Abgrenzungsergebnis = unternehmensbezogenes Ergebnis + Korrekturergebnis
4 Ergebnis aus kosten- und leistungsrechnerischen Korrekturen = Erträge + Aufwendungen
5 unternehmensbezogenes Ergebnis = unternehmensbezogene Erträge + unternehmensbezogene Aufwendungen
6 Gesamtergebnis = Betriebsergebnis + Abgrenzungsergebnis

2.6

Welche **2** Beispiele fallen unter den betrieblich bedingten Wertezuwachs (= Leistungen) während einer Abrechnungsperiode?

1. Abschreibungen auf Sachanlagen
2. selbst erstellte Anlagen (aktivierte Eigenleistungen)
3. Abschreibungen auf Finanzanlagen
4. kalkulatorischer Unternehmerlohn
5. Lagerleistungen (Mehrbestände)
6. Zinserträge

2.7

Prüfen Sie, welche weitere kalkulatorische Kostenart vorkommen kann!

1. Büro- und Werbekosten
2. Gewährleistungszahlungen
3. bilanzmäßige Abschreibungen
4. Gewährleistungswagnisse
5. Bestandsveränderungen

---

3. Aufgabe: Kosten- und Leistungsrechnung

Sie sind beauftragt, für die Behrendt GmbH eine Zuschneidemaschine zum Preis von netto 300.000,00 EUR zu kaufen. Der Mehrwertsteuersatz beträgt 16%, der Wiederbeschaffungswert 320.000,00 EUR. Für Montagekosten fallen 4.000,00 EUR plus 16% MwSt. an. Die Transportkosten von 2.500,00 EUR können Sie durch Verhandlungsgeschick auf 1.000,00 EUR senken; außerdem gewährt der Lieferant einen Nachlass von 5% auf den Nettowert der Maschine. Weitere Daten:

Nutzungsdauer der Maschine:	8 Jahre
kalkulatorische Abschreibung vom Wiederbeschaffungswert, linear:	9%
Laufzeit der Maschine pro Jahr:	1 800 Stunden
maschinenunabhängige Fertigungsgemeinkosten:	20.000,00 EUR
Fertigungslöhne:	60.000,00 EUR

3.1
Berechnen Sie die Anschaffungskosten der Maschine!

3.2
Berechnen Sie den buchhalterischen Abschreibungsbetrag!

3.3
Wie viel Euro betragen die kalkulatorischen Zinsen im Jahr?

3.4
In welcher Kontenklasse werden die kalkulatorischen Zinsen erfasst und verrechnet? Tragen Sie die Nummer der Kontenklasse in das Kästchen ein!

3.5
Berechnen Sie den Maschinenstundensatz, wenn die gesamten maschinenabhängigen Gemeinkosten pro Jahr 185.400,00 EUR (fixe Kosten 120.000,00 EUR, variable Kosten 65.400,00 EUR) betragen!

3.6

Wie verändert sich der Maschinenstundensatz, wenn die Laufzeit der Maschine im nächsten Jahr um 200 Stunden erhöht werden soll?

1 Er bleibt gleich, da er unabhängig von der Laufzeit ist.
2 Er erhöht sich, da sich die maschinenabhängigen Gemeinkosten erhöhen.
3 Er sinkt, da die Fertigungslöhne sich auf mehr Stunden verteilen.
4 Er erhöht sich um die Zunahme der variablen Kosten.
5 Er sinkt, da sich die fixen Kosten auf mehr Stunden verteilen.

3.7

Wie viel Prozent beträgt der Restgemeinkostenzuschlag?

3.8

Sie sollen die Selbstkosten für einen Herrenmantel ermitteln. Folgende Daten liegen vor:

Fertigungsmaterial	200,00 EUR
Materialgemeinkostenzuschlagssatz	10 %
Fertigungslöhne	120,00 EUR
Fertigungsgemeinkostenzuschlagssatz	110 %
Restfertigungsgemeinkosten-Zuschlagssatz	33 1/3 %
Maschinenstundensatz	100,00 EUR
Bearbeitungszeit	3 Std.
Verwaltungsgemeinkostenzuschlagssatz	5 %
Vertriebsgemeinkostenzuschlagssatz	5 %

3.9

Prüfen Sie, welche Kosten nicht zu den maschinenabhängigen Gemeinkosten zählen!

1 kalkulatorische Abschreibung für die Maschine
2 kalkulatorische Zinsen auf Basis der Anschaffungskosten der Maschine
3 Instandhaltungskosten der Maschine
4 Energiekosten für die Maschine
5 Fertigungslöhne der Arbeiter an der Maschine

4. Aufgabe: Erfolgsrechnung und Abschluss

Sie arbeiten bei der Erstellung und Auswertung des Jahresabschlusses der Behrendt GmbH mit. Dabei müssen verschiedene Vorarbeiten geleistet werden, damit die Bilanz nach handelsrechtlichen Vorschriften erstellt werden kann.

U.a. liegen folgende Daten für von Ihnen durchzuführende Arbeiten vor:

– Aktienbestand der Behrendt GmbH:

Stückzahl	AG	Kaufkurs	Kurs am Bilanzstichtag
2 000	A	70,10 EUR	82,40 EUR
2 000	B	80,50 EUR	72,00 EUR

– freie Rücklagenbildung: 50.000,00 EUR
– erstellte Bilanz in einer Grobgliederung:

Aktiva	Bilanz zum 31. 12...		Passiva
Anlagevermögen		Eigenkapital	
Sachanlagen	10,0 Mio	gezeichnetes Kapital	10,0 Mio
Finanzanlagen	4,0 Mio	Gewinnrücklage	3,0 Mio
Umlaufvermögen		Fremdkapital	
Vorräte	5,2 Mio	langfristiges Fremdkap.	6,5 Mio
Forderungen	1,2 Mio	kurzfristiges Fremdkap.	1,5 Mio
flüssige Mittel	0,6 Mio		
	21,0 Mio		21,0 Mio

– Jahresüberschuss: 2,0 Mio EUR
– Abschreibungen auf Sachanlagen: 0,8 Mio EUR
– Erhöhung der Rückstellungen für Pensionen: 0,2 Mio EUR

4.1

U. a. informieren Sie sich noch einmal über die Grundsätze ordnungsgemäßer Bilanzierung.
Ordnen Sie zu, indem Sie die Kennziffern von **2** der insgesamt 6 Grundsätze ordnungsgemäßer Bilanzierung in die Kästchen neben den Erläuterungen eintragen!

Grundsätze ordnungsgemäßer Bilanzierung

1 Verrechnungsverbot
2 Kontinuität
3 Einzelbewertung
4 Klarheit und Vollständigkeit
5 Grundsatz der Vorsicht
6 periodengerechte Gewinnermittlung

Erläuterungen

Gewinne dürfen nur berücksichtigt werden, wenn sie am Abschlussstichtag realisiert sind; Verluste müssen ausgewiesen werden. ☐

Werte der Eröffnungsbilanz müssen mit denen der Schlussbilanz des vergangenen Jahres übereinstimmen; Bewertungsmethoden sollen beibehalten werden. ☐

4.2

Die Behrendt GmbH gehört zu den mittelgroßen Kapitalgesellschaften, da der Umsatz unter 27,5 Mio EUR liegt.
Prüfen Sie, welches Schriftstück nach dem HGB zum Jahresabschluss nicht erstellt werden muss!

1 Bilanz
2 Gewinn- und Verlustrechnung
3 Anhang
4 Lagebericht
5 Bericht des Abschlussprüfers
6 Pressebericht über den Jahresabschluss

▶ ☐

4.3

Bei der Erstellung der Jahresbilanz müssen Sie Bewertungsregeln beachten.
Stellen Sie fest, mit welchem Wert folgende Zuschneidemaschine zu aktivieren ist!

Anschaffungskosten:	100.000,00 EUR
Abschreibung 12,5 % (linear)	
Buchwert am Ende des zweiten Nutzungsjahres:	75.000,00 EUR
Marktwert der Maschine aufgrund technischer Neuentwicklungen:	50.000,00 EUR

EUR , Ct.

4.4

Die Aktienbestände sind zu bewerten (Einzelbewertung).
Welchen Kurs müssen Sie am Bilanzstichtag ansetzen für eine Aktie der AG A,

EUR , Ct.

für eine Aktie der AG B?

EUR , Ct.

4.5

Prüfen Sie, welcher Buchungssatz für die Bildung der freien Rücklage zutrifft!

1 Satzungsmäßige Rücklagen (323)	an	GuV-Konto (802)
2 Schlussbilanz-Konto (801)	an	Andere Gewinnrücklagen (324)
3 Andere Gewinnrücklagen (324)	an	GuV-Konto (802)
4 GuV-Konto (802)	an	Gesetzliche Rücklagen (321)
5 GuV-Konto (802)	an	Andere Gewinnrücklagen (324)

▶ ☐

4.6

Ermitteln Sie mithilfe der Strukturbilanz die Liquidität ersten Grades!

4.7

Zur Beurteilung der Anlagendeckung berechnen Sie den Deckungsgrad II.
Wie viel Prozent beträgt dieser Deckungsgrad? (Auf volle Prozentzahl aufrunden!)

4.8

Wichtig für die Unternehmensleitung ist auch der Grad der finanziellen Unabhängigkeit.
Berechnen Sie den Prozentsatz!

4.9

Die Unternehmensleitung möchte wissen, in welcher Höhe das Unternehmen selbst finanzielle Mittel zur Verfügung stellen kann (Innenfinanzierung). Dazu berechnen Sie den Cashflow. Wie viel Mio. Euro beträgt der Cashflow?

Industriekaufmann
Industriekauffrau

**Anlage zum
Prüfungsübungssatz**

Kaufmännische Steuerung und Kontrolle

Abbildung zur Teilaufgabe 1.1

BIGA Bielefelder Garnfabrik GmbH & Co.
Fabrikstraße 20, 33659 Bielefeld

BIGA GmbH, Postfach 20.19, 33601 Bielefeld

Kleiderwerke
W. Berendt GmbH
Am Wetterhahn 25
60437 Frankfurt

Telefon: 0521 96823-0
Telefax: 0521 96823-44

Gutschrift
Datum: 10. Mai ..

| Ihre Bestellung vom 25. April .. | Datum unserer Lieferung und Rechnung 5. Mai .. |

Vorgang

Für die Rücksendung teilweise falsch
gelieferter Nähgarne schreiben wir Ihnen
wie besprochen gut:

     3.016,00 EUR
     inkl. Umsatzsteuer

Mit freundlichen Grüßen

BIGA GmbH & Co.

i. A. Mühlbach

Volksbank Bielefeld	Postbank Hannover	USt.-Nr.: 257/039/241
(BLZ 480 600 36)	(BLZ 250 100 30)	
Kto.-Nr. 630057	Kto.-Nr. 856044-202	

Abbildung zur Teilaufgabe 1.2

Kleiderwerke Walter Behrendt GmbH
Am Wetterhahn 25, 60437 Frankfurt

Behrendt GmbH, Am Wetterhahn 25, 60437 Frankfurt

Modehaus
Nicole Bauer
Barbarossaplatz 7
97070 Würzburg

Telefon: 069 653796-0
Telefax: 069 653796-33

**Rechnung
200/8316
Nummer bitte bei Zahlung angeben**

Ihre Bestellung vom: 26. Aug. ..		Datum unserer Lieferung und Rechnung:			
Ihre Bestellzeichen: B/N		2. September ..	4. September ..		
Best.-Nr.	Bezeichnung		Menge	Stückpreis	Warenwert
	Diverse Größen lt. Bestellung:				
206	Herrenanzüge „City"		20	280,00	5.600,00
207	Herrenanzüge „Country"		30	195,00	5.850,00
402	Herrenhemden		20	48,00	960,00
405	Herrenhemden		40	42,00	1.680,00
	Zahlbar innerhalb 10 Tagen mit Abzug von 3% Skonto oder 30 Tage Ziel				

Warenwert ohne MwSt.	Rabatt %	Rabattwert	Versandkosten	MwSt. pfl. Betrag	Mehrwertsteuer	**Rechnungsbetrag**
14.090,00	5	704,50	–	13.385,50	2.543,25	15.928,75

Frankfurter Sparkasse
(BLZ 500 502 01)
Kto.-Nr.: 379213

Postbank Frankfurt
(BLZ 500 100 60)
Kto.-Nr.: 471118-602

USt.-Nr.: 304/431/5271

Abbildung zur Teilaufgabe 1.3

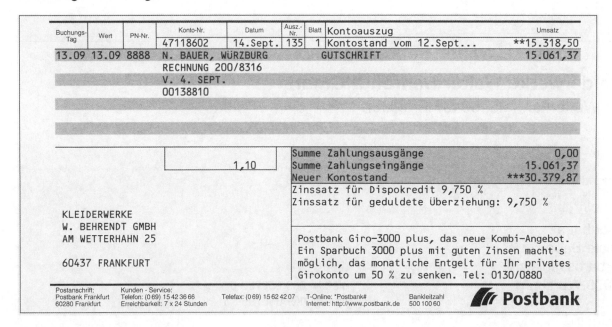

Abbildung zur Teilaufgabe 1.4

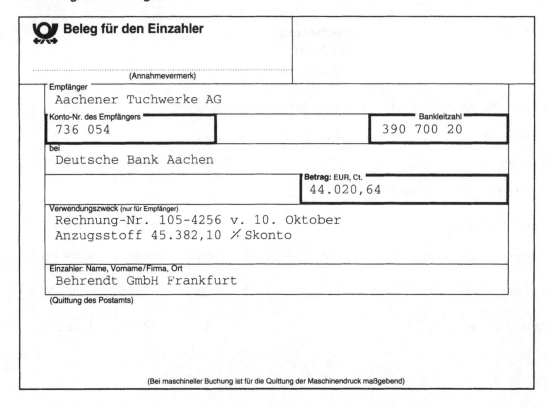

Abbildung zur Teilaufgabe 1.5

Kleiderwerke Behrendt GmbH **Personalabteilung:** 24. Okt. ..
  Buchhaltung: 27. Okt. ..

Gehaltszahlungen Oktober .. lt. DV-Liste

Sammelabrechnung	EUR	EUR
Brutto		148.500,00
Lohnsteuer	23.500,00	
Solidaritätszuschlag	1.150,00	
Kirchensteuer	1.800,00	26.450,00
Krankenversicherung	10.300,00	
Rentenversicherung	15.000,00	
Arbeitslosenversicherung	4.800,00	
Pflegeversicherung	1.200,00	31.300,00
Netto		90.750,00
Arbeitgeberanteil zur Sozialversicherung		31.300,00
Postbanküberweisung am 25. Oktober .. NL Ffm. Kto.-Nr. 471118-602		122.050,00
Frankfurt, 24. Oktober ..		i. V. Schneider

Abbildung zur Teilaufgabe 1.6 und 1.7

COLONIA
Versicherungen

Kleiderwerke W. Behrendt GmbH
Am Wetterhahn 25
60437 Frankfurt/M.

| Ihr Zeichen | Ihre Nachricht vom | Mein Zeichen | Datum 2. August .. |

Betreff: Ihre Versicherung

Versicherungsschein-Nr.	Versicherungsart	Beitrag für die Zeit	Einlösungsbetrag einschl. Versicherungssteuer
603160 003807	Kraftfahrt Betriebsfahrzeuge	**vom** 20. Aug. .. **bis** 20. Aug. ..	4.518,10 **EUR**

Sehr geehrte Damen und Herren,

beigefügt erhalten Sie den Versicherungsschein zu o. g. Versicherung.
Die Jahresprämie wird Ihrem Postbankkonto 471118-602 (BLZ 500.100.60)
vereinbarungsgemäß am 20. Aug. .. belastet.

Mit freundlichen Grüßen!

Anlagen

COLONIA VERSICHERUNG – COLONIA LEBENSVERSICHERUNG

Abbildung zu den Teilaufgaben 2.1 bis 2.5

Gliederung und Inhalt der Abgrenzungsrechnung zwischen Geschäftsbuchführung und Kosten- und Leistungsrechnung nach dem Industriekontenrahmen (IKR) – in TEUR –

RECHNUNGSKREIS I			RECHNUNGSKREIS II				Kosten- und Leistungsbereich	
Erfolgsbereich			Abgrenzungsbereich					
Geschäftsbuchführung / Klassen 5, 6, 7			Unternehmensbezogene Abgrenzungen (betriebsfremd) Gruppe 90		Kosten- und leistungsrechnerische Korrekturen (außerordentliche betriebsbezogene, Verrechnungskorrekturen, sonstige Abgrenzungen) / Gruppe 91		Kosten- und Leistungsarten Gruppe 92	
Spalten	a	b	c	d	e	f	g	h
Kto.-Nr. Kontobezeichnung	Aufwendungen	Erträge	Aufwendungen	Erträge	Aufwendungen	Erträge	Kosten	Leistungen
500 Umsatzerlöse für eigene Erzeugnisse		10 500						10 500
510 Umsatzerlöse für Waren		1 500						1 500
520 Bestandsveränderungen		60						
571 Zinserträge		5		5				
600 Aufwendungen für Rohstoffe/Fertigungsmaterial	4 200[1]					4 300[2]	4 300[2]	
602/603 Aufwendungen für Hilfs- u. Betriebsstoffe	750[1]				750[1]	800[2]	800[2]	
620 Löhne für geleistete Arbeitszeit	2 200						2 200	
630 Gehälter	600						600	
640/641 Arbeitgeberanteil zur Sozialversicherung	540						540	
652 Abschreibungen auf Sachanlagen	600				600			
680/687 Büro- und Werbekosten	200						200	
740 Abschreibungen auf Finanzanlagen	20		20					
751 Zinsaufwendungen	15		15					
770 Gewerbesteuer	90						90	
Kalkulatorische Kosten								
Abschreibungen						650	650	
Unternehmerlohn						50	50	
Summen	9 215	12 065	35	5		5 800	9 430	
Salden								
Ergebnis	Gesamtergebnis		Ergebnis aus unternehmensbezogenen Abgrenzungen		Ergebnis aus kosten- und leistungsrechnerisch. Korrekturen		Betriebsergebnis	

1) Stoffkosten zu Einstandspreisen
2) Stoffkosten zu Verrechnungspreisen

Prüfungsübungssatz

Prüfungsübungssatz – Übung zur Abschlussprüfung

Industriekaufmann
Industriekauffrau

Wirschafts- und Sozialkunde

36 Aufgaben
60 Minuten Prüfungszeit
100 Punkte

Bearbeitungshinweise:

1. Bevor Sie mit der Bearbeitung beginnen, prüfen Sie bitte, ob dieser Aufgabensatz die auf dem Deckblatt angegebene **Zahl von Aufgaben** enthält! Wenden Sie sich bei Unstimmigkeiten sofort an die Aufsicht! Reklamationen nach Schluss der Prüfung können nicht anerkannt werden.
2. Diesem Aufgabensatz liegt ein separater **Lösungsbogen** zur Eintragung der Lösungen bei. Füllen Sie als Erstes dessen **Kopfleiste** aus! Tragen Sie Ihren Namen, Vornamen und die Prüfungsnummer ein! Verwenden Sie nur einen **Kugelschreiber**, drücken Sie dabei kräftig auf und schreiben Sie **deutlich**, da Ihnen bei unleserlichen Eintragungen Punkte verloren gehen!
3. Verwenden Sie den Lösungsbogen **nicht als Schreibunterlage** und kontrollieren Sie vor dem Abgeben des Lösungsbogens, ob Ihre Eintragungen auf der Durchschrift deutlich erscheinen (auch in der Kopfleiste)!
4. Die Aufgaben können in **beliebiger Reihenfolge** gelöst werden. Bei zusammenhängenden Aufgaben mit gemeinsamer Situationsvorgabe sollten Sie sich jedoch an die vorgegebene Reihenfolge halten.
5. Die Lösungskästchen für die auf einer Seite abgedruckten Aufgaben sind auf dem Lösungsbogen jeweils in einer Zeile angeordnet. Tragen Sie in die Lösungskästchen die Kennziffern der **richtigen** Antworten bzw. bei **Offen-Antwort-Aufgaben** die Lösungen, zumeist Lösungsbeträge, ein! Bei **Zuordnungs- und Reihenfolgeaufgaben** empfiehlt es sich, die Lösungsziffern zunächst in die hierfür vorgesehenen Kästchen im Aufgabensatz und erst dann in den Lösungsbogen von links nach rechts in der richtigen Reihenfolge einzutragen!
6. Eine bereits eingetragene Lösungsziffer, die Sie **ändern** wollen, streichen Sie bitte deutlich durch; schreiben Sie die neue Lösungsziffer ausschließlich **unter** dieses Kästchen, niemals daneben oder darüber!
7. Die **Anzahl** der **richtigen** Lösungsziffern erkennen Sie an der Zahl der vorgedruckten Lösungskästchen.
8. Als Hilfsmittel ist ein netzunabhängiger, geräuscharmer und **nicht** programmierbarer **Taschenrechner** zugelassen.
9. Soweit **Nebenrechnungen** oder andere Hilfsaufzeichnungen erforderlich sind, müssen diese in die entsprechenden Felder auf dem Nebenrechnungsformular eingetragen werden, da Ihnen sonst in Zweifelsfällen die Punkte für die betreffenden Aufgaben verloren gehen können.

Beschreibung des Unternehmens:

Name	Kleiderwerke Walter Behrendt GmbH Am Wetterhahn 25, 60437 Frankfurt	
Stammkapital		200.000,00 EUR
Gesellschafter	Walter Behrendt, Stammeinlage Egon Franck, Stammeinlage Hans Schäfer, Stammeinlage	100.000,00 EUR 60.000,00 EUR 40.000,00 EUR
Geschäftsführer	Walter Behrendt Francesco Bertini	
Prokurist	Klaus Wegner	
Geschäftsjahr	1. Januar–31. Dezember	
Bankverbindungen	Postbank AG, NL Frankfurt Konto 471118-602, BLZ 500.100.60 Frankfurter Sparkasse Konto 379213, BLZ 500.502.01	
Produkte	Herrenoberbekleidung	
Handelswaren	Hemden Krawatten	
Maschinen	Zuschneidetische und -maschinen Nähautomaten	
Fertigungsarten	Serienfertigung Sortenfertigung	
Stoffe – Rohstoffe – Hilfsstoffe – Betriebsstoffe	Kleiderstoffe, Futterstoffe Nähgarn, Knöpfe, Reißverschlüsse Strom, Heizöl, Wasser, Schmierstoffe	
Mitarbeiter	Kaufmännische Arbeitnehmer/-innen Gewerbliche Arbeitnehmer/-innen (davon unter 18 Jahren: 15) Auszubildende	40 210 12

Sie sind Mitarbeiter/-in bei der Behrendt GmbH.
Die Aufgaben 1 bis 20 beziehen sich auf das auf S. 181 beschriebene Unternehmen.
Tragen Sie die eingerahmten Kennziffern der richtigen Antworten in die Kästchen ein!

Situation zur 1. und 2. Aufgabe:

Die Geschäftsleitung der Behrendt GmbH handelt nach ökonomischen und ökologischen Prinzipien.

1. Aufgabe

Prüfen Sie, welcher Vorgang dem ökonomischen Prinzip als Maximalprinzip entspricht.

1. Durch gezielte Preissenkungen soll das Sortiment so schnell wie möglich bereinigt werden.
2. Durch Angebotsvergleiche soll der günstigste Stofflieferant ermittelt werden.
3. Der Fuhrparkeinsatz wird so geplant, dass an jedem Tag möglichst viele Kunden beliefert werden können.
4. Der Werbeaufwand wird erhöht, um den Absatz auszuweiten.
5. Durch Just-in-time-Belieferung wird eine Senkung der Lagerkosten erreicht.

▶ ☐

2. Aufgabe

Ordnen Sie zu, indem Sie die Kennziffern von **2** der insgesamt 6 Umweltschutzmaßnahmen in die Kästchen bei den Beispielen eintragen!

Umweltschutzmaßnahmen

1. Abfallbeseitigung
2. Recycling
3. Energieeinsparung
4. Abfalltrennung
5. Restmülldeponierung
6. Abfallvermeidung

Beispiele

Die Heizkörper in den Geschäftsräumen werden mit Thermostaten gesteuert. ☐

Die Getränkeautomaten in den Werkstätten erhalten eine Bedienungstaste für die Verwendung eigener Trinkgefäße ☐

3. Aufgabe

Als Mitarbeiter für den Außendienstbereich sollen Sie sich verstärkt mit Tätigkeiten beschäftigen, die dem dispositiven Faktor zuzuordnen sind.

Prüfen Sie, welche beiden Tätigkeiten zum dispositiven Faktor zählen.

1. Sortierung und Ablage der Umsatzstatistiken nach Außendienstmitarbeitern
2. Listenmäßige Erfassung der Kundenbesuche der Außendienstmitarbeiter
3. Koordinierung der monatlichen Gespräche über Werbemaßnahmen mit den Außendienstmitarbeitern
4. Berechnung der Provisionszahlungen an Außendienstmitarbeiter aufgrund von eingereichten Verkaufsnachweisen
5. Analyse von Gründen für den Umsatzrückgang im süddeutschen Raum
6. Listenmäßige Erfassung der Krankheitstage der Außendienstmitarbeiter

▶ ☐
▶ ☐

Prüfungsübungssatz

4. Aufgabe

Prüfen Sie mithilfe des nachstehenden Auszuges aus den Allgemeinen Geschäftsbedingungen der Kleiderwerke Behrendt, welche Feststellung über die Preise bzw. Zahlungsbedingungen zutrifft.

1. Die Verpackungskosten sind im Preis enthalten.
2. Für die Zahlung innerhalb von acht Tagen können 3% Skonto abgezogen werden.
3. Eine Aufrechnung von berechtigten Forderungen, die der Kunde an den Lieferer hat, ist möglich.
4. Der Lieferer trägt die Verpackungskosten.
5. Vom Lieferer werden die Gebühren für die Einlösung von Schecks übernommen.
6. Der Käufer kann keinesfalls mit eigenen Forderungen aufrechnen.

> Kleiderwerke Walter Behrendt GmbH
>
> Allgemeine Geschäftsbedingungen (Auszug)
>
> § 2 Preise und Zahlungsbedingungen
> a) Die Preise gelten bei Lieferung ab Werk ausschließlich Verpackung.
> b) Die Zahlungen sind ohne jeden Abzug frei Zahlstelle des Lieferers zu leisten.
> c) Der Besteller kann nur mit solchen Forderungen aufrechnen, die unbestritten oder rechtskräftig festgestellt sind.

5. Aufgabe

Der Einkäufer der Behrendt-Werke bestellt Hemden nach einem Muster. Eine unverzügliche Nachprüfung der Ware ergibt, dass sie in der Qualität nachteilig von der vereinbarten Beschaffenheit abweicht. Im Kaufvertrag war u. a. schriftlich vereinbart: „Bei fehlerhaften Lieferungen erfolgt Umtausch der Ware. Weitergehende Ansprüche sind ausgeschlossen".

Welches Recht steht der Firma Behrendt zu?

1. Behrendt kann vom Vertrag zurücktreten.
2. Behrendt kann Minderung fordern.
3. Behrendt kann Schadenersatz wegen Nichterfüllung geltend machen.
4. Behrendt kann zunächst nur Nacherfüllung durch Lieferung einer mangelfreien Sache verlangen.
5. Behrendt kann nur eine Nacherfüllung durch Beseitigung des Mangels verlangen.

Situation zur 6. und 7. Aufgabe:

Die Behrendt GmbH erhält am 10. September von der Firma Armano ein verbindliches Angebot zur Lieferung von 200 Seidenkrawatten für eine Bekleidungsmesse. Am 11. September bestellt die Firma Behrendt entsprechend dem Angebot. Am 13. September bestätigt der Anbieter per Fax, dass er die Bestellung mit der Morgenpost erhalten hat und sagt die Lieferung „fix" für den 20. September (Vormittag) zu. Bis zum 21. September sind die Krawatten noch nicht eingetroffen.

6. Aufgabe

Stellen Sie fest, an welchem Tag der Kaufvertrag rechtswirksam zustande gekommen ist.

Tragen Sie das Datum in das Kästchen ein!

7. Aufgabe

Stellen Sie fest, an welchem Tag die Behrendt GmbH wegen nicht vertragsgemäß erbrachter Leistung frühestens vom Vertrag zurücktreten und gegebenenfalls Schadenersatz verlangen kann.

Tragen Sie das Datum in das Kästchen ein!

8. Aufgabe

Prüfen Sie, was nach dem Bürgerlichen Gesetzbuch (BGB) eine vertretbare Sache ist.

1. Ein Modellanzug der Walter Behrendt GmbH
2. Das Warenzeichen eines Konkurrenzunternehmens
3. Eine Modellzeichnung mit Arbeitsanweisung
4. Ein unbebautes Grundstück, das zum Geschäftsvermögen der Behrendt GmbH gehört
5. Eine 50-Euro-Banknote in der Portokasse

▶ ☐

9. Aufgabe

Prüfen Sie, welche Feststellung über die Gesellschaftsverhältnisse der Firma Behrendt zutrifft.

1. Die Gewinnverteilung lt. HGB beträgt 4 % auf die Geschäftsanteile der Gesellschafter. Der Rest wird nach Köpfen verteilt.
2. Das Stammkapital muss mindestens 100.000,00 EUR betragen.
3. Die Stammeinlage muss mindestens 1.000,00 EUR betragen.
4. Bei einer Gewinnverteilung nach Geschäftsanteilen erhält Walter Behrendt 50 % des Gewinns.
5. Der Geschäftsführer Bertini hat nach der gesetzlichen Regelung den gleichen Gewinnanspruch wie die Gesellschafter.
6. Der Geschäftsführer Bertini vertritt die Firma Behrendt gemeinsam mit dem Prokuristen Wegner.

▶ ☐

10. Aufgabe

Stellen Sie fest, mit welchem Betrag der Gesellschafter Schäfer bei einer Insolvenz haftet.

Tragen Sie die Haftungssumme (ganze Zahl) in das Kästchen ein!

EUR ☐☐☐☐

Situation zur 11. bis 20. Aufgabe:

Sie sind Mitarbeiter/-in in der Personalabteilung der Behrendt GmbH. Sie müssen u. a. folgende Fragen klären:

11. Aufgabe

Ein Auszubildender möchte die Abschlussprüfung vorzeitig – also ein halbes Jahr vor der vertraglich vereinbarten Ausbildungszeit – ablegen.

Wer entscheidet über die Zulassung zur Abschlussprüfung, wenn vonseiten des Ausbildungsbetriebs und der Abteilung Berufsausbildung der IHK Bedenken bestehen?

1. Das Arbeitsgericht
2. Die Abteilung Berufsausbildung bei der IHK
3. Die Berufsschule
4. Der Ausbildungsbetrieb
5. Der Prüfungsausschuss bei der IHK

▶ ☐

12. Aufgabe

Ein Auszubildender möchte wissen, wer in der Bundesrepublik Deutschland das Recht hat, Tarifverträge abzuschließen. Welche **2** richtigen Antworten geben Sie ihm?

1. Das Wirtschaftsministerium mit den Arbeitgeberverbänden
2. Gewerkschaften und Arbeitgeberverbände
3. Gewerkschaften mit einzelnen Arbeitgebern
4. Der Betriebsrat mit den Arbeitgebern
5. Die Bundesvereinigung der Betriebsräte mit den Arbeitgeberverbänden

▶ ☐
▶ ☐

13. Aufgabe

Weiterhin will der Auszubildende wissen, was unter der Beitragsbemessungsgrenze in der Sozialversicherung zu verstehen ist. Prüfen Sie, welche Feststellung zutrifft!

1. Wer mit seinem Einkommen über der Beitragsbemessungsgrenze liegt, verliert den Anspruch auf den Arbeitgeberanteil zur Sozialversicherung.
2. Sie ist der Betrag, von dem der Beitrag höchstens berechnet wird, auch wenn der Arbeitnehmer mit seinem Einkommen über der Beitragsbemessungsgrenze liegt.
3. Von der Beitragsbemessungsgrenze wird für jeden Angestellten der Beitragsanteil zur Rentenversicherung berechnet.
4. Wer diese Einkommensgrenze erreicht hat, muss keine Beiträge mehr zahlen.
5. Wer mit seinem Verdienst über der Beitragsbemessungsgrenze liegt, ist nicht mehr versicherungspflichtig.

14. Aufgabe

Rosi Mauth, kaufmännische Angestellte der Behrendt GmbH, möchte am 1. August eine neue Stelle antreten.

Welche Kündigungsfrist muss sie mindestens einhalten, wenn keine vertragliche sondern die gesetzliche Regelung gelten soll?

1. Zwei Wochen zum Monatsende
2. Vier Wochen zum Fünfzehnten oder zum Ende eines Kalendermonats
3. Sechs Wochen zum Monatsende
4. Sechs Wochen zum 31. Juli
5. Sechs Wochen zum Quartalsende

15. Aufgabe

Prüfen Sie, welche Versicherungszweige zur gesetzlichen Sozialversicherung gehören!

1. Kranken-, Lebens-, Renten-, Arbeitslosen-, Unfallversicherung
2. Kranken-, Renten-, Arbeitslosen-, Unfall-, Haftpflichtversicherung
3. Kranken-, Pflege-, Lebens-, Renten-, Arbeitslosenversicherung
4. Kranken-, Pflege-, Renten-, Arbeitslosen-, Unfallversicherung
5. Kranken-, Renten-, Arbeitslosen-, Unfallversicherung

16. Aufgabe

In der Fertigung ist die 17-jährige Angelika Huber beschäftigt. Der Arbeitsvertrag kam mit Einwilligung des Vaters, Angelikas gesetzlichem Vertreter, zustande. Angelika kündigt nun fristgerecht zum 30. Juni. Der Vater ist mit dieser Kündigung nicht einverstanden und möchte sie rückgängig machen. Prüfen Sie, welche Feststellung zutrifft!

1. Die Kündigung war von vornherein nichtig, da Angelika eine solche Willenserklärung nicht ohne ihren gesetzlichen Vertreter abgeben darf.
2. Die Kündigung ist schwebend unwirksam; sie wird erst durch die Einwilligung des gesetzlichen Vertreters wirksam.
3. Angelika ist beschränkt geschäftsfähig; für eine Kündigung ist die Zustimmung des Vormundschaftsgerichts notwendig.
4. Die Kündigung ist wirksam, kann aber vom gesetzlichen Vertreter angefochten werden.
5. Die Kündigung ist wirksam. Die Einwilligung des gesetzlichen Vertreters zum Arbeitsvertrag umfasst alle Rechtsgeschäfte, die mit einem Arbeitsverhältnis zusammenhängen, auch die Kündigung.

17. Aufgabe

Ein Kollege will wissen, welche Aufwendungen er als Werbungskosten geltend machen kann.

Welche Feststellung trifft zu?

1. Gezahlte Kirchensteuer
2. Aufwendungen für die eigene Berufsausbildung
3. Spenden zur Förderung mildtätiger Zwecke
4. Ausgaben für Fachliteratur zur eigenen Weiterbildung
5. Prämie für die Lebensversicherung

▶ ☐

Situation zur 18. und 19. Aufgabe

Auf der Tagesordnung der nächsten Betriebsratssitzung stehen folgende Punkte:

1. Einführung und Anwendung von neuen Entlohnungsmethoden
2. Festsetzung von Akkord- und Prämiensätzen
3. Einrichtung von Betriebsunterricht für die Auszubildenden

18. Aufgabe

Entscheiden Sie unter Berücksichtigung folgender Auszüge aus dem Betriebsverfassungsgesetz, welche Feststellung über die Teilnahme und das Stimmrecht der Jugend- und Auszubildendenvertretung zutrifft!

> **Dritter Teil. Jugend- und Auszubildendenvertretung**
>
> **Erster Abschnitt, Betriebliche Jugend- und Auszubildendenvertretung**
>
> **§ 60. Einrichtung und Aufgabe.** (1) In Betrieben mit in der Regel mindestens fünf Arbeitnehmern, die das 18. Lebensjahr noch nicht vollendet haben (jugendliche Arbeitnehmer) oder die zu ihrer Berufsausbildung beschäftigt sind und das 25. Lebensjahr noch nicht vollendet haben, werden Jugend- und Auszubildendenvertretungen gewählt.
>
> **§ 62. Zahl der Jugend- und Auszubildendenvertreter, Zusammensetzung der Jugend- und Auszubildendenvertretung.** (1) Die Jugend- und Auszubildendenvertretung besteht in Betrieben mit in der Regel
> 5 bis 20 der in § 60 Abs. 1 genannten Arbeitnehmern aus einer Person,
> 21 bis 50 der in § 60 Abs. 1 genannten Arbeitnehmern aus 3 Mitgliedern,
> 51 bis 150 der in § 60 Abs. 1 genannten Arbeitnehmern aus 5 Mitgliedern,
> 151 bis 300 der in § 60 Abs. 1 genannten Arbeitnehmern aus 7 Mitgliedern,
> 301 bis 500 der in § 60 Abs. 1 genannten Arbeitnehmern aus 9 Mitgliedern,
> 501 bis 700 der in § 60 Abs. 1 genannten Arbeitnehmern aus 11 Mitgliedern,
> 701 bis 1.000 der in § 60 Abs. 1 genannten Arbeitnehmern aus 13 Mitgliedern,
> mehr als 1.000 der in § 60 Abs. 1 genannten Arbeitnehmern aus 15 Mitgliedern,
>
> **§ 67. Teilnahme an Betriebsratssitzungen.** (1) Die Jugend- und Auszubildendenvertretung kann zu allen Betriebsratssitzungen einen Vertreter entsenden. Werden Angelegenheiten behandelt, die besonders die in § 60 Abs. 1 genannten Arbeitnehmer betreffen, so hat zu diesen Tagesordnungspunkten die gesamte Jugend- und Auszubildendenvertretung ein Teilnahmerecht.
> (2) Die Jugend- und Auszubildendenvertreter haben Stimmrecht, soweit die zu fassenden Beschlüsse des Betriebsrats überwiegend die in § 60 Abs. 1 genannten Arbeitnehmer betreffen.

1. Die Jugend- und Auszubildendenvertretung kann ihren stimmberechtigten Vorsitzenden zu der Betriebsratssitzung entsenden.
2. Drei Jugend- und Auszubildendenvertreter können mit beratender Stimme an der Sitzung zu Tagesordnungspunkt 3 teilnehmen.
3. Sieben Jugend- und Auszubildendenvertreter können an der gesamten Betriebsratssitzung mit beratender Stimme teilnehmen.
4. Alle Jugend- und Auszubildendenvertreter haben zu Punkt 3 der Tagesordnung Teilnahme- und Stimmrecht.
5. Die Jugend- und Auszubildendenvertretung hat nur Teilnahme- und Stimmrecht, wenn sie das vor der Sitzung beim Betriebsrat beantragt hat.

▶ ☐

---

19. Aufgabe

Der Betriebsrat hat neun Mitglieder.

Mit wie vielen Mitgliedern kann die Jugend- und Auszubildendenvertretung an der Betriebsratssitzung teilnehmen?

Tragen Sie die Zahl in das Kästchen ein!

Mitglieder

☐

20. Aufgabe

Alle Arbeitnehmer der Behrendt GmbH werden ordnungsgemäß zu den Sozialversicherungen angemeldet. Damit wird sichergestellt, dass die Arbeitnehmer im Versicherungsfall vom Versicherungsträger die ihnen zustehenden Leistungen erhalten. Welche Leistungen werden von der Sozialversicherung erbracht?
Ordnen Sie zu, indem Sie die Kennziffern von **3** der insgesamt 7 aufgeführten Leistungen in die Kästchen bei den Sozialversicherungsträgern eintragen!

Leistungen

[1] Umschulung wegen Berufsunfähigkeit nach einem Arbeitsunfall
[2] Krankengeld
[3] Altersruhegeld
[4] Rente wegen vorzeitiger Erwerbsunfähigkeit
[5] Kurzarbeitergeld
[6] Hinterbliebenenrente
[7] Berufsunfähigkeitsrente nach einem Autounfall im Urlaub

Sozialversicherungsträger

Bundesanstalt für Arbeit ☐

Berufsgenossenschaft ☐

Krankenkassen ☐

21. Aufgabe

Ihnen liegt folgende Grafik über Sozialleistungen in Deutschland vor.

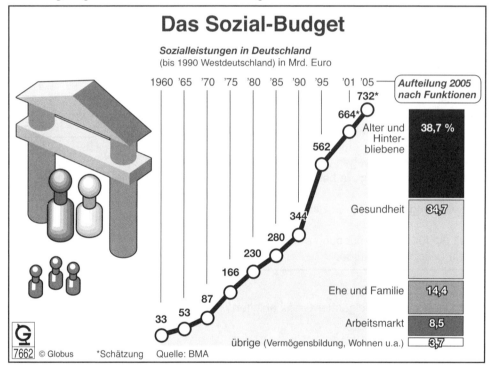

Berechnen Sie, wie viel Mrd. Euro im Jahr 2005 voraussichtlich für die Altersversorgung ausgegeben werden.
Tragen Sie das Ergebnis (auf ganze Zahl abrunden) in das Kästchen ein!

Mrd. EUR ☐

22. Aufgabe

Ordnen Sie zu, indem Sie die Kennziffern von **3** der insgesamt 6 Institutionen in die Kästchen bei den Konfliktfällen eintragen!

Institutionen

1. Arbeitsamt
2. Betriebsrat
3. Gewerbeaufsichtsamt
4. Gewerkschaft
5. Industrie- und Handelskammer
6. Sozialgericht

Konfliktfälle

Ein 17-jähriger Auszubildender muss jeden Abend Überstunden leisten. Er will wissen, wer dazu verpflichtet ist, die Einhaltung der gesetzlichen Arbeitszeit zu erzwingen. ☐

Die weiblichen Beschäftigten einer Firma erhalten nur 80% der Stundenlöhne, die an männliche Beschäftigte mit vergleichbarer Tätigkeit gezahlt werden. Der Betriebsrat unternimmt nichts, um eine gleiche Bezahlung für gleiche Arbeit zu erreichen. ☐

Eine Firma unterhält für ihre Belegschaft eine Werkskantine. Leider wird das Kantinenessen immer schlechter. Der Auszubildende Franz Hunger beschließt, sich offiziell zu beschweren. Wer ist – abgesehen vom Arbeitgeber – zuständig? ☐

23. Aufgabe

Ordnen Sie zu, indem Sie die eingerahmten Kennziffern von **3** der insgesamt 6 Streitfälle in die Kästchen bei den zuständigen Gerichten eintragen!

Streitfälle

1. Ein Angestellter hält die ihm ausgesprochene Kündigung für sozial ungerechtfertigt und erhebt Klage.
2. Der Anspruch auf Arbeitslosengeld wird abgelehnt, der Arbeitslose erhebt Klage.
3. Ein Angestellter verklagt seinen Arbeitgeber wegen Beleidigung.
4. Ein Auszubildender klagt wegen Verfahrensfehlern bei der Abnahme der mündlichen Prüfung.
5. Ein Anspruch auf Sozialhilfe wird abgelehnt. Der Sozialhilfeempfänger erhebt Klage.
6. Ein Auszubildender klagt, weil die für die Notengebung erforderliche Zahl von Klassenarbeiten nicht geschrieben wurde.

Gerichte

Amtsgericht ☐

Arbeitsgericht ☐

Sozialgericht ☐

24. Aufgabe

Welche zutreffende Interpretation lässt sich aus folgender Grafik ableiten?

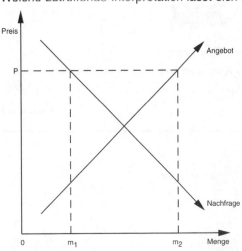

1. Zum Preis P wird das gesamte Angebot abgesetzt.
2. Zum Preis P kann die Menge m_1 abgesetzt werden.
3. Zum Preis P kann die Menge m_2 abgesetzt werden.
4. Zum Preis P besteht kein Angebot.
5. Beim Preis P herrscht Marktgleichheit.

25. Aufgabe

Auf einem Markt mit vollkommenem Wettbewerb ist die Nachfrage kleiner geworden als das vorhandene Angebot.
Welche Reaktion der Anbieter ist zu erwarten?

① Die Anbieter werden die Werbung einschränken.
② Die Anbieter werden den Preis erhöhen.
③ Die Anbieter werden den Preis senken.
④ Die Anbieter werden die Produktion erhöhen.
⑤ Die Anbieter werden die Produktion senken und die Preise erhöhen.

26. Aufgabe

Stellen Sie fest, in welchem Fall eine Wettbewerbsstörung im System der sozialen Marktwirtschaft vorliegt!

① Für die Berufsschüler werden bei öffentlichen Verkehrsmitteln niedrigere Tarife eingeführt.
② Der Staat bzw. die Regierung verwendet Steuermittel, um eine Strukturkrise in der Textilindustrie zu beheben.
③ Vier große Tankstellenbetreiber erhöhen zur gleichen Zeit die Preise für ihre Produkte um den gleichen Prozentsatz.
④ Durch eine Verordnung des Wirtschaftsministers wird die Einfuhr von Seidenstoffen aus asiatischen Ländern zeitweise eingeschränkt.
⑤ Ein Unternehmer bietet sein vergleichbares Produkt zu einem erheblich niedrigeren Preis als die Konkurrenz an.

27. Aufgabe

Durch wirtschafts- und steuerpolitische Maßnahmen der Bundesregierung soll die Konjunkturentwicklung positiv beeinflusst werden.
Stellen Sie fest, in welcher Zeile alle vier Maßnahmen konjunkturfördernd wirken!

	Abschreibungssätze	staatliche Investitionen	Steuern	Staatsverschuldung
①	erhöhen	erhöhen	senken	erhöhen
②	senken	erhöhen	erhöhen	erhöhen
③	erhöhen	senken	senken	senken
④	senken	senken	erhöhen	senken
⑤	erhöhen	erhöhen	senken	senken

Prüfungsübungssatz

28. Aufgabe

Ihnen liegt folgende Grafik über die mögliche Entwicklung des Bruttoinlandsprodukts (BIP) in Deutschland vor, die Sie für einen Bericht auswerten sollen.

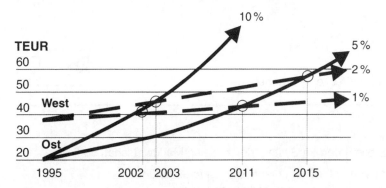

Bruttoinlandsprodukt je Erwerbstätigem in Tausend EUR bei unterschiedlichem Wachstum

Welche Feststellung zur Entwicklung des Bruttoinlandsprodukts je Erwerbstätigem in West- und Ostdeutschland entspricht den Angaben der Grafik?

1. Unabhängig vom wirtschaftlichen Wachstum im Osten wird das Bruttoinlandsprodukt im Jahr 2011 in West und Ost gleich sein.
2. Wenn das wirtschaftliche Wachstum im Westen um 2 % steigt und im Osten um 10 %, ist das Bruttoinlandsprodukt je Erwerbstätigem im Jahr 2015 in Ost und West gleich.
3. Es dauert bis zum Jahr 2015, bis der Osten das Niveau des Westens beim Bruttoinlandsprodukt je Erwerbstätigem erreicht, sofern das wirtschaftliche Wachstum im Osten bei 5 % und im Westen bei 2 % liegt.
4. Im Jahr 2015 liegt das Bruttoinlandsprodukt je Erwerbstätigem in Ost und West über 60.000,00 EUR.
5. Über 50.000,00 EUR wird das Bruttoinlandsprodukt je Erwerbstätigem auch bei Steigerung des wirtschaftlichen Wachstums in Ost und West nicht steigen.

29. Aufgabe

Zu den wesentlichen Zielen der Wirtschaftspolitik („magisches Viereck") zählt die Preisstabilität. Welche drei anderen wirtschaftspolitischen Ziele gehören zum „magischen Viereck"?

1. Gewinnmaximierung, Vollbeschäftigung, freie Wechselkurse
2. Sicherung der Realeinkommen, gerechte Vermögensverteilung, außenwirtschaftliches Gleichgewicht
3. Vollbeschäftigung, außenwirtschaftliches Gleichgewicht, angemessenes Wirtschaftswachstum
4. Angemessenes Wirtschaftswachstum, Vollbeschäftigung, feste Wechselkurse
5. Sicherung der Kaufkraft, Vollbeschäftigung, Steuergerechtigkeit

30. Aufgabe

Bringen Sie die folgenden Begriffe eines typischen Konjunkturverlaufs in die richtige Reihenfolge, indem Sie die Ziffern 1 bis 6 in die Kästchen eintragen!

Beginnen Sie mit der Rezession.

Rezession	☐
Oberer Wendepunkt	☐
Boom	☐
Unterer Wendepunkt	☐
Aufschwung	☐
Depression	☐

31. Aufgabe

Stellen Sie fest, welcher wirtschaftliche Tatbestand einen Aufschwung erkennen lässt!

1. Die Gewerkschaften verhandeln mit dem Arbeitgeberverband, um eine lohnmäßige Gleichstellung zwischen weiblichen und männlichen Arbeitnehmern zu erreichen.
2. Viele Unternehmen melden einen Anstieg ihres Lagerbestandes.
3. Zum Vergleichsmonat des Vorjahres melden die Arbeitsämter eine Zunahme beim Arbeitskräfteangebot.
4. Die Lieferzeit für fast sämtliche inländischen Autotypen beträgt über sechs Monate. Fast ebenso lange Lieferfristen melden die übrigen Wirtschaftsbereiche.
5. Die Banken melden im Vergleich zum Vorjahresmonat einen erheblichen Anstieg der Spareinlagen der Privatkunden.

▶ ☐

Situation zur 32. und 33. Aufgabe:

Bei einem Ausbildungsseminar über die Entwicklung des deutschen Außenhandels bis zum Jahre 2002 wird Ihnen folgende Grafik zum deutschen Außenhandel zur Auswertung vorgelegt.

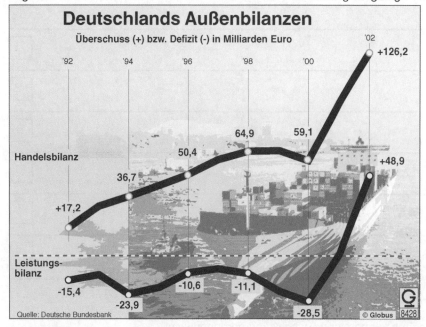

32. Aufgabe

Prüfen Sie, welche Feststellung über die Außenbilanzen zutrifft.
1. Im Jahr 2002 war die Leistungsbilanz passiv.
2. Im Jahr mit dem niedrigsten Handelsbilanzüberschuss war das Leistungsbilanzdefizit am höchsten.
3. Im Jahr mit dem höchsten Handelsbilanzüberschuss war auch die Leistungsbilanz am günstigsten.
4. Das Leistungsbilanzdefizit ist während des gesamten Berichtszeitraums ständig gestiegen.
5. Der Handelsbilanzüberschuss ist während des gesamten Berichtszeitraums ständig gestiegen.

33. Aufgabe

Berechnen Sie, um wie viel Prozent der Handelsbilanzüberschuss im Jahr 2002 gegenüber dem Jahr 2000 angestiegen ist.

Tragen Sie das Ergebnis in das Kästchen ein (Ergebnis auf ganze Prozentzahl abrunden)!

34. Aufgabe

Die Europäische Zentralbank (EZB) hat in der Europäischen Wirtschafts- und Währungsunion (EWU) wichtige Aufgaben von den nationalen Zentralbanken übernommen.
In welcher Zeile sind die Aufgaben und das vorrangige Ziel der EZB zutreffend angegeben?

	Wirtschafts- und finanzpolitischer Aufgabenbereich der EZB	Vorrangiges Ziel der EZB
1	Finanzpolitik	Hohes Beschäftigungsniveau
2	Haushaltspolitik	Preisstabilität
3	Strukturpolitik	Ständiges Wirtschaftswachstum
4	Geldpolitik	Preisstabilität
5	Wettbewerbspolitik	Soziale Sicherheit
6	Finanzpolitik	Ständiges Wirtschaftswachstum
7	Geldpolitik	Hohes Beschäftigungsniveau

Prüfungsübungssatz

35. Aufgabe

Stellen Sie fest, in welchen beiden Zeilen Maßnahmen der Bundesregierung und der Europäischen Zentralbank (EZB) angegeben sind, die jeweils zur Konjunkturbelebung beitragen können!

	Maßnahmen der Bundesregierung	Maßnahmen der Europäischen Zentralbank
1	Senkung der Abschreibungssätze für Investitionsgüter	Angebot von Wertpapierpensionsgeschäften zu niedrigeren Zinssätzen
2	Senkung der Einkommensteuer	Einschränkung von Wertpapierpensionsgeschäften
3	Senkung des Grundfreibetrages bei der Einkommensteuer	Senkung der Mindestreservesätze
4	Erhöhte Kreditaufnahme zur Finanzierung von Staatsaufträgen	Senkung der Zinssätze bei Offenmarktgeschäften
5	Erhöhte Nettokreditaufnahme zur Finanzierung der Steuerreform	Erhöhung der Mindestreservesätze
6	Erhöhung der Abschreibungssätze für Investitionsgüter	Kauf von Wertpapieren von Kreditinstituten
7	Erhöhte Schuldentilgung aus Haushaltsmitteln	Erhöhung der Zinssätze bei Offenmarktgeschäften

36. Aufgabe

Im folgenden Zeitungsauszug äußert sich der Bundesbankpräsident zu der Entwicklung der Zinsen.

Finanzmärkte

Zinssenkungschance nach Kurseinbruch

ski FRANKFURT A. M. Vor dem Hintergrund eines „Mini-Crashes" an den internationalen Aktienbörsen ist der Bundesbankpräsident Befürchtungen und Gerüchten, die kurzfristigen Zinsen könnten auch in Deutschland bald steigen, nachdrücklich entgegengetreten. Die Stabilitätswächter seien daran interessiert, das Zinsniveau so lange wie möglich stabil zu halten „oder es sogar noch etwas zu senken", ließ er verbreiten. Selbstverständliche Einschränkung: „sofern die monetären Bedingungen es erlauben".

Welche Interpretation des Artikels ist zutreffend?

1. Der Bundesbankpräsident hat den Zinssatz für kurzfristige Zinsen festgelegt.
2. Die kurzfristigen Zinsen können nicht steigen, da der Bundesbankpräsident die alleinige Entscheidung für die Festlegung der Zinsen hat.
3. Die kurzfristigen Zinsen müssen automatisch sinken, da die Konjunktur sich in einer Hochphase befindet.
4. Das Zinsniveau soll aus Stabilitätsgründen möglichst niedrig gehalten werden.
5. Als Folge des Kurseinbruchs an den internationalen Aktienbörsen fallen die kurzfristigen Zinsen in Deutschland automatisch.

Lösungen zu den Prüfungsübungssätzen

Lösungshinweise zu den Geschäftsprozessen

Lösungshinweise zur 1. Aufgabe

1.1 – Das Angebot war unverbindlich (Anzeige in Branchenzeitung „Textilwoche").
– zusätzlicher Rabattwunsch

1.2 – Lieferung der Freizeitjacken
– Auftragsbestätigung

1.3 siehe Brief an die Karl Wiese GmbH

1.4 – Kundenzufriedenheit
– guter Ruf des eigenen Unternehmens
– Rechte aus dem Lieferungsverzug können geltend gemacht werden.
– u. a.

1.5 – automatische Terminüberwachung durch ein Standardsoftware-System
– Terminkartei für fällige Lieferungen
– u. a.

1.6 – Angaben über die gelieferte Ware
– Absender/Empfänger
– Preise (netto/brutto)
– Rechnungsdatum, -nummer
– Kundennummer
– Auftragsnummer
– Zahlungsbedingungen
– u. a.

1.7

Verkaufspreis pro Freizeitjacke		200,00 EUR
20 St. × 200,00 EUR		= 4.000,00 EUR
Rabatt 10 %	./.	400,00 EUR
		3.600,00 EUR
19 % MwSt.		684,00 EUR
		4.284,00 EUR

Der Rechnungsbetrag ist richtig.

Lösungshinweise zur Aufgabe 1.3

Kleiderwerke
Walter Behrendt GmbH

Kleiderwerke • W. Behrendt GmbH • Am Wetterhahn 25 • 60437 Frankfurt

Karl Wiese GmbH
Deichstraße 20
28203 Bremen

Ihr Zeichen	Ihre Nachricht vom	Unser Zeichen	Unsere Nachricht vom	Telefon	Telefax
KW	30. Jan. ..	B/M		069-4320	-21

Ihre Bestellung vom 30. Januar ..   Datum: 2. Febr. ..

Sehr geehrter Herr Winter,

Ihre Bestellung vom 30. Jan. .. haben wir erhalten. Wir bedanken uns für den Auftrag und liefern Ihnen bis 08. Februar ..

    20 Herrnfreizeitjacken zum Preis von 150,00 EUR pro Jacke
    in den Farben gelb/blau.

Dem Vertrag liegen unsere Allgemeinen Geschäftsbedingungen zu Grunde, die Ihnen bekannt sind.

Wir entschuldigen uns für die verspätete Lieferung Ihrer letzten Bestellung und gewähren deshalb – ausnahmsweise und aufgrund der langjährigen Geschäftsbeziehung – einen 10 %igen Preisnachlass auf den o. g. Stückpreis.

Mit freundlichen Grüßen

Walter Behrendt GmbH

i. A. Inge Moos

USt.-Id.-Nr.: DE 4413284 – St.-Nr.: 241/321/45873   **Kontoverbindung**
Frankfurter Sparkasse
Kto.-Nr.: 31140
E-Mail: Kleiwa@t-online.de   BLZ 500 502 01

Lösungen zu den Prüfungsübungssätzen

Lösungshinweise zur 2. Aufgabe

2.1 – geringer Einfluss auf Absatzmittler
 – hohe Abhängigkeit von Absatzmittlern
 – fehlender direkter Kundenkontakt

2.2 – Handelsvertreter sind selbstständig, daher müssen keine Aufwendungen für Sozialleistungen erbracht werden.
 – Ausnutzung der guten Marktkenntnisse der Handelsvertreter
 – Bezahlung auf Provisionsbasis

2.3 – Auskunfteien
 – Geschäftspartner, die den Kunden kennen
 – Hausbank (Achtung: Bankgeheimnis)
 – mit Zustimmung des Kunden bei dessen kontoführender Bank

2.4
	Selbstkosten	400,00 EUR
	Gewinn 12,5 %	50,00 EUR
	Barverkaufspreis	450,00 EUR
	Rabatt 10 %	50,00 EUR
	Angebotspreis	500,00 EUR

2.5
	Angebotspreis	500,00 EUR
	− variable Kosten	350,00 EUR
	Deckungsbeitrag	150,00 EUR

kurzfristige Preisuntergrenze = 350,00 EUR

2.6 – Es sind freie Kapazitäten in der Fertigung vorhanden.
 – Fixe Kosten werden gedeckt.
 – Es müssen keine Arbeitnehmer entlassen werden.
 – u. a.

2.7 – Art, Güte, Beschaffenheit der Ware
 – Verpackungskosten
 – Lieferungsbedingungen
 – Lieferzeit
 – Zahlungsbedingungen
 – Erfüllungsort
 – u. a.

Lösungshinweise zur 3. Aufgabe

3.1 – „Wer liefert was?"
 – „Gelbe Seiten"
 – ABC der Deutschen Wirtschaft
 – Branchenverzeichnis

3.2 – Der Käufer kann als Nacherfüllung nur die Beseitigung des Mangels verlangen.
 – Weitere Schadenersatzansprüche sind ausgeschlossen.

3.3
	Gesamtpreis für 50 Hemden	2.600,00 EUR
	− Rabatt	0,00 EUR
	Zieleinkaufspreis	2.600,00 EUR
	− Skonto	78,00
	Bareinkaufspreis	2.522,00 EUR
	+ Bezugskosten	0,00 EUR
	Bezugspreis	2.522,00 EUR

3.4 – frachtfrei
 – unfrei
 – frei dort
 – frei Bahnhof
 – ab Bahnhof

Lösungen zu den Prüfungsübungssätzen

3.5 – Qualität
– Lieferzeit
– Zuverlässigkeit
– Kundendienst
– Umweltorientierung

3.6.1 – Sachmangel
– offener Mangel

3.6.2 Unverzügliche Mitteilung des (offenen) Mangels an den Verkäufer (= Mängelrüge)

3.6.3 – Rücktritt vom Vertrag
– Minderung des Kaufpreises
– Schadenersatz statt der Leistung

3.7.1 – Ca. 10 % der Materialien haben etwa einen Wert von 70 % (= hoher Wertanteil).
– Ca. 25 % der Materialien haben etwa einen Wert von 20 %.
– Ca. 65 % der Materialien haben einen Wert von 10 % (= niedriger Wertanteil).

3.7.2 – Sie gehören zu den Gütern mit hohem Wertanteil und niedrigem Mengenanteil.

3.7.3 – günstige Einstandspreise
– günstige Liefer- und Zahlungsbedingungen

3.7.4 – besonders sichere Lagerung
– sorgfältige Lagerpflege
– u. a.

3.7.5 – Durch die Verminderung des prozentualen Wertanteils (Preissenkungen) ist es möglich, dass die Hemden von A- zu B-Gütern werden.

3.7.6 – Tabellenkalkulationsprogramme erleichtern die Durchführung der ABC-Analyse.

3.8.1 Vier Schritte in einer schlüssigen Reihenfolge, z. B.:
1. Das Datum für die körperliche Bestandsaufnahme wird auf den 29. und 30. Dezember festgelegt.
2. Die einzelnen Inventurbereiche werden festgelegt und den Inventurhelfern zugeteilt.
3. Die Aufnahmevordrucke und Hilfsmittel (Datenerfassungsgeräte u. a.) werden an die Inventurhelfer ausgeteilt.
4. Die Stoffe, Teile, Produkte usw. werden gezählt, gemessen, gewogen.
5. Die jeweils festgestellten Zahlen werden in den Aufnahmevordrucken bzw. Datenerfassungsgeräten festgehalten.
6. Die aufgenommenen Stoffe, Teile, Produkte werden nach den Bewertungsvorschriften zum Bilanzstichtag bewertet.

3.8.2 – Ausgehende Ware wurde auf der Karteikarte doppelt erfasst.
– Es sind Lieferungen eingegangen, deren Eingangsrechnung noch nicht auf das Konto Waren (Handelswaren) gebucht wurden.

Lösungshinweise zur 4. Aufgabe

4.1 In meist mehrtägigen Veranstaltungen wird versucht herauszufinden, wer am besten für die ausgeschriebene Stelle geeignet ist. Bei Gruppendiskussionen, Rollenspielen, Kurzreferaten usw. werden positive und negative Verhaltensweisen bei den Bewerbern beobachtet.

4.2 Vorteile: Die Beobachtung der Bewerber über einen längeren Zeitraum ergibt eine bessere Einschätzung der Leistungen.
– Stärken und Schwächen werden deutlicher festgestellt.
– Verschiedene Kompetenzen können getestet werden.
– u. a.
Nachteile: – hohe Kosten
– Zeitaufwendung
– Bindung von Beobachtungspersonal
– u. a.

4.3 – in das Gruppengeschehen eingreifen, ohne Ratschläge zu erteilen
– Konflikte in der Gruppe nicht ignorieren
– von sich selbst sprechen
– Gesprächsteilnehmer nicht gleich korrigieren, wenn sie etwas Falsches sagen
– aktiv zuhören
– u. a.

4.4.1 Rückmeldung, die helfen soll positive Verhaltensweisen beizubehalten und negative abzustellen

4.4.2 – ausführliche und konkrete Rückmeldung
– umfasst positive Gefühle und Wahrnehmungen
– verzichtet auf Wertungen
– u. a.

4.5 – Art der Beschäftigung
– Dauer der Beschäftigung
– Verhalten
– Leistung
– u. a.

4.6 Die Abrechnung ist richtig. Die Abzüge vom Bruttogehalt wurden bei der Berechnung korrekt vorgenommen.

4.7 – Aufwendungen für Fahrten zwischen Wohnung und Arbeitsstätte
– Beiträge zu Berufsverbänden
– Fachliteratur
– Aufwendungen für die eigene berufliche Fortbildung
– u. a.

Lösungshinweise zur 5. Aufgabe

5.1.1

	Maschine A	Maschine B	Maschine C
Abschreibung pro Jahr	20.000,00 EUR	25.000,00 EUR	30.000,00 EUR
kalkulatorische Zinsen	10.000,00 EUR	12.500,00 EUR	15.000,00 EUR
fixe Kosten	80.000,00 EUR	100.000,00 EUR	130.000,00 EUR
variable Gesamtkosten	1.320.000,00 EUR	1.392.000,00 EUR	1.440.000,00 EUR
Gesamtkosten pro Jahr	1.430.000,00 EUR	1.529.500,00 EUR	1.615.000,00 EUR
Umsatz pro Jahr	1.500.000,00 EUR	1.600.000,00 EUR	1.700.000,00 EUR
Gewinn pro Jahr	70.000,00 EUR	70.500,00 EUR	85.000,00 EUR

5.1.2

	Maschine A	Maschine B	Maschine C
Investitionsbeitrag	200.000,00 EUR	250.000,00 EUR	300.000,00 EUR
Gewinn pro Jahr	70.000,00 EUR	70.500,00 EUR	85.000,00 EUR
Abschreibung pro Jahr	20.000,00	25.000,00	30.000,00 EUR
Amortisationszeit	2,22 Jahre	2,61 Jahre	2,60 Jahre
	$\dfrac{200.000,00}{70.000,00 + 20.000,00}$	$\dfrac{250.000,00}{70.500,00 + 25.000,00}$	$\dfrac{300.000,00}{85.000,00 + 30.000,00}$

Maschine A ist am günstigsten!

5.1.3 – Abschreibungen
– Zinskosten
– Wartungs-, Raumkosten
– u. a.

5.1.4 – Material
– Lohn
– Reparaturen
– Energie
– u. a.

5.2.1 – die Verzinsung des eingesetzten Kapitals

5.2.2 – die Sicherheit der Investition; die Investition ist umso sicherer, je schneller sie sich amortisiert

5.3.1 Der Frankfurter Sparkasse wird zur Sicherung des Kredits die Maschine ohne Übergabe übereignet. Die Sparkasse ist Eigentümer, die Behrendt GmbH Besitzer der Maschine. Wird der Kredit vereinbarungsgemäß zurückzahlt, geht das Eigentum auf die Behrendt GmbH über.

5.3.2 Die Gesellschafter haften bis zur Höhe ihrer Einlage, <u>nicht</u> der Geschäftsführer!

5.3.3 – Fremdkapitalzinsen sind als Aufwand steuerlich absetzbar.
– schnelle Verfügbarkeit
– u. a.

5.3.4 – befristete Verfügbarkeit
– Notwendigkeit von Sicherheiten
– u. a.

Lösungshinweise zur 6. Aufgabe

6.1 – Erstellung der Stückliste
– Fertigungsverfahren
– Maschinenbelegung
– Qualitätssicherung
– u. a.

6.2.1

Auftrag	Auftrag in Stück	Verkaufspreis pro St.	variable Kosten pro St.	Kapazitätsbeanspr. in Stunden	Deckungsbeitrag absolut in EUR	Deckungsbeitrag relativ in EUR
Freizeitjacken Typ „EXCLU"	100	200	140	0,5	60	120
Herrenhosen	100	100	70	0,3	30	100
Herrensakkos	100	160	94	0,6	66	110

6.2.2 Herrensakkos

6.2.3 die Freizeitjacken Typ „EXCLU"

6.3 Es können große Planungszeiträume gebildet werden, ohne eine Umrechnung arbeitsfreier Tage vornehmen zu müssen.

6.4 – fehlendes Material
– falsche Berechnungen
– Maschinenschaden
– fehlende Fertigungsunterlagen
– Arbeitsfehler
– u. a.

6.5 – der geplanten Fertigungsmenge
– den Herstellkosten und damit dem im Lager gebundenen Kapital
– den Rüstkosten
– den Lagerkosten
– u. a.

Lösungshinweise zur Kaufmännischen Steuerung und Kontrolle einschließlich Lösungshilfen zu den Rechenaufgaben

1.1	6 / 3, 5	3.2	36.250,00 EUR	
1.2	3 / 5, 6, 8	3.3	14.400,00 EUR	
1.3	4, 5, 7, 9 / 2	3.4	9	
1.4	6 / 1, 3, 4	3.5	103,00 EUR	
1.5	7, 10 / 3, 4, 5	3.6	5	
1.6	6 / 4	3.7	33 1/3 %	
1.7	4 / 7	3.8	893,20 EUR	
1.8	6 / 2	3.9	5	
1.9	1	4.1	5,2	
1.10	4	4.2	6	
2.1	6	4.3	50.000,00 EUR	
2.2	3	4.4	70,10 EUR	
2.3	250 TEUR		72,00 EUR	
2.4	4	4.5	5	
2.5	3, 6	4.6	40 %	
2.6	2, 5	4.7	140 %	
2.7	4	4.8	61,9 %	
3.1	290.000,00 EUR	4.9	3,0 Mio EUR	

Bewertung der Prüfungsleistungen

Insgesamt **100 Punkte**,
d.h. **je Teilaufgabe 2,857 Punkte**

Teilbewertung

bei den Aufgaben 2.5, 2.6, 4.1, 4.4

Globalbewertung

die übrigen Teilaufgaben

Lösungshilfen zu den Rechenaufgaben

3.1
```
  300.000,00
-  15.000,00
  285.000,00
+   4.000,00  Montagekosten
+   1.000,00  Transportkosten
= 290.000,00
```

3.2 12,5 % von 290.000,00 EUR = 36.250,00 EUR

3.3 9 % von der Hälfte des Wiederbeschaffungswertes = 14.400,00 EUR

3.5 185.400 : 1 800 Std. = 103,00 EUR

3.7 60.000,00 FL – 100 %
20.000,00 FL – ?

$$\frac{100 \cdot 20.000}{60.000} = 33\ 1/3\ \%$$

3.8

FM	200,00 EUR	
+ FGK 10 %	20,00 EUR	220,00 EUR
FL	120,00 EUR	
+ FGK 110 %	132,00 EUR	
+ Restfertigungsgemeinkosten 33 1/3 %		
	40,00 EUR	
+ Maschinenkosten	300,00 EUR	592,00 EUR
Herstellkosten		812,00 EUR
+ VWGK 5 %		40,60 EUR
+ Vew. GK 5 %		40,60 EUR
Selbstkosten		893,20 EUR

4.3

Anschaffungskosten	100.000,00 EUR
– Abschreibungen	– 25.000,00 EUR
Buchwert (Ende zweites Jahr)	75.000,00 EUR
– Außerplanmäßige Abschreibungen auf Sachanlagen	– 25.000,00 EUR
Bilanzansatz	50.000,00 EUR

4.6 Liquidität ersten Grades: $\dfrac{0{,}6 \text{ Mio}}{1{,}5 \text{ Mio}} \cdot 100 = \underline{\underline{40\%}}$

4.7 Deckungsgrad II: $\dfrac{19{,}5 \text{ Mio}}{14{,}0 \text{ Mio}} \cdot 100 = \underline{\underline{139{,}28\%}}$ (140%)

4.8 Grad der finanziellen Unabhängigkeit: $\dfrac{13{,}0 \text{ Mio}}{21{,}0 \text{ Mio}} \cdot 100 = \underline{\underline{61{,}9\%}}$

4.9
Jahresüberschuss	2,0 Mio EUR
+ Abschreibungen auf Sachanlagen	0,8 Mio EUR
+ Zuführungen zu langfristigen Rückstellungen	0,2 Mio EUR
	3,0 Mio EUR

Abbildung zur Teilaufgabe 2.1 bis 2.5

Gliederung und Inhalt der Abgrenzungsrechnung zwischen Geschäftsbuchführung und Kosten- und Leistungsrechnung nach dem Industriekontenrahmen (IKR) – in TEUR –

RECHNUNGSKREIS I			RECHNUNGSKREIS II					Kosten- und Leistungsbereich	
Erfolgsbereich			Abgrenzungsbereich						
Geschäftsbuchführung / Klassen 5, 6, 7			Unternehmensbezogene Abgrenzungen (betriebsfremd) Gruppe 90		Kosten- und leistungsrechnerische Korrekturen (außerordentliche betriebsbezogene, Verrechnungskorrekturen, sonstige Abgrenzungen) / Gruppe 91			Kosten- und Leistungsarten Gruppe 92	
Spalten	a	b	c	d	e	f	g	h
Kto.-Nr. / Kontobezeichnung	Aufwendungen	Erträge	Aufwendungen	Erträge	Aufwendungen	Erträge	Kosten	Leistungen
500 Umsatzerlöse für eigene Erzeugnisse		10 500						10 500
510 Umsatzerlöse für Waren		1 500						1 500
520 Bestandsveränderungen		60						60
571 Zinserträge		5		5				
600 Aufwendungen für Rohstoffe/Fertigungsmaterial	4 200[1]				4 200[1]	4 300[2]	4 300[2]	
602/603 Aufwendungen für Hilfs- u. Betriebsstoffe	750[1]				750[1]	800[2]	800[2]	
620 Löhne für geleistete Arbeitszeit	2 200						2 200	
630 Gehälter	600						600	
640/641 Arbeitgeberanteil zur Sozialversicherung	540						540	
652 Abschreibungen auf Sachanlagen	600				600			
680/687 Büro- und Werbekosten	200						200	
740 Abschreibungen auf Finanzanlagen	20		20					
751 Zinsaufwendungen	15		15					
770 Gewerbesteuer	90						90	
Kalkulatorische Kosten								
Abschreibungen							650	
Unternehmerlohn							50	
Summen	9 215	12 065	35	5	5 550	5 800	9 430	12 060
Salden	2 850		30		250		2 630	
Ergebnis	Gesamtergebnis		Ergebnis aus unternehmensbezogenen Abgrenzungen		Ergebnis aus kosten- und leistungsrechnerisch. Korrekturen		Betriebsergebnis	

[1] Stoffkosten zu Einstandspreisen
[2] Stoffkosten zu Verrechnungspreisen

Lösungen zur Wirtschafts- und Sozialkunde

1.	3	13.	2	25.	3
2.	3, 6	14.	2	26.	3
3.	3, 5	15.	4	27.	1
4.	3	16.	5	28.	3
5.	4	17.	4	29.	3
6.	13.09.	18.	4	30.	1, 6, 5, 3, 4, 2
7.	20.09.	19.	3 Mitglieder	31.	4
8.	5	20.	5, 1, 2	32.	3
9.	4	21.	283 Mrd. EUR	33.	113%
10.	40.000,00 EUR	22.	3, 4, 2	34.	4
11.	5	23.	3, 1, 2	35.	4, 6
12.	2, 3	24.	2	36.	4

Bewertung der Prüfungsleistungen

Insgesamt **100 Punkte**, d.h. **je Aufgabe 2,7777 Punkte**

Teilbewertung

bei den Aufgaben 2., 3., 12., 20., 22., 23., 30., 35.,
d.h., von der vollen Punktzahl je Aufgabe gibt es den Anteil entsprechend der richtigen Teillösungen.

Beispiel: 22. Aufgabe, drei Teillösungen, davon zwei richtig $= \dfrac{2,7777 \cdot 2}{3} = 1,8518$ Punkte

Globalbewertung

bei den übrigen Aufgaben,
d.h., je richtige Lösung gibt es 2,7777 Punkte.

Noten für das Prüfungsfach Wirtschafts- und Sozialkunde

```
        100–92 Punkte: Note 1 (sehr gut)
unter   92–81 Punkte: Note 2 (gut)
unter   81–67 Punkte: Note 3 (befriedigend)
unter   67–50 Punkte: Note 4 (ausreichend)
unter   50–30 Punkte: Note 5 (mangelhaft)
unter   30– 0 Punkte: Note 6 (ungenügend)
```

Stichwortverzeichnis

Die Zahlen hinter dem Stichwort weisen auf die Aufgabennummer hin!
Die Aufgaben aus den Prüfungsübungssätzen sind nicht berücksichtigt.

A
ABC-Analyse 38, 67
Abgrenzung 228
Abgrenzungsrechnung 277–279
Absatzanalyse 4
Abschreibung 145, 201, 258
Äquivalenzziffernrechnung 186, 264
Akkordrichtsatz 121, 137, 152, 153
Anfrage 17
Angebot 1, 6, 16, 57, 58
Angebotsvergleich 37, 40, 50, 52
Arbeitsabläufe 294
Arbeitsanforderungen 170
Arbeitsvertrag 89
Arbeitszeitstudien 169
Auskunfteinholung 15, 59
Außergewöhnliche Belastungen 143
Automation 159

B
Balkendiagramm 145, 180, 182
Baukastenprinzip 162
Bedarfsmeldung 53
Berufsausbildungsvertrag 100, 101, 104, 111
Berufsbildungsgesetz 102, 103
Berufsgenossenschaft 105, 106, 108, 117, 118, 188
Beschaffung 41
Beschäftigungsgrad 178
Bestandsveränderungen 190
Bestellung 49
Bestellzeitpunkt 41, 43, 44
Betriebsabrechnungsbogen 189, 190, 282
Betriebsergebnis 190
Betriebsverfassungsgesetz 90
Beurteilung 87
Bewerbung 83, 84, 88, 134
Bewertung 198, 259, 288
Bezugsquellen 56
Bilanzrichtlinien 230, 249, 250, 251
Break-even-Point 5, 149
Buchungen, Kontierung 204–226, 227, 229, 231–243, 260

C
Codieren 302

D
Daten 300, 305
Datenerfassung 307
Datenschutz 84, 97, 190, 297, 299
Datenträger 298
Deckungsbeitrag 144, 188, 275, 276
Deckungskauf 60
Delkredereprovision 19
Diagramm 22
Diskontrechnen 245, 252

E
Einkauf 51
Eiserner Bestand 80
Entscheidungswerttabelle 37
Euro (Umrechnung) 147, 216, 230

F
Factoring 246
Fakturieren 18
Fertigungsverfahren 144, 145, 146, 150, 161, 166, 172
Finanzierung 196, 197
Frachtbasis 28
Frachtführer 32
Frachtparität 29

G
Gewerbeaufsichtsamt 109, 115, 184
Gewinn- und Verlustrechnung 289
Gruppenarbeit 185

H
Haftpflichtversicherung 110
Handelsvertreter 13

I
IC-Kurierdienst 30
Inventur 37, 76, 190
ISDN 296

J
Jugendarbeitsschutzgesetz 114
Just-in-Time-Verfahren 38

K
Kalkulation 5, 145, 168, 188, 189, 191, 193, 265, 266, 267, 269, 271, 276, 290, 292, 293
Kalkulatorische Kosten 145
Kapazität 177
Kaufvertragsstörungen 41, 42, 47, 62, 64, 65
Konfiguration 303
Konsignationslager 14
Kontenrahmen 199, 203
Konventionalstrafe 61
Kosten 145, 188, 281
Kostenstellen 189, 286
Kostenträgerrechnung 190, 202
Kostenüber-, -unterdeckung 190, 280, 284, 285
Kostenverläufe 188, 273, 274
Kuppelproduktion 160

L
Lagerbestand 39, 78, 79
Lagerdauer 81
Lagerkartei 41, 48, 71, 73, 74, 75
Leasing 55
Lieferungsverzug 8, 9, 64
Lohn- und Gehaltsabrechnung 84, 86, 92, 96, 119, 122, 127, 136
Lohnsteuerberechnung 84, 128, 132
Lohnsteuerkarte 94, 126, 129
Lohnzahlung 125
Losgröße 148, 164, 165

M
Mahnverfahren 247
Markenartikel 20
Marketing 1, 4, 5, 36
Marktanalyse 4, 7
Materialbedarf 54
Materialentnahmeschein 74
Meldebestand 41, 44
Mischungsrechnen 77
Multiprogramming 344

N
Netzwerk 301
Nicht-Rechtzeitig-Zahlung 46, 187
Normung 163

O
Optimale Bestellmenge 41, 44
Organisation 45, 179, 181

P
Patent 21
Personalabteilung 91, 93, 99
Personalstatistik 120
Prämienlohn 123, 139
Präsentation 295
Preisuntergrenze 5, 188
Primäre Marktforschung 4
Produktlebenszyklus 147
Produktpolitik 35
Prozentrechnen 10, 11, 12, 23, 25, 31, 63, 98, 173, 190, 192, 200, 254, 263, 283

R
Rechnungsprüfung 82, 187
Reklamation 2
Rentabilitätsberechnung 145, 256, 257, 261, 262
Rüstzeit 140, 146

S
Sekundäre Marktforschung 4
Separator 304
Serienfertigung 158
Skontoabzug 187
Sonderausgaben 131
Spediteur 3, 69
Speicher 306
Statistikauswertung 1, 6, 84, 85, 144, 145, 146, 149, 157, 158, 159, 188
Stellenausschreibung 83, 85
Steuerklassen 84, 124, 135
Stückkosten 167, 268, 272

Stückliste 174, 175
Stückzeit 141, 168

T
Tarifautonomie 95
Terminplanung 145, 165, 180, 182

U
Umsatzstatistik 1, 149
Umschlagshäufigkeit 39
Umweltschutz 83, 84, 144, 145, 183

Unfallverhütung 107, 112, 113, 116, 145, 184

V
Verjährung 195
Versand 3
Verteilungsrechnen 271, 287, 291
Vorgabezeit 138, 151, 156

W
Währungsrechnen 24, 244, 248
Warenannahme 26, 27, 66, 68
Wareneingang 70

Warenversand 33, 34
Werbung 4
Werbungskosten 130, 133, 142
Werkstättenfertigung 157
Wirtschaftlichkeit 149, 154, 155, 176, 270

Z
Zahlungsverzug 40, 46, 187
Zeitaufnahme 171
Zentraleinheit 334
Zinsrechnen 72, 187, 194, 253, 255